マグダラの書

ホルスの錬金術とイシスの性魔術

トム・ケニオン＆ジュディ・シオン 著
鈴木 里美 訳

ナチュラルスピリット

真実が明かされた
見る目のある者は、これを見なさい
聞く耳のある者は、これを聞きなさい
そのどちらでもない者は、やり過ごしなさい

まえがき

これはマグダラのマリアの、イェシュア・ベン・ヨセフ（現在ではイエス・キリストとして知られる）とのタントラ的な関係の個人的な物語である。二〇〇〇年におよぶ偽りを越えて今、この「時の終わりの始まり」に真実の愛が語られる。イシス神殿の高級イニシエートとして、マグダラのマリアこそがキリストの血を受けた聖杯であった。そして長いあいだ待ち望まれた「太陽」こそが彼女の娘サラであった。

《マグダラの書》では、彼女の一語一語が正確に書き記され、彼女とイェシュアが実践した錬金術の実習について述べられている。これはイェシュアが死後も生き続け、死の領域に光の道を敷くという彼の使命を達成するのを可能にした錬金術である。

これはイシスの要請により、神殿の最も深遠な秘密のいくつかを明かしたマグダラのマリアの物語である。この驚くべき文章に、トム・ケニオンが主要な内なる錬金術系統の比較と、エジプト錬金術とホルスの錬金術に関するより深い洞察を加えた。ジュディ・シオンがマグダラのマリアの求めにより、すべての女性の物語である、「ある女性の物語」を加えた。

マグダラの書——目次

The Magdalen Manuscript

マグダラの書

The Magdalen Manuscript

宇宙の母の祈り

ああ、偉大なる母よ、
聖なる女性、宇宙の生みの親、スピリットの最愛の人、すべての物質の創造者、内なる世界と外なる世界、そのすべての世界の女王よ、
今こそあなたに呼びかけます。

私たちはあなたの子供です、呼びかけを聞いてください。

私たちはあなたの神聖なる統合の娘、息子であり、あなたの命の情熱からなる肉体です。

時の始めから私たちの父であるスピリットとともにあり、スピリットと物質の祝福された統合によって私たちを生み出したあなた、私たちはあなたの子供たち、あなたの肉とハートの娘たち、息子たち、私たちはあなたの香り、あなたの感触を憶えていて、あなたを求めています。

ハートにきて私たちに記憶のギフトを与えてください。

マインドにきて私たちの才能を開いてください。

あなたの存在で私たちを導いてください。

美と恍惚が私たちの心と家庭に満ちあふれるように、私たちの目の前に現れるベールを開けて、

扉が開くのに耳を傾けてください。

今こそ最も必要としているときです。私たちはあなたに、火、水、地、風、あなたの名を持つすべてのものをとおして呼びかけます。あなたの子孫のすべてと、あなたの名前のすべてを呼びます。

私たちのもとにきてください。私たちの内にきてください。そうでありますように。

ジュディ・シオン

トムの序文――マグダラの書によせて

個人的に、私はこの文書に大きな疑念を抱いている。ひとつにはこれがチャネリングの情報であること。『ハトホルの書』〔ナチュラルスピリット刊〕を完成させてからは、この類の執筆は終わらせたつもりだった。

私にとってチャネリングとは、非常に不確かな活動だ。それはまるで、マグダラのマリアがたどり着いた岸として知られている、南フランスのカマルグの水路に仕掛けられた引き網のようだ。岸に沿って川の中には大きな網がかけられている。ときおり誰かが、獲物がかかっているかどうか見るために網を引き上げる。チャネリングはこれによく似ていると私は思う。

私たちの精神には波がある。興味深いこと、価値のないこと、まったくばかばかしいことなど、さまざまなことをこの波が運ぶ。チャネリングの網は、ときには価値のある情報をつかまえることがあるが、それはほとんどくだらないことの中に混じっている。

私のチャネリング初体験は七〇年代後半だった。デューク大学で医学研究をしていたある友人と、私たちはこの現象について一連の非公式な実験を行った。私は心理療法の中で催眠を取り入れていたので、催眠状態からチャネリングに入ることを試すことにした。

最初の夜に、私たちが密かに「でかいやつ」と呼んでいた、計り知れない知性と「コンタクト」をとった。

私を知っている人なら誰でもわかるように、私には大変不敬なところがある。「でかいやつ」はチャネリングの存在や知性に典型的な、大げさなスタイルで話した。それは地球の変化の可能性や、宇宙相互のつながりに関するものだった。その会話の記録は興味をそそるものだったが、そこに実体がないことを私と友人は同意し、二週間に一度の実験を三カ月目で中断した。

「トランスパーソナル心理学」の分野で長年仕事をしてきた心理療法士として、私はチャネリングをする多くのクライアントを見てきた。それを好んでいる人もいれば、非常に苦しんでいる人もいた――たとえば四〇代後半のある女性は、過去一年間、毎朝三時に起こされていた。彼女はペンを持って座り、別の世界からのメッセージを書き綴った。いったいどこの世界なのかが問題だ。彼女の書き起こしたものは、愛のヒーリング能力について、問題の解決方法について、さらには正直言ってかなりおかしな内容のものもあった。

「おかしな」というのはもちろん相対的な言いまわしである。ある人にとって奇妙なことが、別の人には理にかなったことでありうる。私たちは自分の体験をふるいにかける独自の文化的フィルターを持っていて、それはまったくのナンセンスに基づいて受け継がれている。

心理療法士としての私の役目は、チャネリングするクライアントたちに彼らの超個人《トランスパーソナル》的なたわごとの意味を理解してもらうことだった。私はあえてこのような言い方をする。集合的無意識はあらゆることで満たされている。そこにはこの世の人柄と同じようにさまざまな存在が住んでいる。その集合体の住人の中には明確な意図を持ったすばらしい存在もいれば、霊的な存在と見せかけたどうしようもない者もいる。

素人や専門家のあいだでチャネリングは急増している。それは集合体として、私たちが心理的、霊的深みへのアクセスを増やしていることを意味すると思われる。多くの人々は霊的絶頂を体験し、世界の視野が極端に変化することで、霊性の非常事態に陥っている。私たちの集合意識の中に新たな神話が浮かび上がることで、今後の数十年間は今よりもっと多くの、心理的、霊的危機に直面することになるだろう。

ここで言うチャネリングとは、深遠からのメッセージという以上の何ものでもない。子供のころ、夏に釣りをしたときと同じように、釣上げる価値のないものも数多くある。古い靴やつぶれたビール缶と同じように、価値のない情報もまた、マインドの表面に現れることがある。

チャネラーなら誰でも、価値のあるものとないもの、精神を向上させるものと危険なものとを見分ける必要がある。別の世界からの情報というだけで、それが道ですれ違う誰かの言葉よりも重要だということは決してない。

実際に私は、人からチャネリングの情報を手渡されると警戒する。そして別の世界の「ある存在」が私の目の前に現れても、そこに論理的な矛盾を探す。罠を仕掛けてテストをし、それに合格すれば彼らが話すことを考えてみる。しかし最終決定は私がする。彼らの言うことが私にとって意味をなさなければ、私はそれを忘れてしまう。

このようなチャネリング現象への抵抗の最中、スイスのチューリッヒでのある夜、マグダラのマリアが現れた。私たちは近々、マグダラのマリアがキリストの処刑の後にたどり着いたと言われているサント・マリー・ド・ラ・メール〔プロヴァンス地方〕へいく予定で、私のパートナーのジュディが、彼女の情報を得られないかと私に尋ねたのだった。

私は目を閉じ、軽い催眠トランス状態に入った。するとただちに、私のマインドの目に「ある存在」が現れ、マグダラのマリアであると名乗った。彼女はあなたが今手にしている文書を口述し始めた。数多くのセッションをとおして、彼女は卓越した明晰さと緊急性を持って話し続けた。一語一語がはっきりしていて、セッションのあいだの部屋の空気は緊張していた。

数カ月後の現在、批評家の視線でこの原稿を見ると、私はいくつかのことで悩まされる。ひとつにはあふれるチャネリングの書籍の中に、新たな一冊を加えることへの個人的な恐れ。これ以上必要ないと私は思う。

しかしこの文書は私が今までに見たことのないものだ。三〇年以上にわたって「内なる錬金術」を学び、私は世界中の錬金術のさまざまな伝統間の相違点と類似点に魅了されていた。意識を変容し向上させるための膨大な錬金術の技法を自ら体験することを、私は個人的探求のひとつとしている。この視点から見ると、マグダラのマリアが示す技法は非常に特別なものである。霊的実用主義者として、私はすべての技法を常に自分で試してきた。効果的なものは残し、そうでなければ捨てる。マグダラのマリアの技法は確かに効果がある。すばらしい効果がある。事実この技法を実践することで、その他すべての錬金術の実習が向上した。

これらのことから私は、最終的、論理的結論に達した。錬金術を学ぶ仲間たち、より深い霊的変容の探求者たち、そして聖なる関係（訳注：本書における関係とは、異性・同性のパートナーとの性的関係をさす）を求める人々にとって、この資料は計り知れないほど貴重なものである。この理由から、私はこの文書を公表する決断をした。

問題はまだある。私は正確さにうるさい。しかしこの物語が真実であることを証明する方法は何ひとつないのだ。マグダラのマリアに関する伝説は多々あるが、あまりにも昔のことで、正確な事実は誰にもわからない。

マグダラのマリアが語った物語に私は喚起した。ある部分ではいまだそう感じる。しかしながら私にとってこの物語の大部分は、単なるもうひとつの物語にすぎない――真実かもしれないし偽りかもしれない……。

論理の岸にしっかりと定着した（孤立状態とも言える）者として、この物語が真実か否か、はっきり言えないことは私を当惑させる。しかし彼女が語る技法や洞察はすばらしいものだと言える。だからこの文書を整理するうえで、私は物語を水に流して技法だけを取り入れた。あなたにも同じようにすることをおすすめする。この文書をあなた自身の心と頭を使って、あなたにとって価値のあるものだけを取り入れ、残りは捨ててほしい。

この本が数多くの論争を巻き起こすことはわかっている。それでもなお、この『マグダラの書』を世界に解き放つことは正しいと思う。この本の中のさまざまなテーマに私たちが異議を唱えれば、この本の存在価値が証明される。全キリスト教世界が女性性の誤用を疑うべきときだ。

また、意識を変容させるための内なる錬金術を探求する人々にとっても、この文書は間違いなくそれ独自の価値がある。

この原稿を再読しているとき、面白いことが起こった。私は理性的、批判的な考えでこの原稿を見つめていた。出版するかどうか悩んでいると、イシスが私の前に現れた——そう、イシスが！　彼女はできるだけ早く本を完成させるようにと私に頼んだ。

男の私に何ができるだろう。

ギリシア　キクラデス諸島　パロス島にて

ジュディの序文──マグダラの書によせて

スイス、チューリッヒの霧の濃い肌寒い夜のことです。私たちはアルトシュタット・ホテルの隣にある、お気に入りのタイ料理レストランですばらしい夕食をすませ、時間をもてあましていました。それは私たちの人生の貴重な期間の始まりでした。二〇〇〇年一一月三〇日木曜日のことです。

私は元型としてのマグダラのマリアと、実存したマグダラのマリアの両方に夢中になっていました。彼女は誰だったのでしょうか？　文明社会の日常生活のほとんどは、教会による彼女への烙印に基づいていて、このゆえに全女性は娼婦で恥ずべき存在とされています。この烙印によって──神聖さを押さえつけられ熱い鉄で身体を焼きつけられるのと同じように──女性性は恥を抱えたまま、二〇〇〇年以上も劣悪なものとされ続けたのです。

教会がマグダラのマリアに売春婦の汚名をきせたのには何の根拠もありません。そのような非難を証拠立てる言葉は、聖書の原書には一言もありません。実際には皇帝コンスタンティヌスの命により召集されたニケア公会議において、父権政治を支えるため、女性の権威をすべて剥奪し、女性性を恥とし、当時存在したさまざまな宗教を、民衆のあいだに普及していたキリスト教と呼ばれる新しい宗教と合一させるために、娼婦という「解釈」が選ばれたのです。すべてはローマとその政府のためでした。

マグダラのマリアに売春婦の烙印を押した理由は何だったのでしょうか？　それはマグダラのマリアが持っていたような、女性の能力への嫉妬と恐れからです。

私はこれまで、すべての人が生まれながらに罪を持っているなどと信じたことはなく、マグダラのマリアとその後に続くすべての女性が、娼婦だなどとは決して信じていません。イエス・キリストの、敬虔で、禁欲主義者で、神よりも清らかな、狂信的福音主義者というイメージを信じたことがありません。

何年も前に、私はマグダラのマリアの足跡をたどって南フランスを旅しました。私のハートが見つけたそのルートにトムを連れていき、最愛の人とともに、ふたたびその足跡をたどりたかったのです。

けれども私は自分のハートを信じることを恐れ、より多くの知識を切望していました。物語と、物語以上の何かを求めていました。真実が知りたかったのです。私はトムの誠実さとチャネリング能力を信頼し、彼がもたらす物語の正当性だけを考慮することを約束して、トムにマグダラのマリアのチャネリングをしてくれるよう頼みました。

トム・ケニオンはチャネリングが嫌いだということをここで言っておかなければなりません。科学者と神秘家が彼の内面で常に戦っているのです。そして私はその両方を等しく愛しています。神秘家が呼び起こす真実の優しい光に、最終的には科学者が降伏するのをいつも見守っています。そのダンスによって結果的に、世界は科学のベールに覆い隠された〝大いなる教え〟を受けるのです。そうでありますように。

しかしこの夜はどういうわけか、慈悲が私とともにあって私の味方をしてくれました。私がトムにマグダラのマリアとコンタクトをとってくれるよう頼むと、トムは「イエス」と応えたのです。

「いつ？」私は息を飲みました。

「今はどう？」

彼はベッドに横になり、私はパソコンを抱えました。トムはすばやくかたわらに動くと、ハトホルたちがやってきて彼の神経を調整するのを助けました。異議を唱えすぎるトムの中の科学者を静めるためです。

そしてマグダラのマリアが入りました。力強さと、指先に感じるほどの電気的刺激で部屋が満たされました。彼女が話し始めると、私の指はキーボードの上で震えました。永遠のすべてがその場に広がり、時間の溝を埋めたようでした。彼女はそこにいました。私たちもそこにいました。砂時計は砕かれ、時間が停止しました。

彼女の言葉を聞いたことを、決して忘れずにいたいです。彼女の真実、トムの開かれた心、イェシュアへの尊敬、マリアの私に対する信頼に感謝することを決して忘れません。

彼女は私たちが、スイス、イタリアン・アルプス、トスカーナを旅する数週間にわたって話し続けました。彼女は私たちとともに、イタリアのジェノバからシチリアのパレルモへと船に乗って渡りました。そしてシチリアの冬が厳しすぎるとわかると、リボルノからマルタ島へと彼女はボートに乗って訪ねてきました。彼女の訪問はマルタ領の小さな島、アウディッシュ（ゴゾ島）へと続き、不思議なことにエジプトからフランスへの旅の途中、彼女たちがかつて食料供給に立ち寄った場所のすぐそばまでやってきました。「完成しました」と、二〇〇〇年のクリスマスの直前に彼女は言いました。

毎晩始める前に、彼女は前回の訪問の記録を私に読ませました。誤った言葉を訂正し、あちこちチェックしながら、ときおり言葉を変更しました。そして毎晩去る前には、彼女が話したことを私に読み返させました。悲痛な場面では、彼女が話すことをトムが感情的に体験し、彼がうめき声をあげてすすり泣くあいだ、私たちはいく晩も待つことがありました。

彼女にとってイェシュアを愛しながら、全人類のために彼を失う苦しみがどれほどのものであったのか、たとえ一瞬でもそれを体感したトムに対して胸が痛みます。そして彼女の物語を聞き、それが真実であることを知った今では、イェシュアに対しても胸が痛みます。彼は自分の使命を忘れてしまうほどに、彼女を愛していたのです。

春にマルタを去るとき、パソコンは安全に梱包して家へ送りました。私はこの原稿が入ったディスクをハードコピーとともに肌身離さず持ち歩きました。したがってマグダラのマリアは私たちとともに、ロシア、ウクライナ、ドイツ、スイスへと戻って、ヴェネチアさらには彼女が南フランスに最初にたどり着いた場所であるサント・マリー・ド・ラ・メールへもいきました。私たちがレンヌ・ル・シャトーを旅し、ピレネー山脈の荘厳な頂に勇気を持って立ち向かったときのマリアの気持ちに思いをはせているあいだ、ディスクとハードコピーは私のスーツケースの中で辛抱強く待っていました。

そして最後に、キクラデス諸島のパロス島にある、地中海に面した私たちの小さなアパートを、彼女は原稿に関する質問に答えるためにふたたび訪れました。彼女の許可を得ない限り、私たちは一言も変更しませんでした。シンプルな空気の変化さえも許しませんでした。そしてそのような私たちの完全性に、彼女は感謝しました。

二〇〇〇年におよぶ私たちの無知が、イェシュアの言葉にひどい編集が加えられた結果であるとしたら、マリアの物語を公表するときには、彼女の言葉が正確に伝わるよう、私のベストをつくしたかったのです。

この本の読者の心に浮かぶであろう個人的な質問を、私は彼女にいくつか尋ねました。私がそのような質問をされたときに何と答えたらよいか尋ねたのです。

彼女はいつも、「マグダラのマリアはノーコメント、と伝えなさい」と言いました。

彼女が実際に答えた質問に関しては、この本の最後にその答えがあります。

私たちはオルカ島でもう一度彼女にアプローチをしました。彼女はこの本の緊急な重要性と、宇宙の母《コズミック・マザー》の帰還にとってのこの本の意義について話しました。「全地球、銀河、宇宙と連続するすべてのために」と彼女は言いました。彼女は世界中の人々をこの真実へと呼びかけ、準備のできている者がこの本を見つけ出すだろうと言いました。

彼女は呼びかけを聞いたあなたを祝福し、彼女自身と宇宙の母のためにあなたがここにいることを、心の底から感謝しています。何もかもが新しくなります。

オルカ島にて

MM

マグダラの書

✝1✝

私は魔術の理解の中で育ちました。私の父はメソポタミア、母はエジプトの出身です。私が生まれる前、母は子供に恵まれるようイシスに祈りました。私がその子供です。そして私はマグダラのマリアとして知られていました。

私が一二歳のとき、イシスの保護のもと、ある秘密の女性イニシエート（秘儀参入者）仲間たちとともに学び始めました。私はそこでエジプトの秘儀である「ホルスの錬金術とイシス崇拝の性魔術《セックス・マジック》」の訓練を受けました。あなた方がイェシュアと呼ぶ存在に出会ったとき、私はすべてのイニシエーションを通過していました。井戸端での彼との出会いの準備が整っていました。

私の仲間のイニシエートたちはみな「蛇形の金の腕輪」を身につけていたことから、福音書は私を売春婦として物語っています。私たちが性魔術を扱うことは知られていたので、ヘブライ人の目には娼婦として映ったのでしょう。

イェシュアに会い、目が合うと、私たちは互いに運命づけられていることがわかりました。

私がこれから話すことは、当時私と一緒にいた人以外、誰も知らないことです。多くの伝説が存在します。しかしこれは私にとって最も深遠な愛の物語です。イェシュアが世界のビジョンを持っていたことなど、私にはあまり関係ありません。私にとって、これはラブ・ストーリーなのです。

多くの人々がイェシュアにつき従いました。それゆえ私たちが二人きりになれる機会はほとんどありませんでした。

私たちに最も近しい人以外は誰にも知られていないことなので、福音書には書かれていませんが、イェシュアがゲッセマネの園にいく前に、私たちは子供を授かり、彼女は「サラ」と名づけられました。

2

私がこれから話す物語は異様に聞こえるでしょう。

私はサント・マリー・ド・ラ・メールの葦原《あし》を憶えています。もちろんその当時はそのように呼ばれてはいませんでしたが、そこは私たちの舟がたどり着いた岸です。サラは一歳にも満たない幼子でした。私は深い悲しみと落胆に引き裂かれていました。

イェシュアが処刑されたとき、私はその場にいました。墓の中で彼に会い、彼の母の横で彼の遺体を包みました。あのミルラの香りを永遠に忘れません。そのとき使った香油のひとつです。

イェシュアは輝く光の姿で私の前に現れました。私は自分の目が信じられず、彼の傷に触れました。弟子たちは、彼が最初に私のもとに現れたことに嫉妬しました。

私と娘が孤独に地中海を渡っているのに、最愛の人が別の領域、別の世界へと送られてしまったのはとても不安なことでした。私たちが訪れたエジプトももはや安全ではなく、そこを去らなければなりませんでした。

私たちが後にフランスとなる場所へたどり着いたとき、そこは荒れ野でした。私たちはそこでイシス崇拝の女性司祭たちに迎えられ、ドルイド僧たちの保護を受けるため北へ向かいました。イシスが彼らに、彼女の娘サラを守ってくれるよう頼んでいたのです。私たちはもうひとつ偉大なる海峡を越えて、現在のイギリスへと向かいました。

私たちはドルイド僧たちにとっての聖地である、トールとグラストンベリーにかくまわれました。イスラエルやエジプトよりは安全でしたが、ローマの影響はイギリスにもおよんでいたので、私たちは隠れていたのです。

私たちはこの地域に長年住み、サラは後にその子孫たちがテンプル騎士団員となる男性と結婚し、私は北のウェールズへゆき、残りの日々を海のそばで過ごしました。

私が海のそばに一人で暮らしているあいだ、イェシュアは何度も私のもとを訪れました。もちろん以前とは違い、彼の身体は肉体ではなくエネルギー、光でしたが、ふたたび彼に会えるのはすばらしいことでした。

彼は私が死を迎えたときにもそばにいて、私を天国と呼ばれているところ、実際には魂の中のある場所へと連れていってくれました。

3

私の物語を井戸の場面から始めます。多くの意味でそのときが、私の人生が本当に始まったときだからです。それ以前のすべての日々は、この出会いのための準備期間でした。

その朝は彼に会う前から、私は興奮を感じ動揺していて、手足が震えていました。彼が到着したとき、私はすでに井戸のところにいました。私は井戸に水がめを沈めたところで、彼は私がそれを引き上げるのを助けてくれました。弟子たちの何人かは金の蛇の腕輪を見て私を娼婦と思い、マスターがそのような者の手助けをすることにひどく驚いていました。

しかしそのようなことは気にもかかりませんでした。私はイェシュアの瞳によって別世界へ連れ去られていました。互いの目が合ったとき、それはまるで永遠を見つめているようで、彼こそが私がこれまで準備をしてきた人だとわかりました――彼もまた同じように理解しました。

私は彼に従う人々の周囲に続き、夜になると彼と二人きりになりました。決して毎晩ではありません、彼は常に求められていました。

ホルスの錬金術とイシスの性魔術の修行をし、師から非常に優秀であることを認められている私でしたが、イェシュアの腕に抱かれた最初の夜、私はただの震える女でした。それまで訓練してきた、欲望から最高の玉座へと上昇する中心経路を、必死に探さなければなりませんでした。

イェシュアと私は、私の訓練してきた技術と彼がエジプトで学んだ技法の両方を駆使して、彼のカー（エネルギー体）をより大きな光と力で満たすことに成功しました。それによって彼は、彼のもとに訪れる人々すべてに対応することができたのです。

イェシュアが私のもとに現れたとき、私が井戸のところにいたと福音書にあるのはとても皮肉に感じます。イェシュアと私が二人で過ごした数々の夜、彼は私からイシスの力を引き出し、彼自身を強化するために、私という井戸を訪れていたのです。

4

時を経て、これらすべての出来事を、まるで夢だったかのように想い起こしますが、それらはいまだに鮮明です。この物語を話していると、それはまるで昨日のことのように私の心を震わせます。イェシュアとの最初の夜は、私の中にエルサレムの青空のように鮮明に描かれています。

私が女性としての欲望を越えて、それまで訓練してきた霊的錬金術の道へと上昇してからは、すでに光り輝いていたイェシュアのスピリット体を見ることができました。

一羽のハトが彼の頭上におり、そこから金色の光線が降り注いでいました。彼のスピリット体には、ソロモン、ハトホル、イシス、アヌビス、オシリスの印章がありました。これらのイニシエーションを彼が通過した証です。他にも私には理解できない印がありました。私には知識も訓練の経験もない文化のものでした。しかし私が知るエジプトの印章を見る限り、彼は高級神ホルスの道にありました。

しかし彼は、いまだ死のイニシエーションを通過していませんでした。そして私は、〝今この時〟に、彼のもとに導かれた理由を震える心で理解しました。彼が冥界への入り口を通り抜け、ホルスに達することができるように、彼の魂をイシスと宇宙の母《コズミック・マザー》の力で強化するためだということが。

その夜、私たちが愛し合い、互いのスピリット体が触れ合い、混じり合い、私たちのあいだに錬金術の作用が起こり始めた後、イェシュアは眠りにつきました。彼を腕の中に抱きしめていると、私は自分の中に変化を感じました。彼を守りたい、いつも彼のそばにいたいという望みと、私の望みよりもはるかに偉大な力によって私たちは引き裂かれるという、冷たいナイフの刃のような認識です。

†5†

教会は私が娼婦であったとあなた方に信じ込ませていますが、女性を汚れた存在とし、男女間の性的情熱を邪悪とした教会こそが、堕落した娼婦だと言っておきます。この引きつけ合う情熱の内にこそ、アセンションの子宮が創り出されるのです。

この秘密中の秘密はイシスのイニシエートたちすべてに知られていましたが、イェシュアのような存在との統合で、私がそれを完全に表現するとは想像もしませんでした。

私にとって、これはスピリットとハートの旅です。

事実上の旅の行程を知りたい方々のために……私はイェシュアの処刑の後、彼の母マリア、アリマタヤのヨセフと彼の一二歳の息子アーロン、二人の若い女性とともにエジプト北部を旅立ちました。

道のりは西へ向かう前に皮肉にも東へと延び、私たちの舟は小さかったため、途中食料供給をしなければなりませんでした。私たちはマルタとその隣の小さな島アウディッシュ、そこからサルデーニャと現在のチンクエ・テッラを通過し、最終的にサント・マリー・ド・ラ・メールに上陸し、レンヌ・ル・シャトーからフランス北部へと歩き、さらに海峡を越えて現在のイギリスへとたどり着きました。サラが一二歳になるまでの数年間、グラストンベリーで生活しました。

彼女の一二歳の誕生日に、私たちは最初に上陸した葦原へ向かいました。私たちが安全にたどり着ける最もエジプトに近い場所で、私は娘にイシス崇拝の教えを授け、地中海の水で彼女を清め、イニシエーションを行いました。

その後、イェシュアと私との娘サラが一六歳で結婚するまで、グラストンベリーに戻って暮らしました。彼女は後に、その子孫たちがテンプル騎士団員となる（そのとき、まだテンプル騎士団は存在していませんでしたが）ある有名な家柄に嫁ぎました。

この血筋は、サラをとおしてテンプル騎士団員へと受け継がれていきました。サラが結婚して新しい生活に馴染んだころ、私は北のウェールズに向かい、残りの日々を海のそばの小さな石の家で過ごしました。

私の家の後ろには丘から流れてくる小川があり、私はそこに座って多くの日々を過ごしました。あるときこの小川は二つに分かれ、またあるときはひとつになり、それぞれ左右に曲がっていったりしました。私はその小川のあいだに座り、私の人生の流れとイェシュアの人生の流れについて考えました——一時はともに流れ、そして別れたことを。

✝6✝

イェシュアが復活の後、私のもとへ最初に訪れたときのことを決して忘れません。

それは新月の夜で空は晴れていました。あたりには軽く霧がかかり、すべては星の光で銀色に輝いていました。私の家へと続く曲がりくねった小道に、人影が近づいてくるのに気づきました。

運命のいたずらのように、私がちょうど井戸へ水を汲みに出ると、そこに彼が立っていました。彼は以前とまったく同じで、より輝きを増してはいましたが、彼に間違いありませんでした！　私の目には涙があふれ、心は震えました。

私は彼に駆け寄りましたが、復活直後の彼の言葉を思い出して立ち止まりました。

あのとき彼は、「私に触れないでください。父のもとにまだ昇っていないので」と言いました。

ああ、私はイシスのイニシエートとしてこれまで何年もこの謎を解きたいと思っていました。

彼のこの言葉は何を意味しているのでしょうか？　キリスト教徒が真実の一部だけを受け継いだために、真実の大部分は偉大なる母の神秘の内に隠されてしまいました。そして教会が、女性と女性性であるものすべてから市民権を剥奪したために、この真実は封印されてしまいました。

その真実とは、カー・ボディーに関することです。私たちイニシエートはこれを「エーテリック・ダブル」または「スピリチュアル・ツイン」と呼びます。このカー・ボディーは十分なエネルギーと活力に満たされているとき、肉体のように見えます。しかし、肉体と違ってカー・ボディーは肉ではなく、エネルギーそのもの、エネルギーと光とでできています。

ですからイェシュアが復活の直後にカー・ボディーで私のもとへ現れたとき、彼はまだ父――彼自身の魂の偉大なるスピリット――のもとへいっていなかったために、彼のカー・ボディーは安定していなかったのです。これを安定させるために、彼は死の門をくぐり抜けて彼自身の存在の冥界を旅しなければならなかったのです。

私が理解する限り、彼はこれを二つの理由から行いました。ひとつはマスター・ソウルとして、このような行為はカーに偉大なる力をもたらすからです。もうひとつは死そのものに道を切り開き、人々が彼の光の道しるべをたどることで、より楽に死の暗闇を通り抜けることができるようにするためです。

そして私たちが再会した最初の夜には、私の心は彼とふたたび一緒にいることの喜びに満ちあふれていました。私は今でもそのときのことを鮮明に、強烈に感じます。彼はその夜、真夜中の直前に現れ、夜明けの直前に去りました。ともに横たわり、カー・ボディーがふたたびつながり合い、そこに会話の必要はありませんでした。私たちはテレパシーでコミュニケーションをとりました。そして肉体的な性行為なしに、彼の内なる蛇のパワーと私の蛇のパワーとがひとつになり、聖なる経路をとおって背骨を上昇し、頭上のクラウンの玉座に達し、純粋なエクスタシーと至福へと導きました。そしてこのようなことが何年も続きました。彼はこうして毎年何回か私のもとを訪れました。ときどきは会話をしましたが、たいていの場合私たちはひとつになっていました。

私と一緒のとき以外に、彼がどこへいくのかを尋ねました。彼は地球上のさまざまな聖地を訪れ、多くの人々と会っていると言いました。光の道を敷いているとのことでした。

私は一度、この少し奇妙な概念について説明してくれるよう彼に頼みました。

彼は私の家の土間に円を描き、それから二つの三角形が交差したソロモンの印章、ダビデの星のようなものを描きました。世界中には私たちが知らない多くの国々があると彼は言いました。これらの国々の多くには、ソロモンの印章に対応するいくつかのポイントがあると。これらの地域にいくことにより、彼の仕事がこの地上に深く根づくことを確実にしていたのです。

7

彼の数多くの訪問のうちで最も印象的なのは、サラが私を訪ねてきている際に彼が現れたときのことです。

彼女は妊娠したばかりで、私の祝福を受けるために私に会いにくるところでした。私は彼女と彼女の旅の仲間に会うのをとても楽しみにしていました。ドルイド僧をとおして彼女の訪問の知らせを受けましたが、それは彼女の到着の一日前のことでした。彼女は私のもとに三日間滞在し、二晩目にイェシュアが現れました。

このことがどれほど奇妙なことか、あなた方にわかるでしょうか。サラは彼女の父親に一度も会ったことがなく、イェシュアも娘に会うのは初めてでした。ここで初めて、父と娘が出会ったのです。復活のとき、彼女の父親の肉体は一瞬にして元素に戻り、今はまばゆい光を放つカー・ボディーになっていました。

二人とも感激していました。サラは涙を流し、イェシュアは深い哀愁を漂わせていました。彼らは一時間、二人きりで散歩をして過ごしました。二人が何を話したのか私は知りません。しかし二人の時間の始まりから終わりまで、夜空には流れ星が輝き続けていました。

その夜、イェシュアはいつもどおり夜明け前に去るとき、サラのお腹に手をかざして子供を祝福しました。

平和の感覚に満たされ、サラはその翌日私のもとを去りました。

さて、私は母親としての私の人生について十分語りましたので、ここからはホルスの錬金術とイシスの秘儀のイニシエートとしての私の物語に移ります。

✝8✝

ここで私の愛すべき姉妹、魂の姉妹、マリアとして知られるイェシュアの母について話したいと思います。

マリアはエジプトで訓練を受けた、イシス崇拝の高尚なイニシエートでした。マリアとヨセフが王の憤りから逃れるためにイスラエルを離れてエジプトへ向かったのは、その地ではイシスの神官や巫女《みこ》たちの保護のもとで、マリアが安全だったからです。

私と彼女の訓練は異なるものでしたが、私たちは同じ務めを果たしました。私がマリアについて説明するにあたって、イシス崇拝の最も深遠な秘密のひとつを説明しなければなりません。それはある特定の状況下で、誕生時もしくはスピリチュアル・イニシエーションをとおしてイシス自身が降臨すると信じられていることです。私はこれを真実だと思います。

イェシュアの母マリアはまだ幼いころに、イシス神殿の偉大なる巫女《みこ》たちによって魂の純粋さを認められました。彼女はイニシエートとして訓練され、最も高度なレベルに達しました。しかし巫女になるためではなく、彼女は「イシスの化身となる者」として訓練されたのです。

化身になるということは、非常に高尚な魂になることであり、それにはすさまじい霊的修行と訓練が必要です。最終イニシエーションによって、マリアはイシス自身から直接エネルギーの流れを受ける者となりました。つまりマリアは、宇宙の母の権化でした。それはまるで純粋な心と魂を持った人間としてのマリアと、すべての物質、時間、空間の創造者である、偉大なる母への直接の入り口を内に秘めたマリア、二人のマリアがいるようでした。

このようにして、彼女の息子となるイェシュアという類まれなる存在の、受胎の準備が整えられたのでした。

教会が「無原罪の宿り」とする出来事をマリアが体験したとき、彼女は父性原理（イシス崇拝ではスピリットと呼ぶ）が、自らの本質を「父の種を受け入れる母であるイシス」に注ぎ込む（物質がスピリットの衝動を受けとる）、神聖なる銀河系の受精プロセスの証人となりました。そしてこの高度に洗練された力強いスピリチュアル・エネルギーがマリアの子宮に宿り、イェシュアが生まれたのです。

✝9✝

井戸のそばの私のもとに現れたとき、マリアは弟子たちと一緒にいました。マリアは透視能力とサイキック能力に優れていたので、私が身につけていた金の蛇の腕輪と私のカー・ボディーに輝くイシスの印章から、すぐに私がイニシエート仲間であることに気づきました。

最初に目が合ったのはイェシュアで、前にも述べたように、私は彼の広大な存在感によって別の世界へと連れ去られていきました。次に目が合ったのは彼の母親でした。彼女の目には、私がイシス崇拝のイニシエート仲間であることへの承認があり、彼女の訓練は性魔術ではなかったにもかかわらず、私がイェシュアのために用意された者であることを理解していました。

彼らを前にして、私は超越的な愛の翼に持ち上げられたような気分でした。私は魂が舞い上がるのを感じました。

皮肉なことに、次に目が合ったのは私を娼婦と判断した弟子たちで、その後数え切れないほどの長い年月にわたって私はそのように扱われ続けました。

しかしイェシュアと彼の母の目には、私は娼婦としてではなく、イシスの癒しと育《はぐく》みの力のための「澄みきった器」として映りました。

人間あるいは神聖な存在にかかわらず、一人の男性の人生において、彼の母親が彼に必要なすべての要素を提供しきれなくなるときが訪れます。彼女の愛は継続しますが、彼に必要なものは別の女性によって維持されます。私がその女性でした。

マリアは私自身と私の地位を認め、井戸での出会いの瞬間から、息子を私に託しました。

マリアと私はイェシュアの仕事や彼の必要性、彼の人生での私の立場について話し合い、多くの時間をともに過ごしました。私がより偉大な力のしもべであることが理解されました。私はこのために訓練してきたのですが、このようにマリアとイェシュアに認められたことに、私はいまだに震えを覚えます。

イェシュアと彼の弟子たちの必要に応えてともに過ごした日々のうちに、私とマリアは非常に近しくなりました。私は彼女を愛し、今もなお愛し続けています――彼女の肉体的な美しさ、心と魂の純粋さ、そして彼女が世界に接する優しさを。

「イシスの生まれ変わり」として、「イシスのための器」として仕えてきたマリアは、高度に進化したマスターでしたが、ともに過ごした日々をとおして私がはっきりと言えることは、彼女のマスター性と完全性――彼女のスピリチュアルな完全性――は、驚異的なものだったということです。

10

彼女は天国の領域に存在し、彼女の愛と慈悲は全人類の上に流れ続けています。信仰にかかわらず、彼女はすべての人のために存在しています。もし誰かが彼女に呼びかけるなら、必ず聞き入れられることでしょう。

ここで私の理解を明確にしたいと思います。イシス崇拝の性魔術と、ホルスの錬金術について話したいと思います。たとえ死の恐怖にさらされても、イニシエートたちが決して明かすことのなかった秘密を明かそうと思います。時代は変わりました。

あなた方もご承知のとおり、もう時間がありません。私は女神自身の許可を得て――実際に女神自身から頼まれて――これまで最も厳重に守られてきた秘密のいくつかをあなた方に明かします。あなた方の向上が間に合うよう願って。

11

ホルスの錬金術とは、カー・ボディーを変化させるための方法と知識の体系に関するものです。カーがより大きなエネルギーと光を顕現または取得すると、その人の磁場が拡大し、イニシエートの願望がより迅速に現実化すると理解されています。

しかしながら、その人自身の「神聖な魂」、すなわちバーにゆだねるとき、個人的欲望の追求は完全に捨て去られるわけではありません。ですが、もはやその人の存在全体の焦点ではなくなります。その代わりにその人は、言うなれば上を見て、バーすなわち「神聖な魂」をとおして気づかされるその人自身の「より高次の可能性」を追求するようになります。

「神聖な魂」であるバーは、肉体（カートゥ）やカー（肉体のエーテリック・ダブルまたはスピリチュアル・ツイン）よりもずっと高波動のレベルに存在します。カー・ボディーの中には、刺激を受けることで開かれる経路がありまず。カーの中のこれらの秘密の経路の活性化は、より大きな力をもたらします。ホルスの錬金術はこれらを強化し、ジェド、または上昇する七つの印章、インドのヨガ行者たちがチャクラと呼ぶ部分をとおして、イニシエートの潜在能力を活性化させるためのものです。

12

私が訓練を受けた学校では蛇の力を活性化し、脊柱のある特別な経路をとおって上昇させ、脳の中に回路を開く方法を学びました。これが「ウラエウス（蛇形章）」と呼ばれるものを生み出しました。

ウラエウスは、脳に向かって左右に背骨を上昇する青い炎で、経路内のエネルギーの変化によってうねります。ウラエウスの活性化は脳の知性、創造性、そして何より受容力の可能性を高めます――イニシエートの務めは存在の質を変化させ、バーすなわち「神聖な魂」と妨げられることなくクリアーに同調することにあります。

13

私が初めて井戸のそばでイェシュアに会ったとき、彼の存在と接近しただけで、私の内なる錬金術が活性化されました。まるでこれまでに学んだ教えを実践したかのように、蛇の力が私の背骨を上昇したのです。

二人きりで過ごした最初の夜、私たちは互いの腕の中で寄り添い、イシスの性魔術を実践しました。この特別な魔術は、肉体的なオルガズムの力をとおして莫大な磁力をカー・ボディーに満たします。性的オルガズムに達するとき、細胞内で莫大な磁気エネルギーが放出されるからです。この磁気エネルギーが広がることにより、利用可能な磁位が放出されます。

このことについて詳しく述べますが、そのためにはまず、教会によって奪われた秘密である「性と霊的覚醒」について、基礎的な解説をしなければなりません。

14

イシスのイニシエートである私がイェシュアと結ばれたとき、私の中には開かなければならない経路がいくつかありました。しかし彼の存在を前にして、それらの経路が自然に開いていったことに私は驚かされました。この物語の始めに述べたように、私は一人の女性として打ち震えながら、自分の情熱や欲望と戦わなければなりませんでした。イニシエートの道とは、情熱に押し流されるのではなく、情熱のエネルギーを高次の特別な目的に用いることにあります。錬金術においてエネルギーを変容させるためには、そのエネルギーを自制する必要があるからです。

イェシュアと私は非常にすばやく、四匹の蛇として知られる状態を達成しました。これはホルスの内なる錬金術において、背骨の中にある太陽の蛇と月の蛇の両方を活性化させた状態に達したときに起こります。

透視してみると、背骨をとおって上昇する中心経路があり、その左側に月の経路、右側に太陽の経路があります。ヨガ行者たちはこれらの経路をイダとピンガラと呼んでいます。

ホルスの錬金術ではこれら二つの回路を、蛇に似た磁場によって活性化させます。

左側の月の蛇は真っ黒な虚空の色をしています。それは虚空そのものの具現で、すべての物事の創造者としての能力を持ちます。

太陽の蛇は金色です。

イニシエートはこの二匹の蛇を上昇させます。二匹は上昇する途中でチャクラに入り込み、そこで互いに交差します。ホルスの錬金術では、これら二匹の蛇は第五チャクラ、すなわち喉のチャクラとその下のすべてのチャクラで交差します。

そして松果体のあたり、もしくは頭の中心部分で二匹は向き合います。ここに聖杯が松果体を底にして想像されます。

二匹の蛇は生きていて（静的ではなく、エネルギーとともに振動し、きらめき、波立ちます）、カーの中での二匹のうねりが磁位を増大させます。

これを習得するための特別の実習がありますが、それは後で述べることにします。ここでは四匹の蛇の実習について説明したいと思います。

15

イェシュアと私が性交したとき、私たちは蛇を背骨（ジェド）に沿って上昇させました。私たちはこれを同時に行い、互いのオルガズムの瞬間には、骨盤付近の第一チャクラから解放される快感が、私たちの身体を上昇して頭の上部にある玉座に達し、高次脳中枢を刺激しました。

性的エクスタシーの瞬間と同時に、私たちは全意識をカー・ボディーに集中しました。エクスタシーによってカーが強化されるからです。エクスタシーの状態はカー・ボディーに滋養を与え強化します。以前にも述べたようにカーを強化するほどに、それはより大きな磁力をおび、イニシエートの願望を現実化するのです。

イシスの性魔術とは、性的エネルギーと開かれた経路にゆだねる行為をとおして、より深いレベルの意識を開くために磁気エネルギーを活用する、女性の本質的能力に関するものです。

私とイェシュアがそうであったように、一人の女性が深く愛され理解されるとき、彼女自身の最も深いレベルで何かが解放され、オルガズムの瞬間にコントロールできない震えに襲われます。もし彼女が安心してこの震えに身を任せるならば、彼女の子宮を中心として莫大な磁気の渦が発生します。

イシスの性魔術を実践する二人のイニシエートは、この磁場の力を使って自らを強化し、すばやく意識を拡大させることができます。

イシスの性魔術の高度な実践では、男性イニシエートは彼の二匹の蛇を、女性イニシエートのカー・ボディーをとおして上昇させ、女性イニシエートは彼女の二匹の蛇を、男性イニシエートのカー・ボディーをとおして上昇させます。これによって生じる爆発的な力は、核爆弾のエネルギーにも匹敵します。このような大規模な磁気の津波は、想像を絶するほどにカーを強化します――適切に扱われない場合には破壊を招くこともあります。

これがイェシュアがゲッセマネの園の前の晩に行った、カーの高度な実践です。死の門をくぐり抜けるという最終イニシエーションの苦難を乗り越えるために、カー・ボディーの磁位の爆発的増加が彼を強化したのです。彼の肉体は光と熱で瞬時にその構成元素に分解されたため、教会はこれを復活と呼んでいます。しかしこれは、彼の中の非常に深い部分で起きている現象の、ひとつの結果にすぎません。それは彼のカー・ボディーの磁力によって起こりました。強力なカー・ボディーをとおして、彼は彼自身の冥界、死そのものを旅したのです。

イェシュアと私がイシスの性魔術を実践しているとき、私たちは二人とも、この目的を理解していました。彼にとって私との毎回の性交は、カーの強化を意味していました。以前私が、「彼は私の井戸にきていた」と言ったのはこの理由からです。女性イニシエートが男性イニシエートに提供するのは、「磁位の無限の井戸」なのです。けれどもその井戸は、女性イニシエートが安全で愛されていると感じるときにのみ開かれます。そのときにだけ、二人の実践が機能するのです。愛の慈しみなしの実践はただの技術にすぎず、そこから必要な結果を得ることはできません。

私は一人の女性であり、イニシエートでした。長年訓練を重ね、経路の扱い方もよく知っていましたが、私が一人の女性として、彼に心を奪われてしまっていることに驚きました。

私はイェシュアに見つめられ、触れられることを深く求めており、二人きりの時間はこのうえなく貴重なものでした。彼に触れられ、見つめられ、彼を感じると、私の中の何かが開かれるのです。そんな自分をときには笑ってしまうことさえありました。

イシスの性魔術の秘儀中の秘儀を学び、上級イニシエートと認められていた私でしたが、一人の女としてはほんの初心者にすぎませんでした。

ハートとマインドと肉体の中には、女性性の大いなる秘密と大いなる力の知恵が眠っていることを言っておきます――そしてそれらは明かされることを待っています。

それらすべては、愛する人に触れられることで目覚めるのです。

ですから私がイェシュアについて語るときはいつも、彼への永遠なる愛と想いでいっぱいになります。

16

イシスの性魔術は、女性原理がその性質の内に、特に女性の性的本質の内に、錬金術のための鍵を握っているという理解に基づいています。この錬金術の鍵は、あなた方が愛――性愛――と呼ぶものによって明らかにされます。これが十分に活性化されると、ホルスの錬金術が自然に起こります。

私が受けた訓練の中では、錬金術的に言うとひとつのゴールへの道が二つあるとされています。

ホルスの錬金術は同じ基礎的な道が使われているため、両方の錬金術、あるいは実践の基本でした。パートナーとの関係をもちたくない人々には、ホルスの錬金術が高級イニシエートのレベルまでカー・ボディーを強化し、活性化する方法を提供します。

パートナーとの関係をもつ人々には、イシスの性魔術がジェドを昇華させ、最高次の意識の玉座へと入るための翼を提供します。

私の視点から見ると、教会（教会の司祭たち）が私たちの性的本質の神聖さと秘密を邪悪としたことは、大いなる悲劇だと思います。そしてこれまで二〇〇〇年にわたり、最もダイナミックな神の気づきへの最大の近道のひとつが悪とされてきたのです。

教会がこれを罪としたことを、私は皮肉に思います——そしてそれゆえに、このことに偶然誰かが出くわすのを、ひどく恐れたことを。

17

イエシュアの数多くの奇跡は驚くべきことと考えられていますが、イニシエートの立場から見ると、それらは意識の潜在能力の自然な表現にすぎません。それらはひとつの「しるし」なのです。奇跡には理由があります。

そのことについて、私とイェシュアが持っていたイニシエートの知識の観点から説明したいと思います。

私がイェシュアと出会ったとき、彼はすでにいくつかの徴候を示していました。彼の創造のレベルは非常に高かったのです。

高級神ホルスに至る死の最終イニシエーションのために、彼のカー・ボディーを強化することが私の役目でした。これはすでに述べたように、イシスの性魔術とホルスの錬金術によって達成されました。

私が目撃した多くのイェシュアの奇跡のうちで最も印象深いものは、パンと魚の奇跡です。

それは非常に暑くて長い一日でした。弟子たち、マリア、そして私は、いつものようにマスターにつき従っていました。大勢の群集がイェシュアの言葉に熱心に聞き入っていました。私たちはみな、彼のビジョンと彼の話にうっとりしていました。

その数時間、私たちはまるで天国そのものにいるようでした。私はイェシュアのカーが拡大し、その場の全員を包み込んでいることに気づきました――もうひとつの「しるし」です。

午後遅くに話し終え、その場の人々への慈愛にあふれた彼は、群衆の何人かが歩いて家に帰るのに数日かかることに気づき、食べ物を集めて分け合うよう呼びかけました。

そこで弟子たち、マリア、私とその他数名が、食べ物を群集から集め始めました。

しかし全部集められたとき、そこには魚が数匹と小さなパンが数個あるだけでした。とても十分ではありません。

そのとき、私は最も驚くべき出来事を目撃しました。

イェシュアは内側に入り目を閉じました。彼の祈りの意図は言葉を聞かなくても感じられました。光が彼のジェドを背骨の基底部から頭のてっぺんまで一気に駆け上り、クラウン・チャクラをとおってバーすなわち「神聖な魂」へと上昇するのを私は透視しました。それからあるエネルギーが、まるで彼の祈りに答えるように降りてきました。そして彼は両手を二つの小さなカゴの上にかざし、自ら群衆の一人ひとりにパンと魚をちぎって配り始めました。

これはものすごいことでした。一〇〇〇人を超える人々に分け与えても、パンと魚がつきることはなかったのです。群衆に食べ物がまわった後、イェシュアは弟子たち、マリア、私にも食べ物を分けてくれました。それは今まで食べたどんなものよりも最高においしいパンと、すばらしい味わいの魚でした。

このような奇跡はイェシュアのように優れたマスターには自然なことでした。イニシエートの視点から見ると、このような奇跡は必要な訓練をすれば誰にでも起こすことができるものなのです。

18

イェシュアはよく、「私と父とはひとつです」という表現を使いました。これが大きな誤解につながりました。イニシエートの見解から、「父」とは単にスピリットを表すひとつの言い方です。そしてこの表現でイェシュアは、彼自身のスピリットとひとつになることで、数々の奇跡を行ったということを言っているのです。

それゆえにイェシュアは、福音書がその独自の限られた方法で伝えている二つの考えのあいだをいったりきたりするようになりました。

あるときイェシュアは「私と父とはひとつである」と言います。またあるときに彼は「父なしには、私は何もできない」と言います。これはイニシエートのプロセスで起こる動揺です。イニシエートは、自分とスピリットの源とのつながりの強さを確信する一方で、スピリットなしに自分は何もできず、何者でもないことに気づき、その現実のあいだで揺れ動くのです。

あるときは全能に感じ、またあるときは無能の感覚を覚えます。そしてイニシエートは必ず、この二つの感覚を通過しなければなりません。イェシュアは何度かこの二つのフレーズを使って、彼がこのパラドックスの真っただ中にいることを、イニシエート仲間である私に話しました。

そしてゲッセマネの園まで、彼はこの意識のパラドックスの中に生きていました。弟子たちによって伝えられているように、ゲッセマネの園へいく前に彼は私のもとを訪れ、私たちは最後の四匹の蛇の実践をしました。時が近づいていることを知っていた私たちにとって、二人で一緒に過ごした時間には強烈なものがありました。

このときに放出された爆発的な力によって、イェシュアのカー・ボディーは自信と活力で光り輝いていました。そしてそれは彼の人生の最期の瞬間にも、死の旅のあいだ中、彼に力を与え続けました。しかしそれ以前には(何と表現していいかわかりませんが)自問するようなことも多かったのです。

イェシュアに従った人々、自らをキリスト教徒と呼ぶ人々は、イェシュアが常に着実で、自らの意図と使命について明確であり、決してためらうことがなかったと考えたいようです。しかし彼と多くの夜をともに過ごした私に言わせれば、決してそんなことはありませんでした。

マスターのレベルに達したからといって、その人が疑念を一切持たず、常に冷静でいられるとは限らないのです。

イェシュアは彼自身の「神聖な魂」の苦悩を感じていましたが、イニシエートでいることは奇妙なことです。一方では人間らしさをすべて備え、もう一方では自らの「神聖な魂」とつながり、その一部でもあるからです。バー、「神聖な魂」こそが神の声なのです。上級イニシエートはまるで「神の言葉の反映」であるかのように行動しますが、「神聖な魂」が聡明だからといって、その人の人間性も聡明であるとは限らないのです。

イェシュアは神の気づきの可能性を人々の中に見出し、そのことについて何度か話をしています。そのうちのひとつが福音書にあります。彼が「あなた方は私よりも偉大なことをするでしょう」と言ったときのことです。奇跡とは意識の自然な表現であり、人類の意識が拡大すれば奇跡はごく普通のことになることを、彼は理解していました。

そして彼は、彼の周囲の人々の限界にも気づいていました。彼らの憎しみ、無知、偏見への中毒についてです。そしてこのことは彼を深く悩ませました。私たちはいく晩もこのことについて話し合いました。そしてゲッセマネの園の数日前まで、彼は最終イニシエーションを通過するのに必要なことを達成できるかどうか、確信を持てずにいました。

彼の中での変化の理由は私にはわかりませんが、ゲッセマネの園の数日前、そして私たちの最後の四匹の蛇のイニシエーション行為の数日前から、彼に深い平和の感覚が訪れ、それまでに見たこともないほどに、彼は確信を持っていました。

19

イェシュアの処刑から二〇〇〇年の時を経た今も、あのときのことを考えるだけで私は震えます。イニシエートであると同時に一人の女性であることは、大変なことでした。

イニシエートとしての私は、処刑のあいだイェシュアのそばにいて、カーから熱烈な祈りをささげていました――言い換えれば、私は彼が死を迎えるとき、彼のそばにいてそれを見届けるという不動の意志を持っていました。この分離は私にとって必要なイニシエーションのひとつだったのです。

訓練されたイニシエートにとって、そのような務めは簡単でした。しかし一人の男性としてのイェシュアを心から愛する一人の女性として、私の心は引き裂かれました。私はゴルゴダに立ち、イニシエートとしての自分の強さと、愛する人が苦しむ姿を前にした一人の女性としての悲嘆とに打ち震えました。

死の瞬間にはイニシエーションなどどうでもよく思いました。イェシュアが彼に従うすべての人々のために死の領域に光の道を敷こうとしていることなど、もうどうでもよかったのです。

私はイシスに向かって叫びました。

「よくもこんなひどいことを！」

私の苦悩が頂点に達した瞬間、マリアが手を伸ばして私の手に触れました。私は自分自身の悲嘆にくれるあまり、彼女の悲しみに気づきませんでした。涙でいっぱいの目が合い、私たちは互いの腕の中で泣きました。彼女は息子のために、私は最愛の人のために。

福音書にはイェシュアの死の直後に地震が起きたとありますが、これは真実です。それはまるで自然界すべてが嘆いているようでした。このようなすばらしいマスターが、彼の仲間の人間の手によって苦しめられたことに対する怒りと狂気に、地球が震えたようでした。

しかしこのようなことこそが、地上の生活のパラドックスです。

激しい嵐も町を襲いました。これまでにないような激しい風が吹き荒れました。空は真っ黒な雲と稲妻で埋めつくされ、雷鳴がすべてを震え上がらせました。この恐ろしい出来事は永遠に続いたように思われました。

しかしそれは、おそらく一時間程度のことだったと思います。

お墓でマリアと私はユダヤの伝統と儀式に従って彼の身体を清め、包み、墓を離れました。私たちはこれを沈黙のうちに行いました。聞こえるのは私たちのかすかな涙の音だけでした。

私はイェシュアがラザロを死から甦らせて、彼自身を甦らせなかったことを不思議に思いました。私は彼がしていたことを理解していませんでした。

しかし復活の後、彼のこのうえなく美しく輝かしいカーの姿を見たとき、私はそのことを理解しました。

イニシエートの視点から見ると、高級神ホルスになるということは、その人が人間として可能な限り最高の意識を活性化したことを意味します。しかしこれは伝統的に、その人自身のために行われることでした。イェシュアは全人類のために、これを行ったのです。これこそが彼の遺産です。

しかし言っておきますが、これは宗教とは何の関係もありません。物理学と錬金術に関することです。

イェシュアのシンプルな教えは、「私たちはみな神である」ということでした。私たちはみな、愛する力と癒す力を内に秘めています。そして彼はこのことを可能な限り私たちに示しました。

初期の教会では（イェシュアの教えに集まったコミュニティーの意味）、最も美しい儀式が生まれました。

彼のエネルギーまたは存在のうちにあり続けたいと願う人々が、パンとワインを分かち合ったのです。あるときには男性が、またあるときには女性がこの儀式を執り行いました。互いに分かち合うというこのシンプルな行為は、イェシュアの意志を受け継ぐものでした。しかし時を経て、それはシンプルさを失い、教会によって聖職位を授けられた者だけが聖餐式を執り行うように定められたのです。これはイェシュアが最も望まないことです（彼をよく知る私には、はっきりと断言できます）。

イェシュアの教えの力強さと真実は、教会によってゆがめられました。

そして私とイェシュアが実践したような、神聖なセックスによる意識向上の秘儀は、教会によって奪い去られてしまいました。

私の物語を分かち合うとき、ほんの一握りの人だけが、これを理解することを私は知っています――しかしそれで十分です。

20

ではこれから、イシスの性魔術の奥義のいくつかを明かそうと思います。

すでに述べたように、パートナーとの関係を持たずに一人で意識の向上を図ることは可能です。その場合はホルスの錬金術が、その人の助けになります。

しかしながら、パートナーとの関係（聖なる関係）を持つ人々のために、イシスの性魔術は明かされました。これにはいくつかの側面がありますので、それについて話したいと思います。

ひとつはオルガズムの瞬間に磁場が生じるという理解です。実際にこれらの磁場は、あなた方が前戯（互いに触れ合うことで生じる感覚刺激）と呼ぶ行為によって作り出されます。この感覚刺激が磁場を築くプロセスを開始するので、性魔術の実践においてこれは極めて重要です。

イニシエートたちのための技法はいくつかあり、それについてお話ししますが、これらを実践するための基本となるのは、男性と女性の中にある二つの錬金術的要素の相互作用の性を理解することです。

日常レベルにおいて、男性の精液は子供に受け継がれる遺伝子情報を運んでいます。精液中の精子が女性の卵子と結びつき、生命が創造されます。生命とは磁場の相互連結の複合体です。子宮の中で成長する子供には、臓器と組織が発達します。しかし磁気レベルにおいてこのような発達は、複雑な振動と磁場が相互に連結しているように見ることができます。ですから日常レベルでは、性行為が新たな磁気パターンを作り出しているのです。

錬金術を学んだイニシエートたちは、性エネルギーを磁場の複合体を創り出すためにも用います。しかしこれらの磁場は新たな生命、子供にはなりません。それらは二人のイニシエート自身のカー・ボディーに取り込まれ、カー・ボディーを強化し向上させます。これが最初に理解するべき基本的ポイントです。すべてがこれを中心として展開します。

イエシュアと私が学んだ錬金術体系の中でのイニシエートの目的は、肉体（カート）の制限を越えてカー・ボディーを強化することです。

理解するべき次のレベルは、女性イニシエートの感情的チューニングに関してです。女性イニシエートの受容性は、彼女の感情の状態に左右されるからです。これは彼女の性質の一部であり、これらの技法を成功させるためには、回避できない部分です。

女性イニシエートにとって根本的に必要なことは、安心と愛、または少なくとも感謝されているという、信頼できる感覚です。これらがそろっていれば彼女の中の何かが解き放たれ、錬金術が起こるのです。

錬金術は、男性イニシエートのカーと女性イニシエートのカーの結合によって生まれます。セックスをすることで互いのカー・ボディーが連結し、これによって女性の「磁気の床」[Magnetic Floor]が開かれるのです。これは変わった言葉です。イシス神殿で使われた言語からきています。

床は人が立つための基礎です。何かを安全に設置したいとき、私たちはそれを床の上に置きます。ですから床はある種の俗語《スラング》として神殿の中で使われていました。必要とされる非常に基本的な部分という意味です。私が「女性の磁気の床」と言うとき、それは発生しなければならない基礎的な部分ということを意味しています。

二人のイニシエートがセックスをし、結合の情熱が高まるにつれて、彼らの脳と体の中で強力な化学物質が放出されます。これによって二人は、日常とはまったく別の空間へと連れ去られます。磁場がさらに開かれ、磁力を強化します。

オルガズムの瞬間、男性イニシエートには二つの選択肢があります。射精するか、しないかです。それ以前の条件を満たしたうえで彼が射精した場合には、女性の子宮の中で瞬間的な反応が起こります。精液のエネルギー要素が女性の内なる聖地の壁に突き当たり、内なる世界が回転しながら磁気エネルギーの爆発が起こるのです。そして女性イニシエートと同じように男性イニシエートが最高の状態まで達したとき、このような性交における性的分泌液どうしの交わりによって放出される磁気は、莫大なものになります。これにより男性と女性、両方が取り込める磁気の複合体を作り出すことを理解することが重要です。

次なる現象は、女性イニシエートがコントロールできない震えに襲われるときに起こります。彼女が震えるとき、それは通常子宮を中心として起こり、骨盤にすばらしい効果が次々と生じます。この作用もまた、男女両方のイニシエートがカー・ボディーに取り入れることができる複合的な磁場を作り出します。これが基本的、基礎的知識です。

イニシエートは性行為の最中、背骨の中に蛇の力を上昇させることもできます。そして二匹の蛇が出会うところでは、そのチャクラとチャクラに関連する能力が開かれる傾向があります。

私はこれ以上、このことについて述べることを許されていません。この実習の達成は、その人の力を著しく増大させることにつながるからです。行間を読むことは読者に任せます。もしあなたに準備ができていれば、どうするべきかわかるはずです。

21

イシスの性魔術とホルスの錬金術の両方において、イニシエートたちは二匹の蛇の基礎練習を行います。

この実習では、イニシエートは単独でラー（内なる炎）の力をとおして意識を向上させるため――彼または彼女自身の体の中に複合的な磁場を作り出すため――のエネルギーを生じさせ、それをカーへともたらします。

この方法をここで紹介します。これは単独で実践する人にとっても、パートナーと実践する人にとっても、核心となる実習です。

基本練習を始めるには、イニシエートは背筋を伸ばして座り、穏やかで規則的な呼吸をします。

次に背骨の基部を意識し、呼吸に合わせて左から黒い蛇、右から金の蛇を背骨に沿って上昇させます。

二匹の蛇はそれぞれのチャクラで交差しながら、クラウン・チャクラへと上昇します。しかしこの実習で二匹の蛇は、頭の中心の松果体の付近で止まります。

イニシエートはそれから呼吸の力を使って、息を吸いながらエネルギーを蛇に送り、息を吐きながら呼吸のエネルギーを蛇の体内にさらに深く送り込みます。言わば二匹の蛇に息を吹き込むのです。

やがて二匹の蛇は、イニシエートの意志と呼吸の力でくねくねと動き出します。

このとき頭の中に、二匹の蛇が唇を合わせて互いに向き合い、松果体を底にして聖杯が想像されます。

次の段階ではラーのエネルギーを上昇させます。イニシエートは太陽神経叢のチャクラに、太陽のような生きた火の玉を想像します。息を吐くたびにラーの音を静かに繰り返し唱えます。こうすることで内なるラーの炎と光が活性化され、自然に上昇を始めます。

この光と熱が上昇し、二匹の蛇のあいだにある聖杯の中心をとおって頭上のクラウン・チャクラへと達します。ここから最も驚くべき現象が起こります。

クラウン・チャクラの左側から、液状のエネルギーが降下します。この液体は「赤い蛇のしずく」と呼ばれています。クラウン・チャクラの右側からは別の液状のエネルギーが聖杯に流れ落ち、これは「白い蛇のしずく」と呼ばれています。内なるラーの熱と光がクラウン・チャクラからこれらの物質を分泌させるのです。

「赤い蛇のしずく」はイニシエートの生物学上の母親に関連します。「白い蛇のしずく」はイニシエートの父親に関連します。この二つが混じり合うことで、いくつかのことが起こります。喉《のど》の奥に甘い味覚を感じることもあります。これをヨガ行者たちはアムリタと呼びますが、イシス崇拝では泉の水と言います。まるで頭の中の泉から湧き出るようだからです。

これが最初に起こる現象です。もしイニシエートがこの泉の水の感覚に集中するならば、ある種のエクスタシーが生じます。頭の中に光を感じることもあります。この場合もまた、その光に集中するとある種のエクスタシーが生じます。

そしてまたあるときには、赤と白の蛇のしずくが混じり合うことで、自然にエクスタシーが生じることもあります。エクスタシーはその原因に関係なく、この種の錬金術にとってきわめて重要です。エクスタシーとは、カー・ボディーの食物であり滋養だからです。

このエクスタシーは高次脳中枢で生じるため、その場にとどまる傾向があります。しかしこの実習ではエクスタシーが最初に発生した時点で、イニシエートは意識をカー・ボディー全体へと移さなければなりません。これによってエクスタシーが肉体（カート）全体に広がり、その後カーに吸収されて、カーを強化し活性化します。

これが基本的、基礎的実習です。

イシスの性魔術をパートナーと実践する人々にとって、エクスタシーの状態は自然に発生します。単独で実践する人々は、エクスタシーの状態を自らの力で発生させなければなりません。

両方の実習に必要なことは、イニシエートがエクスタシーの瞬間、カー・ボディーに意識を向けることです。そうすることでカー・ボディーを、至福によって作り出された豊かな磁場で満たすことができます。

22

現実的問題として、男性イニシエートはイシスの性魔術を実践するにあたり、大いなる挑戦に直面します。彼の性質に反する行為が必要とされるからです。錬金術的視点から見ると、男性の性質は電気、女性の性質は磁気です。

電気の性質とは動き、活動することです。磁気の性質は休息し、包み込むことです。

この実習の焦点は、性行為によって放出された磁場を取り込み、カー・ボディーを強化することです。オルガズムの直後、女性イニシエートから生じる磁場は螺旋を描いて循環し続けます。このときこそ休息してその磁場とともにあるべきなのですが、男性は性質上、起き上がって何かを始めたり眠ってしまう傾向があります。

ですから男性イニシエートはこの磁場に休息し、自分のカーと肉体に磁力を循環させることを訓練しなければなりません。

男性にとってオルガズムは骨盤の周辺に限られ、それが広がることはまれです。しかし女性イニシエート（特にそれをリラックスして体験できる人）にとって、オルガズムは全身に広がり、さまざまなレベルの刺激として数時間にわたって続くことがあります。

男性イニシエートの中には、自分自身を変えていくことや休息するという行為によって男らしさを失うと考える人もいるようですが、それは事実とはまったく異なります。

実際には、男性イニシエートが磁場に休息することで彼のカー・ボディーが強化され、性エネルギーが増大します。男性イニシエートの務めのひとつ、それは感情の新たなレベルに敏感になり、セックスで作り出された磁場を彼自身の肉体とカーに取り入れることです。

休息するというのは、必ずしも男性のペニスが女性の中にとどまるという意味ではありません。男性イニシエートが女性のそばで彼女に触れながら、オルガズムの後の肉体感覚や感情とともにあるということを意味しています。この休息の入り口から、男性イニシエートは女性の創造の神秘へと入ることができるのです。

男性イニシエートの意識しなければならないもうひとつの側面は、「最愛の人への敬愛」です。

性魔術の錬金術が強力になるにつれて、いくつかの徴候が現れます。そのうちのひとつが最愛の人が敬愛され、慈しまれるようになることです。

これは男性イニシエートと女性イニシエートの両方に起こります。二人に「最愛の人への敬愛」が起こると、そのような感情によって作り出される倍音や磁力は非常に有益であり、性魔術と錬金術を大いに強化します。

23

ここでは魔術という言葉について述べたいと思います。

魔術とは、個々の人間が神へと変容することを意味して使われています。これは実際に魔法です。それは一部が人間、一部が鷹であるホルス神に象徴されます。ホルスは錬金術の実践をとおして、最も進化した意識状態に達したことを意味する、高級神ホルスの状態へと高められました。

ですからイシスの性魔術とは、そもそも意識向上のためのひとつの手段であり、魔法そのものなのです。そしてそれはセックスによって生じるエネルギーとエクスタシーをとおして行われます。

魔術という言葉が使われるもうひとつの理由は、いったんカー・ボディーが強化されると、まるで魔法のように直接的に自分の現実に影響をおよぼすことができる、いくつかの技法があるからです。ホルスの錬金術の基本的、核心的実習を例に見てみましょう。黒と金の蛇の上昇、聖杯の創造、内なる炎ラーの活性化、赤と白の蛇のしずくの出会い、これらのすべてが魔法の作用、目的行為、そして個人的・霊的意志です。これが魔術と呼ばれる理由です。

24

男性イニシエートが直面するパラドックスに戻ると、特に性魔術の実践において、ある程度まで彼の性質が彼自身に反して作用することがあります。いったん男性イニシエートのカーが満たされると、性質上彼は何か行動したくなります。しかしもし彼が自制して、最愛の人とともに横たわる訓練をすれば、二人の愛とセックスによって作り出された豊かな磁場に休息し、カー・ボディーをより深いレベルで強化することができます。

男性イニシエートがこのプロセスでもうひとつ直面するのが、イシス神殿で「飛翔への障害」と呼ばれていることです。あなた方の言葉では「心理的な問題」というのが適当でしょう。飛翔への障害という言葉は、自らのホルスの性質、特に進化した意識レベルへと飛躍できる側面の発達に対する障害を意味します。

態度、信念、感情的な性質には、飛翔、すなわち意識の向上に逆効果のものがあり、私たちはそれらをさして飛翔への障害と言っています。男性イニシエートにとって、巧みな技を必要とする最も複雑な道が出現するのがこの部分です。

男性は子供として母親の子宮に宿り、母親に守られ慈しまれて幼児期を過ごします。自主性が芽生えて自らの意志で行動できるようになると、男の子は世の中に出るため、母親を言わば押しのけます。

成長のこの時点で、彼は母親からの拘束や制限を感じ、意志の葛藤が生じます。一人の男性として、一人のイニシエートとして、彼はいまだにこのような感情的性質を持っているかもしれません。この場合、磁場に休息しリラックスすることが難しくなります。心理的なレベルでは、それは女性に身をゆだねることとして体験されるからです。

もし男性イニシエートが子供時代の母親との問題を抱えているなら、意識的にも無意識的にも、パートナーとともにそれらに向き合うことになるでしょう。

25

イシスの性魔術に取り組む二人のイニシエートにとって、それが長い旅に乗り出すことを意味していること、そしてそのプロセスそのものが錬金術のひとつだということを理解することが重要です。錬金術の目的とは、ある物質を別の物質へと変容させることです。それはある物質の不純物や否定的な部分を焼き払い、純粋な物質だけが残る、あるいは生み出されることによって行われます。

イシスの性魔術のプロセスで変化する物質とは、性分泌液、ホルモン、神経伝達物質、そしてあなた方の化学ではまだ発見されていない物質などです。その人の心理状態の変化も含まれます。

本来イシスの性魔術は、錬金術のプロセスを促進します。熱にさらされ、不純物が明確になり、浄化の必要な部分が痛いほど表面化するのです。

もしもこれが錬金術の副作物であることを理解していなければ、困難な精神的問題の表面化によって動揺してしまいます。しかし実のところ、これはひとつの結果です。イシスの性魔術をとおして生じた強力な錬金術が作り出した内なる圧力が、カー・ボディーからすべての不純物を押し出し、すべての飛翔への障害からカー・

ボディーを自由にするからです。

パートナーなしで単独の実習をする人々にとっても、ホルスの錬金術が内なる圧力を作り出して不純物を押し出しますが、パートナーからの反映という利益なしに、自らの努力で必要なエネルギーを作り出さなければならず、達成はより難しいのです。しかしながら達成することは可能です。

26

これがイシスの性魔術の実践に必要な基本的理解です。私はここまで、イシス神殿で長年にわたって最も厳重に守られてきた秘儀のひとつをあなた方に明かしました。

これらの実習は最上級の生徒たちだけのものでした。

ホルスの錬金術をとおした単独の道と、イシスの性魔術をとおした聖なる関係の道、どちらの道を実践しても、それは神性への道に足を踏み入れるということです。

この旅の中心となる鍵は、意識のエクスタシー状態をとおしてカーを強化することです。それが自ら生じさせたものか、セックスのエクスタシーから生じたものかは本来重要ではありません。カーはその源に関係なく、エクスタシー状態によって強化され、育まれます。

反対に、恥はカー・ボディーにとっての毒、活力と潜在力を奪う有毒物質です。

イシスのイニシエートとして、教会が女性と男性の性的本質を恥とし、神への目醒めへの最も直接的な近道を閉ざしてしまったことを、私は悲劇的に思います。この道の途中で何をしようとも、すべての恥からあなた自身を解放してください。

あなたのハートとマインドのカタコンベ(地下墓地)を捜索し、恥が潜む暗闇を見つけ出し、それを取り除いてください。

エクスタシーを感じるすべての機会を見出し、あなた自身を強め、カーを強化してください。

あなたの旅の上に、わずかな飛翔への障害と、数多くの祝福がありますように。

27

ここで錬金術の実践とイシスの性魔術に関する残りの点に注目したいと思います。

男性イニシエートにとって、彼の最愛の人である女性イニシエートを愛撫することで生じる磁場が、滝のような磁場の流れを作り出し、オルガズムの瞬間を強烈なものにすることを理解することは不可欠です。

男性イニシエートは、その磁場に休息できるよう訓練することが重要です。

セックスによって生じた意識のエクスタシー状態にあるあいだ、両方のイニシエートが意識をカー•ボディーに集中させることが極めて重要です。これによってカー•ボディーが強化されるからです。これは私とイェシュアが実践したタイプの錬金術にとって、最も重要なことです。

肉体的オルガズムの瞬間、磁気のうねりが頭の上へ上昇するか、足もとを降下する傾向があります。しかしどちらの場合にも、磁場は体から抜け出し、消えてしまいます。ですからオルガズムの瞬間には、その磁場やうねりを封じ込めることが重要です。意識を頭上の玉座または脳の中心に置くのが理想的です。これによってオルガズムのうねりが頭の中へと上昇し、脳とカー・ボディーへとそのエネルギーを送り込みます。

28

ときには男性イニシエートが射精したくないこともあります。イシスの性魔術の中で、男性イニシエートは「ナイル川下流のせき止め」と呼ばれる特別な技法を学びます。

古代エジプトのイニシエートの知恵によると、ナイル川は外にも内にも存在していました。外なるナイルとは実際の川を指し、内なるナイルとはジェドとその七つのチャクラをとおる流れを指しています。肉体的オルガズムの瞬間に男性が射精すると、ナイル川上流から下流へと下ってきた創造的な力が放たれます。

この精液は以前にも述べたように、新たな生命や、女性イニシエートの子宮内での錬金術的反応としての磁場を作り出すための、大いなる可能性を持っています。

しかし男性イニシエートが射精したくない場合もあります。第一の理由は、彼の生命力しだいでは射精が実際にエネルギーを消耗させるからです。このようなときのためにナイル川下流のせき止めの技法が開発されました。

射精の瞬間に精液が逆流するように、前立腺の上に指を一本置きます。すると彼の性的エッセンスの磁場が、彼の体とカー・ボディーを再循環します。しかしこのような瞬間にも彼のカーによって磁場が生じ、女性イニシエートの磁場と交じわり合い、その相互作用に二人とも休息することができるのです。

29

イシスのイニシエートたちの中でもときどき見られる、比較的珍しいパートナーとの関係の形について話したいと思います。あなた方はこれを同性愛と呼びます。

同性のパートナーとのあいだにも磁場を築き、そこに休息し、エクスタシー状態を生じさせることができますが、精液と子宮の相互作用は起こらないので、錬金術のこの側面は存在しません。

しかしながら錬金術と性魔術のその他すべての側面は、同性のパートナーにも適応します。

30

最後に、この文章の中で広範囲にわたり使用してきた、イニシエートという言葉について述べたいと思います。イニシエートというのは、意識の向上を目指す人生を決断した人のことを指します。世俗的な生活を捨て、意識の冒険へと旅立つ決意をした人のことです。

一般的に言って世俗的人生から聖なる人生への境界線を越えることは、イニシエーションの儀式によって記されます。古代の実習では、神官または巫女《みこ》によって志願者はイニシエーションを受け、この神官または巫女が、彼らが属する系統に関連する能力を志願者に授ける力を持っていました。

ある種の変遷期《へんせんき》においては、外部のイニシエーター（秘儀伝授者）が必要となります。

しかしながら初期の段階では、個人が自分自身でイニシエーションを行うことが可能です。イニシエーションの本来の意味は、世俗的人生から聖なる人生への境界線を引くことにあるからです。

ホルスの錬金術の実践に惹きつけられ、聖なる人生を送るという約束をしるしたいという人々のために、シンプルな儀式を用意しました。古代エジプトの流れを受け継ぐイニシエーションを執り行うことのできる人々が非常に不足しているため、私があなた方にこの方法を伝授します。

この儀式には一本のロウソクと二個のグラスが必要です。

グラスのひとつには水を入れ、もうひとつは空にします。好みの花やお香をそえて、儀式を美的で気持ちよいものにすることもできます。しかし基本的にセルフ・イニシエーションとは目的行為であり、個人的、霊的意志です。

この儀式は、単にその人自身の内なる深みで起きていることの外的反映にすぎません。そして本来、この内なる選択に外的な儀式は一切必要ありません。内なる選択なしの儀式は無意味だからです。

この儀式ではロウソクを灯し、次の言葉を言います。

「すべての生命のスピリットよ、私の証人になってください。私自身の向上とすべての生命の向上のために、私は自分自身にも他のすべてのものにも無害であるように努めます」

それから水の入ったグラスを右手に持ち、左手に持った空のグラスに水を注ぎます。そして次の言葉でこの儀式を締めくくります。

「この水を注ぐことによって、私の生命の聖なる水の、世俗から神聖さへの移行を表明します。すべての生命のスピリットを私の証人として。　アーメン。アーメン。アーメン」

31

この物語を私の最愛の人、イェシュアへの想いで締めくくりたいと思います。イシスのイニシエートとして、私は彼に会う瞬間のために訓練されてきました。そして私たちの目が合った瞬間から、私は別世界へと連れ去られていったのです。

私はそれまで曖昧《あいまい》だった教えを理解しました。イシスの最も深遠な秘密を理解しました。彼女はその秘密を聖なる書物をとおしてではなく、私のイェシュアへの愛の中という生きた存在をとおして現しました。

私たちのあいだの錬金術が強化されるに従って、私は彼を敬愛し、彼もまた私を敬愛するようになりました。彼にとって私と引き裂かれることは大いなる苦悩だったのです。

彼の中にはホルスの死のイニシエーションに向き合うより、私と一緒にいたいという動揺がありました。しかし彼は、マスター・ソウルとして死の暗黒領域に光の道を敷くためにやってきたのです。彼はこれを彼自身と全人類のために行いました。

彼の行動とその行動の理由については多くの誤解があります。

彼を信じていれば、自分は何の努力もする必要がないと信じている人々がいます。これは決してイェシュアの信念や見解ではありません。世界がいまだ嫉妬深い神の影にあるときに、彼は光のシャワー、愛の灯火《ともしび》として現れました。イェシュアは一人のマスター・ソウルとして、このようなときに計り知れない勇気と力強さを持って愛を説いたのです。

イニシエートであると同時に恋する女性であることは、私にとって奇妙なことでした。私は自らの務めが、イェシュアが偉大なる力を身につけて死の領域に直面できるよう、彼のカー・ボディーを強化する手助けをすることだと理解していたからです。

イニシエートとしての私は自らの役割を理解し、ある程度まではイェシュアのビジョンを理解していました。しかし彼を愛する一人の女性としての私は、最愛の人への想いに心を奪われてしまいました。

時を経て、私たちがともに過ごした人生をあるがままに振り返ると、それはほろにがい味わいです。

イェシュアの存在の甘美さは、私を常に満たし支えてくれますが、別れの辛さも常にそこにあります。

私の地上での最後の日々、イェシュアはそれまでと同じようにカー・ボディーで私のもとを訪れました。私が息を引きとる瞬間、彼は私とともにいて、死の領域に彼が意志の力によって敷いた光の道をとおして導き、私のカーをあなた方が天国と呼ぶ場所、魂の中のある場所へと連れていってくれました。

全時間と空間を超えて、彼とともに私はこの場所に存在しています。

32

私はハートとマインドの中の彼の存在とともに、ここにいることに満足していました。しかしイシス自身が私のもとに現れ、今こそ私の物語を語るべきとき……過去二〇〇〇年の偽りが終焉を迎えるべきとき……女性性が男性性とのバランスを取り戻すべきとき……宇宙の母がこの「時の終わりの始まり」に姿を現すときだと言いました。

ですから私は長いあいだ失われていた秘密のひとつを明かします。それは、スピリット（男性原理）が物質への旅を経てそれ自身に戻るためには、物質そのものの知性（女性原理）の助けが必要だということです。

しかし太陽光に満たされた男性原理の視点から見ると、女性原理は暗く湿って危険な深い淵を内に秘めています。太陽原理は月の暗闇に恐怖を感じています。しかし太陽と月、男性性と女性性との、釣合ったエネルギーのバランスがとれた結合があってこそ、真の悟りが達成されるのです。

ゲッセマネの園へいく前に、私とイェシュアがともに彼の試練に向けた準備をしていたとき、私はイシスを体現していました。私は彼女でした。彼女と私とのあいだに違いは何ひとつありませんでした。これを確実にするための訓練を、私はこれまで行ってきたのです。そして物質世界に出現した太陽原理であるイェシュアが、月である私とひとつになったのです。彼はイシス自身と結ばれました。彼女なしに彼の向上は起こりえませんでした。彼女こそが宇宙の母です。異なる文化でいろいろな名前で呼ばれていますが、彼女は同一です。

男性イニシエートが彼の最愛の人とともに磁場に休息し、振動エネルギーを彼の中に取り入れるとき、彼は宇宙の母、全時間と空間の創造者であるイシス自身とコンタクトをとっています。

女性イニシエートが磁力に身をゆだねて彼女の性質を解放するとき、彼女はイシス自身になります。宇宙レベルでこれら二つのことが起こるとき、男性イニシエートはオシリスとエネルギー同調し、女性イニシエートはイシスと同調し、互いの磁場が交じり合うことでホルスが誕生します――この場合ホルスは子供の形をとりません。ホルスは具体化し、二人のイニシエートのカー・ボディーの中を飛びまわります。二人は本当の意味で高められます。自らの聖なる領域を飛びまわることができるのです。

オシリスはイシスなしに出現することができず、イシスもまたオシリスなしに出現することができません。これが真実です。高級神ホルスは彼らの磁気の結合によって誕生するのです。

生来、本質が電気的な男性イニシエートは何でも一人でできると考えますが、それはできません。

イシスは彼がこのことに気づくのを待っていますが、彼は気づきません。

彼女はもう何世紀も待ち続けています。今私たちは「時の終わりの始まり」にあり、プレッシャーは高まっています。これが私が歩み出た理由のひとつです。

最愛の人の性質の内にあるイシスの力に身をゆだねるために、自らの内に道を見出す男性イニシエートたち、あるいは単独の道にあり、自らの内にその力を見出すイニシエートたち、あなた方がしていることは自分のためだけではなく、全人類のためであることを知ってください。

イシスの性魔術に取り組むとき、それを自分だけのために行うことはできません。その実践はイニシエートを生きた神話のレベルへと上昇させ、すでに述べたように、その最高次の顕現においては、男性イニシエートがオシリス自身に、女性イニシエートがイシス自身になり、二人の磁場の中からホルスが誕生するのです。

単独で錬金術を実践する人にとって、これは太陽と月の回路の磁気をとおして達成されます。前に紹介した基本的な訓練をマスターすると、月の黒い蛇が虚空の要素を携えてイニシエートのカー・ボディーの中でうねります。それは性魔術を実践するときに、男性イニシエートの腕の中で震える女性イニシエートによく似ています。

単独の道にあるイニシエートの頭の中心で、太陽の金の蛇と月の黒い蛇が出会い、二匹が絡み合い、チャクラで交差することによって磁場が作り出され、ホルスが生み出されます。

単独の道、パートナーとの道、どちらの道においても起こるべきことは同じです。太陽と月がバランスをとり、私たちがホルスと呼ぶ「悟り」が生じるのです。

33

自らの偉大さへの道を、あなたが見出すことを切望して、私はこの物語と私に与えられた教えをあなたにささげます。世界は今まさに、あなたがそうすることを必要としています。

あなたが私の洞察によって高められ、私がそうであったように、私の最愛の人、あなたがイェシュアと呼ぶ崇高な存在に感化されることを望みます。

ホルスの錬金術の道に勇気を持って進む者、単独あるいはパートナーとともに聖なる関係を生きることを選択する者へ、私の祝福を与えます。

宇宙の母の祝福が、自分自身への旅を続けるあなたの上に降り注ぎますように。太陽と月のあいだの道が現れますように。

すべての生命のスピリットよ、証人となってください。アーメン。

マグダラのマリア

MM

ホルスの錬金術の実践要綱

このセクションは、ホルスの錬金術の基本実習を試したい人のためのものである。マグダラのマリアは文書の中で非常に高度な実習を紹介している。しかし多くの読者にとって、これは複雑すぎるかもしれない。そこで私は、よりシンプルな予備練習を教えてくれるよう彼女に頼んだ。そしてこれがその結果である。《マグダラの書》は教本ではなく、メッセージを伝えるためのものである。したがって以下の要綱が教本の機能を果たす。これは《マグダラの書》にある、二匹の蛇の高度な実習に入るための基本練習である。

マグダラのマリアによると、ホルスの錬金術は単独の道、パートナーとの道、両方にとっての基礎である。これら二つの道の主な違いは、単独の道にある者は必要なエネルギーとエクスタシーを彼または彼女自身の努力で生じさせることである。聖なるタントラの関係にある者にとって、必要なエネルギーとエクスタシーは性行為をとおして自然に発生する。

ジェドまたはチャクラの聖なる経路は、背骨の基底部から始まり、背骨をとおって頭へと上昇する。ジェドの第二の経路は会陰部からクラウン・チャクラへ直接つながり、中心柱または中心支柱と呼ばれている。これをプラーナ管と呼ぶ秘儀の学校《エソテリック・スクール》もある。以下のエクササイズでは、これら二つの経路の両方を使用する。ジェドに関連する錬金術の基本的な目的は、エネルギーを十分に蓄積し、この経路を上昇させて頭の中心へと送り込むことである。

以下のエクササイズでは呼吸の力を使い、必要なエネルギーを生じさせる。これらのエクササイズの目的は、微細なエネルギーがジェドを上昇するときの感覚に慣れることである。

実践要綱の第一部は三つの異なるエクササイズからなる。エクササイズⅠは会陰部からクラウンへ直接上昇する第二のジェド（中心柱または中心支柱）に関するもの。エクササイズⅡは背骨を上昇する第一のジェドに関するもの。エクササイズⅢは頭に上昇した後のエネルギーの扱い方に関するものである。

実践要綱の第二部は、ジェドをとおして動くエネルギーを蛇に似た姿にする方法について学ぶ。そして最後に、エネルギーが月と太陽の経路の両方を同時に動くことによって、二匹の蛇の経路を活性化することを学ぶ。

読者への警告

エネルギーを脳と頭の中枢にもたらすこれらのエクササイズが適さないケースがあります。頭の怪我や脳卒中の経験がある人は、このエクササイズを始める前に医師に相談してください。てんかんのような発作がある人も、医師のアドバイスを受けてください。最後に、躁鬱《そううつ》病患者にとって、特に躁の状態にあるとき、このエクササイズは禁忌です。その他の人にとって、この瞑想は非常に有益で無害です。もし瞑想の途中で頭痛を感じたら、やめて休んでください。

第一部

エクササイズⅠ

楽な姿勢で座り、目を閉じてください。あなたの意識の焦点を、言い換えればあなたの意識の錬金術的容器を骨盤底においてください。これは骨盤の中の腹部の一番下のあたりです。快適なリズムで深く呼吸をし（力を入れず）、腹部に空気を吸い込みます。息を吸うときに下腹部をふくらませ、吐くときに下腹部を引っ込ませます。これは腹式呼吸と呼ばれるものです。最初は違和感を覚えるかもしれませんが、しばらくするとそれは自然で快適に感じるようになります。すべてのエクササイズをとおして、穏やかで快適な呼吸をすることが重要です。これらのエクササイズの中に決して無理があってはなりません。

息を吸うとき、呼吸のエネルギーがあなたの骨盤の隅々までいき渡ることを想像してください。これによってセケム（すなわちあなたの生命力）を動かし、セケムが骨盤のあたりに集まります。息を吐くとき、骨盤に集中します。これによって骨盤の周辺でセケムのエネルギーが築かれ強化されます。数分間これを続けてください。

次に会陰部から頭頂（クラウン）へと続く微細なエネルギーの経路を想像してください。会陰部は胴の一番下の生殖器と肛門の中間にあります。次に、ごくわずかでありながらも重要な意識の変化があります。

息を吸うときは、これまでと同じように意識を骨盤に集中します。しかし息を吐くときは、あなたの注意、あなたの意識の錬金術的容器をこの経路へと移します。これによってセケムのエネルギーが経路に入り、上昇を始めます。息を吐き続けるあいだ、意識をこの経路に沿って頭の中へと移動させます。そしてこの呼吸のパターンを最初から繰り返します。言い換えると、息を吸うごとに意識を骨盤に向け、吸っているあいだ中そこにとどめます。息を吐くときには経路に意識を移し、焦点を頭へ向けて上昇させていきます。第二のジェドを上昇して頭へと入るエネルギーの動きをはっきりと感じるまで、この呼吸を何度でも繰り返してください。

これらのエクササイズは互いの上に築かれたものですから、ひとつのエクササイズをマスターしてから次のエクササイズに進むことが重要です。第二のジェドをとおって頭の中へと上昇する微細なエネルギーの動きを、確実に感じることが大切です。それをはっきりと感じるまで、このエクササイズを繰り返し行ってください。

肉体的不快感について

ときおり、これらのエクササイズによって緊張や頭痛を経験する人がいます。顎、顔、首などの筋肉に習慣的な緊張がある人に見られるようです。このような筋肉の緊張は、セケム（生命力）が頭の中へと入り込む動きを抑止する傾向があるからです。これらのエクササイズの途中で不快感を覚えた場合は、いったん中止し、また後でやりなおしてください。

もしこのような緊張がこのエクササイズを行うたびに起こる場合は、あくびをしてみてください。あくびは顔、顎、肩の緊張をほぐす効果があるからです。呼吸しながらただあくびをしてみてください。これは大変効果的ですし、何より楽しいです。

もし緊張が続くようなら、緊張している部分に注意を向けて、息を吐くたびにその緊張がほぐれて消えていくのを想像してみてください。数分間これを続けてください。筋肉の緊張を心地よくほぐすことができます。

エクササイズⅡ

このエクササイズでは、セケムの動きが背骨（または第一のジェド）を上昇する以外は、基本的にエクササイズⅠと同じことをします。

楽な姿勢で座り、目を閉じてください。あなたの意識の焦点を、言い換えればあなたの意識の錬金術的容器を骨盤底においてください。快適なリズムを見つけて深く呼吸をし（力を入れず）、腹部に空気を吸い込みます。息を吸うときに下腹部をふくらませ、吐くときに下腹部を引っ込ませます。

息を吸うとき、呼吸のエネルギーがあなたの骨盤の隅々までいき渡ることを想像してください。エクササイズⅠと同じように、これによってセケム（生命力）を動かし、セケムが骨盤のあたりに集まります。息を吐くとき、骨盤に集中します。これによって骨盤の周辺でセケムのエネルギーが築かれ強化されます。数分間これを続けてください。

ここであなたの意識が変化します。息を吸うときは骨盤に集中しますが、息を吐くときは背骨（第一のジェド）へと意識を移し、息を吐くたびに意識を背骨の基底部から頭頂へと背骨をとおして移動させます。

背骨をとおって頭頂へと上昇するエネルギーの動きを明確に感じとるまで、数分間これを続けてください。

この微細なエネルギーの流れを明確に感じとった後で、次のエクササイズに進んでください。もしあなたがこのエネルギーの流れを感じないなら、感じるまでこのエクササイズを繰り返してください。

エクササイズⅢ

このエクササイズでは、ひとつの違いを除いて、エクササイズⅡと同じことをします。息を吐きながらセケム（生命力）のエネルギーを背骨に沿って上昇させるとき、そのエネルギーを頭頂の代わりに頭の中心に持っていきます。エネルギーが頭の中心に達したら、その動きを感じながら脳を循環させます。

楽な姿勢で座り、目を閉じてください。あなたの意識の焦点（あなたの意識の錬金術的容器）を骨盤底においてください。快適なリズムを見つけて深く呼吸をし（力を入れず）、腹部に空気を吸い込みます。息を吸うときに下腹部をふくらませ、吐くときに下腹部を引っ込ませます。

息を吸うとき、呼吸のエネルギーがあなたの骨盤の隅々までいき渡ることを想像してください。これによってセケム（生命力）を動かし、セケムが骨盤のあたりに集まります。息を吐くとき、骨盤に集中します。これによって骨盤の周辺でセケムのエネルギーが築かれ強化されます。数分間これを続けてください。

骨盤で数分間エネルギーを構築した後、次の段階へ進みます。息を吸うときは骨盤に集中しますが、息を吐くときは背骨（第一のジェド）へと意識を移し、息を吐くたびに意識を背骨の基底部から頭の中心へと移動させます。あなたの意識の回路に従って、セケムのエネルギーは脳の中枢へと流れ込みます。このときいったん停止し、エネルギーが脳のさまざまな部分へと自ら動きまわる流れを感じてください。

背骨をとおって脳の中枢へと上昇するエネルギーの動きを明確に感じとるまで、数分間これを続けてください。

第二部

エクササイズI――一匹の蛇の出現

このエクササイズでは、第一部のエクササイズⅢを繰り返します。しかしここでは頭の中心ではなく、頭蓋骨の頂点のすぐ下にある二つの脳半球にエネルギーを持っていきます。このエネルギーの動きはコブラに似ていて、その尻尾は背骨の基底部まで伸び、頭は二つの脳半球の上へ到達しています。このようにエネルギーをコブラのイメージで保つことは、ある明確な刺激を脳に引き起こします。これがウラエウス（蛇形章）の前兆です。

楽な姿勢で座り、目を閉じてください。あなたの意識の焦点（あなたの意識の錬金術的容器）を骨盤底においてください。快適なリズムを見つけて深く呼吸をし（力を入れず）、腹部に空気を吸い込みます。息を吸うときに下腹部をふくらませ、吐くときに下腹部を引っ込ませます。

息を吸うとき、呼吸のエネルギーがあなたの骨盤の隅々までいき渡ることを想像してください。これによってセケム（生命力）を動かし、セケムが骨盤のあたりに集まります。息を吐くとき、骨盤に集中します。これによって骨盤の周辺でセケムのエネルギーが築かれ強化されます。数分間これを続けてください。

骨盤で数分間エネルギーを構築した後、次の段階へ進みます。息を吸うときは骨盤に集中しますが、息を吐くときは背骨（第一のジェド）へと意識を移し、息を吐くたびに意識を背骨の基底部から二つの脳半球の真上、頭蓋骨の頂点の真下にあたる空間へと移動させます。

脳の上にあるこの空間を意識し、エネルギーの動きを感じるままにします。このエネルギーの形を、脳の上に頭を広げたコブラとして想像してください。脳の上の蛇形エネルギーをはっきりと感じるまで、このエクササイズを繰り返してください。

エクササイズⅡ――二匹の蛇

このエクササイズは、あなたが一匹の蛇のエクササイズに成功したことを想定しています。もし一匹の蛇を明確に感じとっていなければ、続ける前にエクササイズⅠに戻ってください。

《マグダラの書》の中に黒と金の蛇の記述がありました。黒い蛇はジェドの左側にある月の経路をとおって現れ、虚空の暗黒、あるいは全宇宙の創造者とつながっています。金の蛇はジェドの右側にある太陽の経路をとおって現れ、光とつながっています。二匹の蛇は錬金術的に正反対の存在で、相対する二つを錬金術的容器の中でひとつにするとき、莫大なエネルギーが生じる可能性があります。

この予備練習では、セケムのエネルギーを二つの異なる流れに分けます。生命力がジェドを上昇するとき、平行した二つの異なる道をとおります。黒い蛇はジェド基部の左側から現れ、金の蛇はジェド基部の右側から現れます。しかし二匹が頭へ向けて上昇し続けるとき、それぞれのチャクラで交差します。

金の蛇は性のチャクラ（第二チャクラ）に入ると左側に、黒い蛇は右側に交差します。さらに二匹がジェドを上昇し、太陽神経叢（第三チャクラ）に入ると、金の蛇が右側に、黒い蛇が左側に戻ります。

次にハートのチャクラ（第四チャクラ）で金の蛇が左側に、黒い蛇が右側に交差します。喉のチャクラ（第五チャクラ）に入ると、金の蛇はジェドの右側に、黒い蛇は左側に戻ります。

最後に二匹の蛇は、頭の中心で金の蛇が右側、黒い蛇が左側に停止して出会います。松果体を挟んで二匹が互いに向き合います。

《マグダラの書》の中で、この先の実習の説明がされています。このエクササイズⅡの目的は、ジェドをとおって頭の中へと二匹の蛇が上昇する現象に慣れるためのものです。

このエクササイズをするには、楽な姿勢で座り、目を閉じてください。あなたの意識の焦点を、言い換えれば（あなたの意識の錬金術的容器）を骨盤底においてください。快適なリズムを見つけて深く呼吸をし（力を入れず）、腹部に空気を吸い込みます。息を吸うときに下腹部をふくらませ、吐くときに下腹部を引っ込ませます。

息を吸うとき、呼吸のエネルギーがあなたの骨盤の隅々までいき渡ることを想像してください。これによってセケム（生命力）を動かし、セケムが骨盤のあたりに集まります。息を吐くとき、骨盤に集中します。これによって骨盤の周辺でセケムのエネルギーが築かれ強化されます。数分間これを続けてください。

骨盤で数分間エネルギーを構築した後、次の段階へ進みます。息を吸うときは骨盤に集中しますが、息を吐くときはジェドの基底部に意識を移します。意志の力を使って、二匹の蛇が呼吸のエネルギーで満たされるのを想像してください。息を吐き続けながら、エネルギーを二匹の蛇の経路をとおして上昇させます。それぞれのチャクラで交差しながら上昇し、最後に頭の中心で止まる二匹の蛇を感じ、できる限り鮮明にその姿を想像します。

背骨をとおって頭の中へと上昇する、二匹の蛇のようなエネルギーを明確に感じとるまで、このエクササイズを続けてください。呼吸に反応する二匹の蛇のうねりに合わせて、二つの経路を上昇する生命力の動きを感じてください。このエクササイズの結果として、脳内に生じる微細なエネルギーを感じてください。

二匹の蛇の経路

左側：
月の黒い蛇
赤い蛇のしずく

右側：
太陽の金の蛇
白い蛇のしずく

Illustration by Jennifer Koteen

内なる錬金術

Internal Alchemy

トム・ケニオン

内なる錬金術の基本紹介

《マグダラの書》で使用される錬金術用語の理解なしに、その基本概念を理解するのは困難である。さらに内なる錬金術の中心的概念のいくつかは、読者にとって馴染みのないものかもしれない。これらの理由から、内なる錬金術の簡潔な概観と、特にエジプト錬金術のより広い概観をここに加えた。この紹介文が読者に《マグダラの書》のより深い理解と評価をもたらすことを願う。

——トムの個人的メモ——

今朝、私はお茶を入れることにした。寝ぼけたままで食器棚の中をガタガタと探し、隅に隠れていた小さなやかんを見つけた。私はそのやかんに水を入れて火にかけ、昨夜の夕食の後片づけを始めた。まもなく、沸騰するお湯の聞き慣れた音が聞こえてきた。熱い水蒸気の雲がコンロの上に立ち込めていた。私は火を止め、空のカップにお湯を注いだ。お湯は熱いやかんの表面に触れて、シューシューと音をたてながらカップの中に滑り落ちた。私はそのカップにティーバッグを放り込み、食卓の片づけを続けた。私が仕事をしているうちに、いつのまにか一杯のお湯は茶葉と出会った。先ほどまでお湯だったものが一杯のお茶に変わっていた。

あなたは錬金術とお茶を入れることに、いったい何の関係があるのかと疑問に思うだろう。大いにある。

錬金術とは、単にひとつの形態を別の形態に変えることである。ほとんどの人が錬金術を、鉛を金に変える中世の妄想だと考えている。これもひとつの錬金術ではあるが、形態を変化させることはすべて錬金術なのである。水を水蒸気に変えるのも錬金術、ティーバッグをお茶に変えるのも錬金術である。

鉛を金に変えるというような表面的な錬金術は非常に魅力的だが、私はマグダラのマリアが《マグダラの書》の中で述べているような内なる錬金術に好奇心をそそられる。お茶を入れる試みも、自らの能力を向上させる試みも、その原理のいくつかは同じだ。

錬金術を成功させるために必要不可欠な三つの要素がある。①変化させる物質、②錬金術反応を起こすための容器、③エネルギーである。たとえば、今朝私が寝ぼけてキッチンに立ち、水をやかんではなくコンロに注いだとしたら、錬金術は起こらない。ただキッチンを汚すだけだ。

お茶を入れるためにも、核分裂を起こすためにも（原子力も錬金術である）、外的錬金術の容器は明白である。異なる目的に合った、異なる容器が必要だ。たとえばティーカップはお茶を入れるのにぴったりだが、原子炉には不向きである。核分裂を起こすには大量のコンクリートと鉛と莫大な量の水が必要だ。

内なる錬金術の容器は、そのゴールと同じように抽象的である。その目的は、意識を変化させ、その人の個人的進化を促すことだ。ここで言う進化とは、一般的な意味とは異なる。内なる錬金術を実践した結果、物理的な翼が生えて飛び立ったという人はいない。しかし内なる錬金術によってもたらされる変化は、まるで飛翔してはるかに拡大した視野から人生を見下ろすように感じるほど、非常に深遠なものである。世界中の錬金術のシンボルが空飛ぶ存在を含むのはこのためだ――バリのヒンズー教のガルーダ、道教の龍、エジプト錬金術の鷹の頭をしたホルス神など。

内なる錬金術の全体系において、錬金術反応のための容器とは意識そのものである――言い換えれば精神集中である。あなたは今この文章を読みながら、その内容を意識の容器の中に入れている（そしてそれらが意味をなしていることを願う）。しかし、たとえばあなたの意識がさまよい、隣の部屋の会話へと向けられたとすると、容器は移り、私の言葉は登録されない。あなたが読む動作を続けても、意識の容器外にあるこの文章があなたに影響を与えることはない。

すべての内なる錬金術に共通する基本概念を示したシンプルな表現がある。それは「**エネルギーは意識に従う**」というものだ。先ほどの読書の例で言うと、あなたの意識のエネルギーは、あなたが意識したところに従う。読書に集中するなら本の内容がマインドに印象づけられ、隣の部屋の会話に集中するなら本の内容ではなく会話の内容がマインドに印象づけられる。

内なる錬金術の容器は意識そのものである。

内なる錬金術のプロセスをとおして変容させる物質は、その系統や流れによってさまざまだ。その中には神経伝達物質、ホルモン、唾液、性的分泌液などの肉体的物質も含まれる。さらに道教の気、ヨガのプラーナ、チベットの風（ルン）、エジプトのネチェルなどの精妙な性質も含まれる。

内なる錬金術に最も関係あるのが、この精妙な性質の部類である。これは普通の人にとって最も理解が困難な概念のひとつだ。その理由はおそらく、ニュートン理論への日常的な条件づけにあると私は思う。私たちは物質的現実の影絵芝居の奥にある、精妙なエネルギーに注意を払う訓練を受けていない。ここでひとつ例をあげて説明しよう。

今朝私が入れた一杯のお茶を覚えているだろうか？　私は結局そのお茶を飲まず、カウンターに置いたまま、今では冷たくなっている。他のことに夢中になって忘れてしまったのだ。なぜか私はそのカップを洗わずに、食器棚から別のカップを取り出して先ほどのカップの横に並べ、お湯を注ぎティーバッグを入れた。新しいお茶からは湯気が立ちのぼるが、古いカップからは冷たいお茶の香りがするだけだった。とても奇妙に思えた。私は熱いカップと冷たいカップの両方を手にとり、『ゴールディロックスと三匹の熊』の絵本の話を思い出した。これは冷たすぎる。これは熱すぎる。私は熱すぎるお茶がちょうどよい温度に冷めるまで待つことにした。

私はニュートン理論と量子現実が並行する世界にいた。私は二つのカップを手に持つことができる。ひとつは冷たく、ひとつは熱い。しかしこの違いの理由は、二つのティーカップやその中身のお湯よりもはるかに精妙な領域にある。それは水の分子に関係している。目に見えない世界で、熱いお湯の分子はまるでショッピング・モールの群集のように、あちこち駆けまわり、ぶつかりあって熱を発する。沸騰したときが最もにぎやかで、それはまるで分子のマルディグラ（謝肉祭の祝祭。米・ニューオリンズのカーニバルが有名）のお祭り騒ぎの最高潮のようである。

一方、冷たいお茶は不活発な分子の集まりである。かつてこれらの分子を熱くしたエネルギーは放射熱としてカップから去り、活発だった分子は今では老人施設の未亡人のように静かだ。熱いカップのパーティー好きな分子と、冷たいカップの寝ぼけた分子の唯一の違いはエネルギーである。

水の分子は小さすぎるので、私の視覚は水の分子の違いを見分けることができない。私が感じることができたのはエネルギー、またはエネルギー不足の結果による、熱い、冷たいという結果だけである。事実上私たちの誰もが物質世界で体験することというのは、すべて微細な量子世界で起きていることの結果なのだ。ほとんどの人の意識をすり抜ける微細領域を意識し、それに敏感になることが錬金術師の務めである。微細領域または量子世界には、錬金術的変容のために最適な物質があるからだ。ニュートン世界の物質は、錬金術的集中力で変化させるには質量が大きすぎ、密度が濃すぎるものがほとんどだ。しかし微細領域や量子世界ではそのような意識の集中が受け入れられやすい。

二つのティーカップの例で共通の要素はエネルギー、またはエネルギーの欠如である。この場合エネルギーは外部から加えられた。しかし内なる錬金術のエネルギー源のほとんどは、意識のエネルギーそのものである。これはどういう意味か？

では、今ここであなたの片手を意識してほしい。ただその手に注意を向ける。その位置、重さ、肉体的感覚を意識する。少しこれを続けた後、もう片方の手に意識を向ける。どちらの手により感覚があるだろうか？すなわちどちらの手がよりエネルギーを持っているだろうか？

ほとんどの人が、最初に意識した手に「より感覚がある」と言うだろう。これはエネルギーが意識に従うからである。錬金術の意識の容器はどちらか一方の手に集中し、その結果、その手で知覚されるエネルギーが増加した。これには非常に複雑な神経学的理由があるが、意識を保持する実習は非常に簡単である。私たちはこれを毎日行う。

ときには呼吸のエネルギーが、錬金術の反応を強化するために用いられる。太陽や儀式的炎などの外部エネルギーが使われることもある。錬金術のまれな形態の中には、水や空気など他の元素を使用するものもある。外的エネルギーを用いて錬金術反応を引き起こす場合、錬金術師は変容させる物質を意識の容器の中に維持しながら、炎などに集中する。太陽エネルギーも同じように、内なる錬金術の反応を強めるために利用できる。一例をあげると、私は今この文章を八月のギリシア、キクラデス諸島のパロス島で書いている。毎日夕方六時ごろ、太陽がギラギラと照りつけない時間に一時間ほどデッキに座り、古代エジプト流の錬金術を実践する。

この実践方法を説明する前に、エジプト錬金術で使われるカーという言葉の意味を説明する必要がある。カー・ボディーは、「エーテリック・ダブル」や「スピリチュアル・ツイン」とも呼ばれる。それは肉体（カート）と同じ形とサイズをしているが、エネルギーからなり、質量（または密度）はほとんどない。私はこの微細な体を意識の容器の中に入れ、太陽を感じる。そして太陽光から得られる精妙なエネルギーをカーに取り入れる。紫外線放射やフルスペクトル光の原色などの太陽エネルギーは科学的に証明されている。研究はフルスペクトル光が健康によい影響を与えることを示している。しかし科学によって証明されていない、より精妙なレベルのエネルギーがまだある。これらのエネルギーは精妙すぎて現在の測定方法で確認するのは難しいだろう。

道教ではこの種の微細エネルギーを「太陽光線の陽の気」と呼ぶ。ヨガでは「太陽のプラーナ」、エジプト錬金術では単に「太陽神ラーの力」と呼ぶ。

呼び方はどうあれ、太陽光にはこのような精妙なエネルギーがある。そしてこのエネルギーを取り入れるために、私はアームチェア・メソッドという方法を開発した。それまでは太陽エネルギーをカーに取り込むために、立った動きを伴う複雑な方法を使っていた。私は今でもエネルギッシュに感じているときにこの方法を使うことがある。しかし座っていてもまったく同じ効果が得られることに気づいたのだ。

夕方六時ごろに、親切な大家のステファノが提供してくれたキャンバス地の長椅子に座る。シャツを脱いで椅子にもたれかかる。カー・ボディーを自分の意識の容器に入れて……ただカーに意識を向ける。あるいは輝く光の体として想像すると言ってもいいだろう。リラックスして呼吸をし、息を吸うときに太陽の精妙なエネルギーをカー・ボディーに取り入れる。

ときにはエネルギーをへそのあたりから引き入れ、カー・ボディーを循環させる。またあるときには太陽エネルギーを、エジプト錬金術のラーの側面である太陽神経叢のチャクラに取り入れる。カー・ボディーの中のミニチュア太陽をエネルギーで満たすことで、過剰なエネルギーが自然に体へと流出する。さらにカーを磁石の一種と想像し（実際にそうである）、エネルギーを太陽から直接カー・ボディー全体に引きつけることもある。

この方法は風変わりで頼りなく思われるかもしれないが、物質、容器、意識の三つの要素すべてがそろった錬金術のひとつである。カーに集中するとき、私はそれを意識の容器の中に保持している。変容させる物質はカーそのものである。この場合、私はエネルギー構築実習と呼ばれるものに携わっている。これを行う理由は、この後エジプト錬金術について詳しく述べるときに明らかになるだろう。

さてここには二つの基本的要素がある。変容させる物質（私のカー）と錬金術反応を起こすための容器（私自身の意識）である。三つ目の要素であるエネルギーは、もちろん太陽（ラー）から供給される。この実習を正しく行うとき（三つの要素すべてを維持したとき）、私のカー・ボディーの中でエネルギーと振動の急激な増加が起こる。しかしマインドが思考や幻想をさまようとき、カーで構築されるエネルギーは減少する。私が意識をカーに戻さなければ、エネルギー構築は完全に停止してしまう。これはもちろん私のマインドがさまようことで、錬金術反応の容器を失ってしまったからだ。お茶のたとえ話を使って言うと、私のマインドがさまようとき、それはやかんを火から下ろしているようなものなのだ。

内なる錬金術のポイントは、物質、エネルギー、容器の三つの要素を錬金術の反応が起こるのに十分な期間維持することである。このような偉業を成し遂げるために、錬金術師には相当な修行が必要だ。

すべての錬金術師はその系統にかかわらず、これら三つの要素に集中しなければならない。容器、物質、エネルギーである。錬金術の容器を強化する方法は、その系統によってさまざまだ。意識の容器を強化することで、錬金術師は常に増大し続ける、強力な錬金術反応を維持することが可能になる。

錬金術の実践者は、物質の精妙さにも敏感でなければならない。錬金術師の意識が洗練されると、エネルギー物質の最も精妙な特質を識別できるようになる。そして錬金術の反応において必要な結果を導き出すために、これらの物質を利用する最善の方法についての感覚が開き始める。これらは唾液や体液などの肉体的物質や、純粋に量子領域に存在する非常に精妙な物質に至るまで幅広い。すでに述べたように、このような量子の物質が、内なる錬金術のプロセスで最も変化しやすい。

最後に、錬金術師は錬金術反応を引き起こすために必要なエネルギーを収集しなければならない。事実上このような内的ワークのためのエネルギー源は限りなく存在し、錬金術の系統ごとに独自のエネルギー収集方法を提案している。世界中でエネルギーを高めるための賢明、巧妙、そして驚くべき方法が用いられている。

マグダラのマリアは《マグダラの書》の中で、彼女のイニシエートとしての使命について、特定のエネルギー構築実習をとおしてイェシュアの精妙な体（カー）の強化を手伝うことであったと述べている。彼女によると、これは性エネルギーの有効利用によって達成された。イシスのイニシエートとして、彼女は地球上最も古い錬金術の系統からの方法を使用しており、ここからはその点に注目していこうと思う。

エジプト錬金術

古代エジプトの錬金術師によれば、私たちには二つの体がある。ひとつはカートと呼ばれ、血と肉でできた体である。それは普段私たちが認識し、飲んだり食べたりする体である。生きて死ぬ体である。

もうひとつの体はカーと呼ばれ、ときには「エーテリック・ダブル」あるいは「スピリチュアル・ツイン」とも呼ばれる。それは肉体（カート）とそっくりであるが、血や肉ではなく純粋なエネルギーでできている。このカー・ボディーはカート（肉体）と相互に浸透し合い、肉体のすべての部分がカーによって含まれる。

エジプト錬金術の基本的焦点はカー・ボディーの変容である。その方法について述べる前に、これら二つの体（カーとカート）を物理学の視点から検証してみよう。この近代的背景が、カー・ボディーの不思議な世界とその並外れた可能性の理解のための基礎を与えてくれるだろう。

量子物理学

カート（高密度の肉体）について、私たちはニュートン物理学で十分説明できる。たとえばそれは重力の法則に従う。それが進む方向と動くスピードがわかれば、その物理的位置がほぼ正確に予測できる。

カーはそうではない。カー・ボディーはニュートン物理学の領域外であり、量子物理学の法則を使って説明するのが一番である。ところで、ある物質がニュートンの法則または量子力学の法則のどちらに属するかを決定づけるものは何か？　それはサイズである。

〇・〇二五四ミリ以上の物体はニュートン力学の法則に従う。これは重力場を持つのに十分な質量（密度、重さ）だからである。

しかしながら〇・〇二五四ミリ未満の物体は量子力学の法則に従う。密度または質量が小さすぎて重力場が発生しないためである。カー・ボディーは主に光とエネルギーで構成され、質量は非常に小さいため量子領域に存在する。

カー・ボディーが存在する量子世界は非常に奇妙である。あなたと私がニュートン宇宙と量子宇宙の両方に同時に存在しているという事実もまた奇妙である。私たちの体は確かにニュートン世界に存在している。たとえば崖から飛び降りた場合、私たちは重力の犠牲となり地面に叩きつけられる（もっともこれはバンジージャンプなどをしていない場合の話で、バンジージャンプの場合は逆方向へ同等の力で引き戻される）。

しかし私たちの体の原子や亜原子レベルに入ると、そこはまったくの別世界である。私たちの体を構成する極小の微粒子は、ニュートン物理学の法則に縛られない。それらは量子力学の領域に存在する。

私たちの常識からすると、量子世界は非常に奇怪である。これを光の実験を例にして説明しよう。さて、光はまったく異質な二つの形態をとることができる。たとえば粒子（フォトン）または波の形をとる。

馬鹿げた話のように聞こえるが、実験において研究者が波として光を探している場合、光は波として存在する。しかし研究者が粒子として光を探している場合、光は粒子として存在する。この量子物理学の初期の発見はベルの定理として形式化され、実験者の意図が実験結果に影響をおよぼすため、量子レベルでは客観的観測者はいないと決められている。

不思議なことに、研究者の意図が亜原子粒子の行動に影響するのである。この原因は科学的に証明されていないが、一般的にベルの定理は真実として受け入れられている。

物理学者たちは、亜原子粒子の極小世界外での現象にベルの定理を当てはめることを嫌う。その理由はもちろん、ビリヤードの玉やロケットのような物体は意図による影響を受けるには大きすぎるからである。意図が量子世界に影響をおよぼすことは知られているが、ニュートン世界ではそれほどでもない。

しかし量子世界とニュートン世界が出会う不可思議な場所がある。それは他でもない、私たちのマインドの中である。

私たちの脳内の神経細胞間にはごく小さな溝が隠れている。このような神経細胞間の空間はシナプスと呼ばれ、これらの溝の平均距離が、もうおわかりかもしれないが、およそ〇・〇二五四ミリである。量子事象の不思議世界への入り口だ。

神経刺激はニューロン（神経単位）をとおって伝わり、次のニューロンへたどり着くためには小さなシナプスの溝を飛び越えなければならない。それはニューロンの距離を走り、ハードルを飛び越えて次のニューロンに移るリレー競争をしているようなものだ。実際にハードルを飛び越えるのは、神経伝達物質と呼ばれる分子である。

無数の神経伝達物質が、常にハードルを飛び越えている。そして毎瞬が、約〇・〇二五四ミリ未満の分子による量子イベントである。私たちの思考が奇抜で予測できないのはこのためだ。神経伝達物質の中にはジャンプに成功するものと失敗するものがある。ジャンプに成功した神経伝達物質が、次の神経細胞で反応を起こす。これらのハードルが脳内の思考を司る部分（大脳新皮質）にあると、私たちは思考を体験する。

意図の概念は、量子物理学と内なる錬金術の両方にとって非常に重要である。精神集中と個人的意志（意図）の両方の作用により、錬金術師は自らの体とマインドで特定の量子反応を起こす。

これについては後ほど詳しく見ていくが、エジプト系のような内なる錬金術とは、主に量子世界の状態を変化させる方法である。カー・ボディーはそれ自身が量子領域に存在し、錬金術師の意図に影響されやすい。

量子世界には他にも奇妙な点がある。たとえば予測ができない。ニュートン世界では何かを投げたとき、それが落ちる場所を予測することができる。量子世界はそうではない。見込み、可能性があるのみだ。量子世界を飛びまわっている物体は、予測した場所に降りることもあれば、回転を続け光の中に消えていくこともある。その可能性は事実上無限である。

他にも量子の領域に隠された奇妙なことがいくつかある。量子世界で二つの分子が出会うとき、非常に風変わりな現象が起こる。二つの分子は出会った後、それぞれ好きな方向へと空間を回転しながら移動していく。しかし一方の分子がスピンの方向を変えると、もう一方の分子も即座にスピンの方向を変えるのである。この奇行についての妥当な説明はまだない。ニュートン世界ではこのようないたずらを考慮する必要はないが、量子世界では重要部分なのだ。

私たちの思考が、量子現実の不思議なトワイライト・ゾーンに存在していることはすでに述べた。ここで私が言いたいのは、思考を司る神経作用（神経伝達物質のシナプス・ギャップ間のジャンプ）が明らかに量子世界に属しているということだ。そして神経学におけるこの奇癖のおかげで、私たちは自らの体とマインドの量子イベントに影響をおよぼすことができる。

これはどういう意味だ？　ただの精神集中が自らの生理機能に影響をおよぼすと言っているのか？　そのとおりである。そしてこれこそが、内なる錬金術が非常に効果的である理由のひとつだ。

私たちの体とマインドは密接につながっている。一枚のコインの表と裏だ。世界中の科学誌には、体とマインドの相互連結を実証する研究があふれている。

新たな医学の分野に精神神経免疫学と呼ばれるものがある。これは簡単に言うと、私たちの思考と感情が生理学、特に免疫システムにおよぼす影響の研究である。

これについては多くの症例があるが、ひとつの物語を例にあげるほうが理解しやすいだろう。これは内なる錬金術ではなく痛みの治療の例だが、その原理のいくつかは同じである。

何年か前、肉体的な激しい痛みの治療のため、あるクライアントが私のもとを訪れた。彼女は癌が進行し、背骨にまで転移している状態で、常に激しい痛みに襲われていた。

ジョアン（仮名）が彼女の状態を説明するとき、私は彼女にそのときの痛みと不快感を、彼女がそれまでに体験した最悪の状態を10、最善の状態を0として表してもらった。そのとき彼女は8をつけた。

それから私は彼女に、これまでで最もリラックスし、リフレッシュできた体験を話してもらった。彼女はアリゾナ州セドナを訪れたときのことや、どれほどその赤い岩と峡谷を愛しているかを詳細に述べた。

私はオフィスにあるステレオに手を伸ばし、脳にアルファ波のリラックス状態を作り出す音楽をかけた。そして彼女にふたたびセドナにいることを想像してもらった。その景色を見、音を聞き、そのときの感触、香りさえも感じるほど鮮明に想像してもらった。

彼女がその光景を思い出していると、それまで緊張していた顔の筋肉が少し緩んだ。次に私は、その光景の中で最も美しく安らげる場所を探すよう彼女に言った。彼女は峡谷を見渡す大きな岩を選んだ。そこで私は彼女に、この岩が強力な癒しのエネルギーを持ち、一呼吸ごとに彼女は楽々とその癒しのエネルギーを体の中に取り入れることができると言った。

この数分後、ジョアンは突然目を開け、自分のカバンに手を伸ばした。カバンからティッシュを取り出し、彼女は目のあたりをすばやく押さえた。

「どうしましたか?」と私が聞くと、「消えました」と彼女は答えた。

「何が消えたのですか?」と私が聞くと、彼女は「痛み、痛みが消えたんです!」

と答えたのだった。

痛みからの解放は非常に感情的なもので、彼女が落ち着いてからそのときの痛みのレベルを聞いてみた。ゼロだった。

数回のセッションにわたり、私は彼女に精神集中と意図の両方をとおして痛みをコントロールする方法を教えた。彼女の報告によれば、癌は進行しているにもかかわらず、薬を服用せずに痛みを軽減することができたということだ。

ジョアンの痛みを止めた神経学的イベントは非常に複雑で、それは量子世界で生み出された。

誰かがもし私のオフィスに入ってきたら、その人は一人の女性がただ目を閉じて椅子に座り音楽を聴いている姿を目にしただろう。しかしそれはニュートン世界、物体と人間の世界のことであった。

量子領域は目に見えないが、この領域でこそジョアンに変化が起きた。脳内のシナプス・ギャップ間で、神経伝達物質が至高のために戦ったのである。このような神経メッセンジャーのいくつかは痛みを伝える。背骨で死んでいく細胞は、常に死の叫びを彼女の脳に送っていた。しかし同時に、他のメッセンジャーが平和、安らぎ、快適さを伝えていた。少しのあいだ、快適さのメッセンジャーが死と痛みのメッセンジャーに勝ったのだ。すべては量子の海の泡の中での出来事だった。

この海は私たちの目から隠されているが、私たちのマインドの内と外、この両方に存在するすべてのものの生まれ故郷である。それは全創造の母なる泉であり、最終的にはすべての内なる錬金術の焦点である。

錬金術師が体とマインドの量子レベルで変化を起こすことと、ジョアンに起こったことは多くの点でよく似ている。主な違いは錬金術師の場合、痛みではなく、意識そのものを変化させることを目的としている点だ。この重大な変化を引き起こす原因は、意識と思考の結合に他ならない。意識と思考は、そのいずれかを長時間維持しようと試みた人なら誰にでもわかるように、非常に儚《はかな》いものである。

現実世界では不可能な体験も、思考の中では可能である。ここで言う現実世界とはニュートン理論に基づく日常生活を意味する。たとえば私たちは重力の法則に慣れ親しんでいる。何かを落としたとき、それが落ち続けると期待する。私たちはその物体が空中に浮かぶことを予測しない。夢の中ではあるかもしれないが、現実にはありえない。

ここで読者のみなさんに申し上げておきたいのは、私たちが二つの現実を同時に生きているということである。二つの現実のうちのひとつは、私たちが常に慣れ親しんだ日常世界、手を放せば物体が落下する世界である。

しかしこの日常世界と同じように現実的なもうひとつの世界がある。それは量子世界だ。今この瞬間にも、思考体験を作り出すために無数の神経伝達物質が脳の空間を飛びかっている。あなたが気づいていなくても、それは実際に起きているのである。そしてこれはニュートン世界の現実ではない。予測できないパラドックスを伴う量子世界の現実である。

この量子世界に似た体験をできるのが私たちの夢の中だ。ここでは物事が奇妙な論理を持つ。ニュートン世界ではベッド脇の目覚まし時計は一晩中そこにとどまる。時計は重力とエントロピーに縛られて身動きできない。誰かがそれをひっくり返さない限り、その場から動くことはない。しかし夢の中で時計は自由に空中に浮かび上がり、針が過去へと戻ったり、遠い未来へと前進することもある。量子世界に似た私たちの夢の世界はニュートン世界の論理に制限されない。このような潜在意識領域の幻影は、論理や予測に関して無秩序である。

現実に対する西洋的考え（ニュートン世界）では、夢の体験などは単なる想像上のこととして即座に片づけられてしまう。しかしそれらはすべてが想像上のことではない――少なくとも、あなたが持っているあなた自身のイメージよりはずっと現実的である。

この奇妙で夢のような出来事とニュートン世界の現実とを比べて、どちらがより現実的かというのではなく、交互に知覚される二つの異なる現実として考えてみてはどうだろう。科学的な研究によって、「現実」と呼ばれるものを（それが何であろうと）私たちは直接体験しないことが証明されている。私たちは肉体感覚の制限、信念、期待などのフィルターをとおして現実を知覚する。

たとえばあなたはこの本のページを脳内で逆さまにしている。網膜がこれらのページの画像を逆さまにとらえるからである。しかしあなたの脳は創造的にそれを正しい方向に戻す。さらに脳はそこにあるべきと考えるものを、実際にはなくても知覚する傾向がある。文章を校正したことのある人には、私の言う意味がよく理解できるだろう。脳はそれ自身が期待するものを見る傾向がある。コンマの間違った配置は、それがそこにあるはずがないという脳の思い込みだけで、編集者の注意をすり抜けるのだ。

ここまでのややこしい話のすべては、現実とは直接体験されるものではなく、その知覚は私たちの体とマインドによる共同創造であることを指摘するためのものである。

これに関連して、夢も単に創造された知覚現実のひとつだ。

ところで私も、すべての夢が重要性を持つもうひとつの現実だとは思わない。夢のほとんどは脳がストレスを解きほぐすためのものであったり、単に夕食の食べ合わせが悪いせいで見る場合もある。しかし心理学的見解から、非常に重要かつ驚くべき夢も中にはある。それらの夢は他の夢とは明らかに異なる種類のものであり、そのような夢を見たことがある人にはその違いがわかるだろう。

内なる錬金術の実習で、錬金術師のマインドは夢によく似た状態に入る。これは錬金術の瞑想をとおして作り出される、脳の特定の変化によるものと思われる。多くの内なる錬金術の実習では、大脳新皮質でのアルファ波とシータ波の活動が増える。そしてシータ波のより深い状態は、夢のような状態として体験されることが多い。覚醒夢の状態は、目覚めた状態では体験することが不可能な世界へと実践者を導く。

すでに述べたように内なる錬金術とは、量子宇宙のある特定の側面に直接的に作用するための技法としてとらえることができる。量子的現実の操作（内なる錬金術の実践による）は、夢に似たマインドの状態で最も効果的に行われる。そして錬金術のあらゆる伝統において、意識の夢のような状態を作り出す独自の方法が開発されている。

操作可能な現実

それは単に、あなたがどの世界を認識し、どのような行動がその世界で最もよく機能するかという問題である。

あなたは間違いなく、ニュートン世界での日常生活における機能方法を身につけていると思う。あなたは何かを落としたとき、それが床まで落ちることを知っている。あなたはこの本を手にとり、ページをめくる方法を知っている。そして読み終わった後、本をもとの場所に置く方法を知っている。これらはすでに身についている神経筋の行動である。あなたが生後六カ月のときにはまだこの方法を知らなかったが、今では知っている。ニュートンに縛られた日常の物質世界と交流するうちに、あなたはこれらの方法を学んだのだ。

これと同じように、内なる錬金術（エジプト系を含む）も別の現実、量子世界で機能するための方法として考えてほしい。あなたが本を手にとり、それをもとに戻すことを学んだのと同じように、量子世界においてのさまざまな機能方法を学ぶことができる。ただ信頼できる「教授法」が必要なだけだ。そして内なる錬金術のシステムとはまさしく「教授法」である。

錬金術をマスターすることは、驚くほど多くの卓越した能力や、ヨガでシッディと呼ばれる意識の力をもたらす。西洋的考えにとってこれらの能力は、それを生み出す量子世界と同じように奇妙に感じられるだろう。しかしそれらは単に進化した意識の自然な表現にすぎないのである。

シッディと意識の力

シッディまたは意識の力は霊的進化の途上で自然に開かれる。この意識状態に達した聖者や神秘家が、仏教、キリスト教、イスラム教、ユダヤ教、道教において数多く報告されている。さらに多くの土着の文化でも、シャーマンがこのような能力を発揮することが知られている。

過去数十年にわたり、私はシッディについて個人的研究を続けてきた。西洋の唯物論的意識にとって、このような能力は異様に思えるかもしれない。しかしこれらは数多くの文化で報告されている。数年前、私はある神秘家のシッディを、地球上で最もありそうもない場所のひとつ――アラスカのコディアック島で体験した。

私はワークショップの指導のためにアンカレッジへ招かれ、週末にはコディアック島でワークショップを指導した。島でのセッションを終えてから数日間休みがあったので、主催者側から与えられたいくつかの選択肢の中から、私はある小さな島への船旅を選んだ。その島はかつてロシア正教の聖者が住み、現在はロシア正教の修道士たちが住む島である。「そこを訪れる者のほとんどは荒波に押し戻され、島にたどり着くことができない」と聞かされた。この修道院の管理者にあたる教会の高位聖職者などは、いつも高波に追い返され、これまでに一度もその修道院を見たことがないと言う。このことは地元のいい笑い種となっていた。

私たちは小型飛行機で付近の島までいき、荒れ狂う極寒の海へと続く岬に着陸した。ピックアップ・トラック〔集配用の小型トラック〕を運転する地元漁師の妻に迎えられ、私は荷台に飛び乗り、私の主催者は座席に乗った。夏だったにもかかわらず、海沿いの彼女の家に向かう途中、小雪が舞い降りた。そのとき私はあまりの寒さに、この土地の住人がどうやって冬を生き延びるのか不思議に思ったことを憶えている。私たちは杉の木に囲まれた小さな家に着いて中へ入り、大きな木のテーブルを囲んでお茶を飲んだ。アラスカ北部にいったことがある人ならわかると思うが、そこには大変変わった時間が流れていた。私たちはひたすら座り続け、ときどき話をしたりしながら、出発するのに適当な時間を待ち続けているようだった。最終的に私たちの案内人が出発の時を告げ、私たちはピックアップ・トラックにふたたび乗り込み、彼女の夫がトロール漁船で待っている船着場へと向かった。

私たちは驚くほど穏やかな海に乗り出した。私たちの案内人は帆桁《ほげた》の脇に座り、編み物をしながらこの穏やかな海がどれほど珍しいかについて話した。私は快適なペースで進む船から、近隣の島々の信じがたいほどに豊かで美しい風景を楽しんでいた。アザラシが途中船についてきた。

巨大な岩が露出した場所を通り過ぎると、私たちは天然の小さな港にたどり着いた。トロール船で進むには水が浅すぎるので、小舟に乗り換えて岸に向かった。それはまるで中世の一場面のようであった。男性のグループが浜で茂みを焼いており、青空に渦巻く白い煙が空気中に濃く立ち込めていた。修道士たちは長いひげを生やしたロシア正教やギリシア正教の聖職者に典型的なスタイルで、細い腰ひもを結んだ長い灰色のローブを着ていた。彼らはそれぞれ十字架も身につけていた。

小舟から砂の上に降り立ち、私たちは三〇代前半のある種の権威を漂わせた人物に迎えられた。私たちの案内人が、私がワシントン州から訪ねてきたことを説明すると、その大修道院長は満足げにほほ笑み、一二人ほどからなるその小さな修道院の案内を始めた。私たちが小道を登り杉の木陰に入ったとき、この修道院には巡礼者がほとんど訪れないと彼は言った。

彼は私たちを聖者が住んでいたと言われている小さな小屋も含め、いくつかの場所に案内した。私はその小屋の空気が、聖者の持ち物であった古い書物やイコン〔聖画像〕などでカビ臭かったのを記憶している。しかしそこには明らかな静穏さがあった。修道院長は私たちを癒しの力があると評判の泉にも案内し、最後に聖者が以前埋葬されていた小さなチャペルに案内した。彼の遺体はその後別の場所に移されたが、この場所はいまだに神聖な場所とされていた。

修道院長は私がチャペルの片隅を見つめているのに気づいた。彼が私に「何が見えるか」と尋ねたので、私は「床から天井を通り抜ける白い光の柱が見える」と言った。修道院長は少しほほ笑んだようにも見え、聖者がこのチャペルの私が見つめていた隅に埋葬されていたと話した。それから彼はまるで別世界から聞こえてくる夢のような声で言った。私はそのときの彼の言葉がとても奇妙に感じられたのでよく憶えている。「我々がみな、そのように敏感であったなら」

幻想から自らを奮い起こすように、修道院長は「もうひとつ見せたい場所があります」と言った。

彼は丘を降りたところにある、最近建てられたばかりの小さなチャペルに私たちを案内した。それはおよそ三メートル四方で高さが六メートルほどある、大変珍しい建物だった。建物の内部は、描かれたばかりのイコンの金色の顔料で光り輝いていた。それらは聖者の人生を描いたものや、ロシア正教の重要人物を描いたものだった。小さなチャペルの奥には、ロシア語の聖書が置かれた非常に小さな祭壇があった。

修道院長はさまざまなイコンを指さしてそれぞれの意味を説明し、これで案内は終わりだと言った。私たちをチャペルから出して、彼はチャペルのドアを閉めた。そのとき突然、私は彼に尋ねたい神秘主義に関する質問を思い出した。私はドアをノックしたが返事がない。再度ノックしたが中に人がいる気配はなかった。

私が慎重に扉を開けると、チャペルの中には誰もいなかった。私は一瞬ショックで立ちつくした。それから私のいつもの懐疑心が顔を出し、隠し扉や別の入り口を探し始めた。私は床のすり切れた敷物さえめくって秘密の出口がないか確認した。どこにもない。

ショックが覚めやらぬままに、チャペルの外に出て仲間の待つベンチへとぼとぼと歩いていくと、そこにはっきりと修道院長の姿が見えた。彼は私の案内人と話しており、私が彼のもとに歩み寄ると、彼は目を輝かせて私に会釈をしたのだった。私たちは小舟に乗り込みトロール船に戻った。私はデッキに立ち、船尾越しに船が日暮れの海へと戻っていくのを眺めていた。私は沈黙していた。

これを書いている今も、そのとき感じた驚嘆と畏敬の念にとらわれる。私はシッディの存在は認識しており、その物理学を研究し、それにまつわる物語や報告の収集をひとつの趣味としていた。しかしこのコディアック沖の小さな島で、一人の質素な修道士がヨガの力の神秘をじかに見せてくれたのだった。

帰りの船旅の途中で漁師の妻が編み物の手を止め、「彼らはいつもあんなことをするんですよ！」と言った。「あんなことって?」と私が聞き返すと、「テレポーテーションやバイロケーション〔二箇所に同時に存在する〕、そういうことです」と彼女は言った。

「本当ですか」と私が言うと、彼女は編み物の手を休めずこう言った。「ええ、あの島はへんぴな場所です。郵便も届きません。私たちは街で郵便を受けとったり買い物をしている彼らをときどき見かけますが、彼らが街にくる手段は一切ないのです」彼女は意味ありげな調子で言った。

意識の力またはシッディは、小さなシッディと呼ばれるものから偉大なるシッディと呼ばれるものまでさまざまだ。小さなシッディには透視力（内なる視力）、霊聴力（内なる聴力）、超感覚（内なる知覚力）、そしてなぜかわからないが何かを知っているというような超認識（内なる知力）が含まれる。初めの三つの能力は肉体感覚が洗練されたものである。

霊的能力が開かれるときには、これら三つの能力のうちのひとつずつまたは組み合わせで現れる。たとえばある人は、マインドの中に肉眼では見ることができないイメージを見るようになる——すなわち精神的な視覚的印象である。遠隔視を含む科学的研究ではこのシッディが最もよく使用される。

遠くの物体や場所の視覚的印象を、正しい状況下（精神的リラックス状態）で予備知識もなく、正確に報告できる人々が存在することは証明されている。そのような視覚的情報の受信は、物理的な視力とは別の源からきているとしか考えられない。

多くのヨガ行者、聖者、神秘家が、遠く離れた場所にいる弟子に呼びかけられるとき、その弟子たちを見ることができると報告している。あるときヨガ行者ニーム・カロリ・ババは、大量の食べ物を彼のもとに運んでくるように言った。その場に居合せた人々は、彼がサマディ（ヨガの深いトランス状態）に入る直前、驚くべき量の食べ物を食べるのを見た。ヨギが瞑想から戻ったとき、弟子たちは彼に何が起こったのか尋ねた。するとヨギは突然、彼の弟子の一人が砂漠で死にかけているのを見たと言った。死にゆく弟子の最後の望みは食べることだった。その弟子は生まれ変わる必要がないレベルに達しようとしていたが、死の瞬間彼の心に食べ物への欲があると、このたったひとつの満たされない欲望のために、彼はふたたび輪廻の歯車の中に引き戻されてしまうのだった。ババはその弟子の食べ物への最後の欲望を満たす役目を引き受け、ヨガの能力を使って彼の欲望を変容させたのだった。

霊的情報が聴覚をとおして受信されるとき、その人は霊聴力者と呼ばれる。そのような人々は音や声を聞く精妙な感覚を持つ。意識の内なる領域は驚くほど美しい音と音楽で満たされている。偉大な作曲家の多くはこれらの領域の音楽を聞くことができ、この天上の音楽が彼らの作曲に大いに影響をおよぼしたと言われている。

非常に精妙なレベルで物事を感じる人々もいる。このような人を超感覚力者と呼ぶ。超感覚力者と感情移入者とのあいだには明確な違いがある。感情移入者は高度に発達した感性を持ち、他人の感情、特にすぐそばにいる人の感情を感じとる。超感覚力は感情移入のようではあるが、それに加えて霊的印象を精妙な肉体感覚として受信する。

超認識力は、より魅力的なシッディのひとつである。何かを感じるが、なぜそのようなことがわかるのかわからない場合、これが超認識力である（その感覚が本物だった場合に限る。そうでなければただの錯覚である）。超認識力とは、本来全知であり偏在する純粋意識の属性だとする考えもある。意識の階段を上るに従い、個人的意識はこのような純粋意識の質を受け継ぎ、超認識力のエピソードが増加するのである。

小さなシッディは、ヒーリング能力や限られた予言能力なども含む。肉体に制限されずに意識を非常に小さくまたは大きくする能力も含まれる。

偉大なるシッディには空中浮揚（肉体が空中に浮くこと）のようなものが含まれる。そしてこのシッディもまた、インドのヨガ行者たちに限られる能力ではない。アッシジの聖フランシスコが空中浮揚したことは有名だ。彼は他にもシッディを示した。彼の肉体は彼の死後も霊的な力を持っている。アッシジの彼の聖堂を訪れたとき、私は彼の地下聖堂からの影響力によって霊的領域へと連れ去られた。彼の遺体のそばに立ったとき、私はポプラ並木を渡る風のような音を聞き、その後ホテルに戻ったときには日焼けでもしたかのように私の肌が真っ赤になっていた。

もしあなたがアッシジにいくことがあったら、おすすめしたいことがある。聖フランシスコの遺体が安置されているバシリカに正面の入り口から入り、左に曲がると、両端に地下聖堂へと下りる階段がある。ここは訪ねる価値のある場所だ。問題なのはその場所には常に大勢の人々が訪れ、静かなスペースを見つけるのが難しいことだ。階段を下りて先に進むと、遠くに大きな祭壇が見える。この場所で唯一の祭壇である。祭壇の前の床には幾何学模様がある。それは聖フランシスコの墓の真上にあたる場所で、この周辺のエネルギー放射は非常に強力である。これは誰も知らないようなので、その場所に直接立って平和のうちにそのエネルギーを受けることができる。

偉大なるシッディには、テレポーテーション（先ほど述べた修道院長のような）やバイロケーション（同時に二箇所に存在すること）のような驚くべき能力もある。他にもここに分類されるさまざまな能力があるが、この章ではシッディについて深く説明することが目的ではない。

シッディやヨガ能力とは、霊的発達の自然な結果として達成されるものであると理解することが重要だ。しかしシッディには大変な危険がある。多くの人にとって魅力的で誘惑があるからだ。大切なのはヨガ能力を追求しないことだ。そしてそれらを達成したときには、あまりその能力に注意を払わないことである。

シッディのジレンマについて、ある短い物語を使って説明しよう。これは今でも健在である非常に有名なヨギに関する話なので、彼の名前は伏せておく。彼はクンダリーニ・ヨガを教えているが、そこにはエジプト錬金術との非常に強力な類似点が数多く見られる。

彼は非常に力強い存在で、何年も前に私は週末のリトリートで彼とともに学び、すばらしい体験をした。私が知り合いになった彼の近しい弟子の話によると、彼は二〇代前半のころにいくつかのシッディを達成し、インドの霊的リトリートへいって修行をしたということだった。あるとき彼は一本の木に寄りかかって休みながら、一人の演奏家がバクティ（信愛）の情熱にあふれる美しい音楽を奏でるのに聞き入り、その祈りの強烈さによって深いサマディ状態に入り至福と恍惚を感じていた。

　すると突然雨が降り出し、演奏家は建物の中へ逃げ込み、コンサートは終了してしまった。彼はシッディの力を使って雨を降り止ませ、その演奏家は戻ってきてキールタン（聖歌）を歌い始めた。すぐに私たちのヨギはサマディの至福状態へと戻ったが、彼を蹴る年老いた男性によって突然さえぎられた。その年老いた男性もヨギで、激怒して彼を蹴り続けながら卑猥な言葉を叫んでいた。

「何をするんだ？」と彼は言った。「この地域が干ばつに苦しんでいるのがわからないのか？　それなのにお前は自分本位の欲望で雨を降りやませてしまった！」。年老いたヨギは杖を振り上げ、若いヨギを指して言った。「今すぐやめなければお前は大いなるカルマを背負うことになることを覚えておきなさい。海の生物として何千回も転生することになるだろう！」。そして年老いたヨギは若いヨギに砂を蹴りかけ、若いヨギが言葉を返すまもなく立ち去った。

　即座に若いヨギは瞑想に入り、シッディの力を使ってふたたび雨を降らせた。神に自らのシッディを奪ってくれるよう熱心に祈り、奇跡的に彼のシッディの能力は消えた。しかし長い時間をかけて、それらの能力はより賢く、より謙虚になったこのヨギのもとに戻った。

　私はシッディとは進化の自然な表現だと思う。それらはおそらく、私たちの次なる進化の基準のひとつであろう。そして内なる錬金術を長く続けていく人の誰もが、いつかはシッディに対処しなければならない。

　私たちにとってシッディとは、リンゴの木にとってのリンゴのようなものである。リンゴはリンゴの木に本来備わっているものだ。しかしリンゴの木がある程度の発育状態に達したときにのみ、実を結ぶ。そのときまで、それらはただの可能性にすぎない。

個人の人間の意識がある程度の発育状態に達すると、シッディが自然に現れる。すべての錬金術系統が、霊的訓練の結果として達成されるこの非凡な能力に対処している。そしてすべての錬金術の伝統には、これらの霊的能力を開発し、扱う独自の方法がある。エジプト錬金術において、これらの能力はエーテリック・ダブルまたはカーを強化することの副産物として開発される。

カーの強化

それではエジプト錬金術で重要な位置を占めるカーの話に戻ろう。カート(密度の濃い肉体)と異なり、カー・ボディーは壁を突き抜け、空中に浮遊し、一瞬にして驚くべき距離を移動できる。ヨガの文献の中には、聖者や神秘家によるバイロケーション（同時に二箇所に存在すること）の報告が数多くある。この現象の説明のひとつとしてよく用いられるのがカー・ボディーだ。カーが十分に満たされるとき、肉眼で見えるある種の密度を持つことができる。カーはその人のエーテリック・ダブルであり、その人の肉体とそっくりなのである。《マグダラの書》の中でマグダラのマリアは、イェシュアが処刑の後、天国（スピリット）へ上昇する前に彼女のもとに現れたと話している。これはエジプト錬金術の観点からすると、錬金術の実践によって高度に満たされた彼のカーの姿であった。

エジプト錬金術の主要な目的のひとつであるエネルギーの増大によるカー・ボディーの強化を達成するため

に、マグダラのマリアがイェシュアを助けたと《マグダラの書》にはある。エジプト錬金術の成果を体験したい人は誰でも、カーのための力の構築実習を行わなければならない。これを達成するためには多くの方法があるが、この章の目的はそれらについて解説することではない。マグダラのマリアが《マグダラの書》でいくつかの方法を説明しているので、読者はそれらを参考にしてほしい。（メモ：最初の章で紹介した太陽エネルギーを取り入れる方法も、非常に簡単なエネルギー構築実習のひとつである）

どの方法をとっても、カーがより多くのエネルギーを蓄えると、その磁力が強化される。意識向上のためにこの磁場を使うということが、エジプト錬金術の偉大なる発見のひとつである。

カーを強化することはこの錬金術システムの基本的焦点ではあるが、それは最初の仕事にすぎない。次なる仕事はカート（密度の濃い肉体）からカーにうまく認識を移すことである——ニュートン的世界から量子的世界への認識転換。カーを認識するとは、肉体（カート）を軽視することではない。錬金術の瞑想練習中にその人の主体性が、肉体から発光体（カー）に移るということである。この意識の転換と自主的な体としてのカーの自覚は通常、霊的な背景で起こる。カーについての精神的理解なしに、その並外れた能力を利用することはできないため、このことは極めて重要である。

認識の転換

ワークショップで「認識の転換」を教えるとき、私は動きを伴うものや内面に集中するものなど、さまざまな方法を用いる。数年前、ある長期間におよぶエジプト錬金術の研修会の後で、一人の男性が彼の驚くべき体験を話してくれた。彼は最後の内省実習を終えて目を開けた。すると確かにそこには誰もいなかったはずなのに、自分の隣に誰かの気配を感じた。彼が右を向くと、彼自身がほほ笑みながら見つめ返していたという。彼は椅子から飛び上がった。このワークショップでの実習をとおして、彼はカーを十分に強化し、自らの精妙な姿を見ることができたのである。

しかし錬金術を訓練しなくても、十分に強いカー・ボディーを持つ人もいる。

カーの現代的な体験

私は数年前、あるクライアントのカーに関する驚くべき体験をした。当時私は精神療法士として開業しており、あるとき鬱《うつ》病に苦しむ一人の二〇代後半の男性に出会った。治療を進めるうちに、彼が子供のころ、肉体的、性的虐待を受けていたことが判明した。彼に会うたびにいつも、私は不思議な印象を受けていた。彼はひどい鬱状態にありながら、強力なエネルギーを発しているように見えたのである。それはまるで彼のあざやかな青い瞳の奥に、驚くべき力で炎が燃えさかっているかのようだった。

私は自殺の可能性のあるクライアントとは、常にある契約を結ぶ。クライアントは自殺を図ろうとするときに必ず、私に直接または少なくとも電話で連絡することを約束する。私はこのとき自殺を止めるのではなく、彼らが本当に自殺したいのか確認することを約束するのだ。私のもとを訪れて、あるいは電話で話をするうちに、ほとんどのクライアントは正気に戻り悲劇は避けられる。

この男性のケースでは、私は仕事のセミナーで六週間ほど出張しなければならなかった。私は彼に滞在先のワシントンDCの電話番号を渡した。

さて、ここからこの話が奇妙になっていく。セミナーがちょうど死と臨終に関する部分に入ったとき、係員が講師に一枚の紙切れを渡した。講師はトム・ケニオンはいるかと訪ねた。私が手を上げると、ある名前と電話番号が書かれた紙切れを手渡された。それは私のクライアントの姉の名前だった。

私は近くの公衆電話からその番号に電話をかけた。すると彼女が電話に出て、私のクライアントである彼女の弟が自殺したと告げた。私は深い悲しみに打ちひしがれると同時に非常に腹を立てた。彼は安全ネットとしての私たちの契約を破ったのだ。もし彼が私に連絡していればこの悲劇は避けられたのに、彼は臆病者の方法をとった。私が出張で離れているあいだに彼は自殺してしまったのだ。

私はこの件で数日間怒り続けていた。そしてある夜、彼が私のもとに現れて許しを請うという不思議な夢を見た。夢の中で私は彼を許し、彼は去った。

ここからがさらに奇妙なところだ。私のオフィスは家の隣にあり、いつも午後や夜にクライアントに会っていた。朝に会うことは決してなかった。その不思議な夢を見た日、街へ出かけるとある知人が近づいてきて、私のもとへ通うことを検討していると言った。彼は個人的成長に興味を持つタイプの人物ではなかったので、私はなぜかと訪ねた。すると彼は、私のオフィス（家）の付近をその朝五時ごろ車でとおりかかり、とても悲しげな人物が中に入っていくのを見たと言った。その朝五時に私は誰かに会うどころか、まだ起きてさえいなかった。彼がおよそ三〇分後にふたたび私の家の近くをとおると、先ほどの人物がほほ笑みを浮かべスキップしながら通りを去っていくのを見た。私は彼にこの謎の人物の特徴を説明してくれるように頼むと、彼の説明は私のクライアントと完全に一致した。私は唖然とした。

エジプト錬金術とそのカー・ボディーに関する考えに出会っていなかった私にとって、これは数年間謎のままだった。

カーの強化による効果

エネルギー構築の実習によってカー・ボディーが強化されると、マインドと意志の力も強化される。したがって実践者は望むものをよりすばやく引きつけることが可能になる。この欲望を引きつける偉業を成し遂げるための能力は、可能性に関しての霊的理解度と、実際のカーの強さとの相互作用によって生じる。もしある人が強力なカー・ボディーを持っていたとしても、その重要性の霊的理解なしにカーを十分活用することはできない。逆に高度な理解があっても、カーを強化する努力をしなければ、同じようにカーを十分活用することはできない。この場合の不足は、理解ではなくエネルギーである。

強化されたカーの副作用のひとつは、霊的悟りへの可能性が高められることである。そのような場合、発光体であるカーがより多くの光を放つようになる。この内なる光はごくまれな例を除き、通常見ることができない。しかし霊能力者は、この種の光をはっきりと見ることができる。

カーを構築することでもたらされる、もうひとつの興味深い利点がある。カー・ボディーがいったん自主性を持つと、洞察力や知識を高めるために意識の別次元を旅するなど、あらゆることができるようになる。この活動は錬金術師にとって大変有益である。私は初めて異次元の錬金術マスターと出会ったときのことを今でも憶えている。彼は今日まで、私の洞察と激励の偉大なる源である。

ジェド

カーがしっかりと構築されると、錬金術師には取り組むべき錬金術的仕事がある。しかしこれは莫大なエネルギーと意志を費やす行為であるため、カーに十分なエネルギーが構築されないうちは達成できない。それはジェドに関するものである。

ジェドはチャクラをとおって背骨を上昇する中心経路である。エネルギーが次第に上昇すると、意識の拡大が同時に起こる。ジェドを昇るエネルギーの動きは「ジェドの上昇」と呼ばれる。ジェドをとおしてエネルギーを上昇させる力は、セケム（生命力）に他ならない。セケムという言葉は「直立させるもの」という意味である。ジェドの上昇の深い効果をよりよく理解するために、チャクラが知覚をフィルターにかける方法を見てみよう。この行為によってチャクラが根本的な影響を受けるからである。

チャクラ

霊的進化と知覚の関連性という意味で、チャクラは非常に重要である。たとえば七人の人がピクニックに出かけたとしよう。それはうららかな日で、公園は大勢の人々でにぎわっている。七人はそれぞれのチャクラの活動に基づいた、異なる世界を体験する。チャクラが連続して活性化することはごくまれであり、これはひとつのたとえ話である。ほとんどの人のチャクラは開いたり閉じたりの混合である。しかしこの七人の想像上の人物のたとえ話は、チャクラが知覚をフィルターにかけるシステムをわかりやすく解説してくれる。

最初の人は、主に背骨の基底部にある第一チャクラをとおして生きていると仮定しよう。この人は安全と生存に最も関心がある。天気のよい日であることなどどうでもよい。この人は不安になる。周囲をうろつくすべての人を脅威に感じ、他人に囲まれると非常に用心深くなる。

二番目の人は、背骨の基底部から四センチほど上部にある第二チャクラを基本に生きている。この人は常に新たなセックスの体験を求めている。セックスの相手を探していないときには、常にセックスの空想にふけっている。この人はグループの仲間との会話さえままならない。群集の中にセックスの相手を探さずにはいられないからである。

三番目の人は、みぞおちの後ろにある太陽神経叢のチャクラにとらわれている。この人の唯一の関心事は社会的地位と権力である。相手から利益を得られるときにのみ、誰かと会話をする（企業のビジネスパーティーなど）。

四番目の人は、胸の中心の胸骨の後ろに位置するハート・チャクラに存在している。この人にとって、世界は愛に満ちあふれている。これはロマンティックな愛とは異なり、古代ギリシア人がアガペーまたは「聖なる愛」と呼んだものに似ている。この人にとっては世界が愛である。この愛は相互連結のソフトな感覚から、宇宙愛の強烈な体験まで幅広い。この人はバクティ（「聖なる愛の体験」）の強力さから自然にサマディに入ることがある。ハートが開いている人は、周囲の人々も同じように世界を体験していると考えがちで、そうでないと気づいたときに大変に混乱する。

五番目の人は、声帯にある喉のチャクラを中心に生きている。この人は非常に創造性豊かであり、意志の強さによっては思いが現実化するのが早い。多くの錬金術の伝統において、個人が高度な進化に達すると、その人の言葉は瞬時に現実化すると言われている。

六番目の人はサイキックで、第三の目が開かれていることから内なる感覚に優れている。第三の目は、チャクラのエネルギー・ポイントが目のすぐ上の額にあるという風変わりなものである。しかしあるヨガの系統によると、実際にこのチャクラは両目のあいだの鼻柱から二センチほど奥のところにあるとされる。興味深いことに、脳内のこの部分は下垂体（内分泌系の調節器）と視床下部が位置する場所である。脳の情報処理センターである視床下部は、視床下部経路と呼ばれる経路をとおして脳が体の各部分とコミュニケーションをとることを可能にしている。この精妙なエネルギー・センターと脳の神経中枢とが偶然一致していることは大変興味深い。

第三の目が開かれている人は霊的ビジョンのフィルターをとおして世界を見る。周囲の人々のオーラやエネルギーフィールドを簡単に見ることができる。彼らの欲望を感じ、考えを聞くことさえできる。まわりの人々に起こりうる未来を感じとる予言的なビジョンを見ることもある。未来とは、起こる可能性のある未来であることを理解してほしい。未来とは前もって決められるものではない。そこにはさまざまな可能性や選択肢があり、霊能力を持つ人はこれらを感じることができるのである。しかし私たちはみな選択の力を持っているので、誰も私たちの未来を正確に予測することはできない。そしてその選択が私たちの運命を左右する。

最後に七番目の人は、頭頂のクラウン・チャクラに中心を置いている。この人にとって世界はマーヤー（幻）の戯れ、幻想である。この世に存在しながらも、一歩距離をおいている。この人の世界観は、意識そのものが目醒めているために、想像しがたいものがある。意識の鏡が内側に向けられ、ヨガ行者は無数の形態をとおして生き、表現されるひとつの偉大なる存在、真我に出会うのである。この人は他の人々の苦しみに対する慈悲はあるが、それにとらわれることはない。この人は世界を影絵芝居のように見る。人生ドラマに影響されることがなく、影絵を操る人形師と陰を投げかける光に気づいている。現実としてとらえられていたものが、現実ではなくなる。そのヨガ行者は悟りに達したのである。

チャクラが連続してバランスをとるのはまれなことで、現実の状況はこれよりずっと複雑である。したがって精神的モティベーションによってチャクラを移りながら、ひとつまたはそれ以上のチャクラを高度に活性化することが可能である。

このことによって多くの忠実な弟子たちが霊的マスターに幻滅する。霊的能力や超能力に惹かれて師のもとに集まっても、その人はただのごまかしや権力に飢える人だったと気づく。またはマスターがセックスの境界線を無視した乱交型の場合もある。霊的マスターからセックスを強要されることで生じる生徒の葛藤は、心理的に非常に辛いものとなりかねない。

霊的能力の達成は、精神性の円熟と必ずしも結びついていないということが問題だ。ヨガ行者が高度なサマディと至福状態に到達したからといって、彼らが精神的問題をすべて解決したとは限らないのである。したがって下部の三つのチャクラに未解決の問題を抱える人は、霊的能力を誤用することがある。

たとえばある偉大な教師がいて、その人が生まれ持った精神的な敵意を解決していないとする。神よ、そのような教師の生徒をどうか救いたまえ。あるいは非常に発達した霊能力の持ち主が、他者を巧みに操りたいという未解決の欲望を持っているかもしれない。そのような人物は霊能力のあらゆるサインを見せるが、その霊能力を使って精妙あるいはそれほど精妙でない方法であなたを支配しようとする。

多くの場合、そのような人は自分の精神的モティベーションに無意識である。しかし無意識だからといって危害を加えないとは限らない。実際に私たちの無意識のモティベーションは、意識しているときより多くの危害を加えることがある。錬金術の道を歩む者は、自分自身の精神的履歴とモティベーションを認識することが重要である。

セケム

すでに述べたように、ジェドの上昇とチャクラの活性化は莫大なエネルギーを必要とする。ジェドを上昇するエネルギーは、セケムと呼ばれるその人自身の生命力に他ならない。または文字どおり「物事を直立させる力」である。

セケムはオベリスクの隠された意味である。オベリスクは何かを支えるわけではなく、独立して立つ柱で先端が尖っている。オベリスクは重要な人物の記念碑としてエジプト中に建てられた。しかしそれらは本来、生命力にあふれるセケムの記念碑である。エジプト系錬金術の主要な目的のひとつは、過剰な生命力すなわちセケムを、ジェドをとおして上昇させることである。セケムがジェドを上昇することによってもたらされる最終結果は、チャクラの活性化と強化である。それぞれのチャクラが刺激されることで潜在意識の領域が開かれていく。

セケムは生命力とセクシュアリティーとの両方に密接に関係している。セケムの力はセックスをとおして新たな生命を作り出すこともできれば、ジェドの上昇をとおして高次の意識状態を作り出すこともできる。これらの偉業の両方を達成するための本来の力は同じである。エネルギーの扱い方しだいで、何が達成されるかが決定するということだ。最もシンプルな言い方をすれば、エジプト錬金術における霊的悟りへの主要な源は、高度に変化させた性欲であると言える。

ウラエウス

セケムのエネルギーや変質した生命力がジェドの上昇によって頭に注ぎ込まれるとき、高次脳中枢に強烈な刺激が生じる。このような脳中枢の活性化が、やがてウラエウスと呼ばれるものを発生させる。

神聖なエジプト芸術の中で重要人物の額から蛇が出ている姿をよく見かける。この蛇はその人物がウラエウスに達したこと、あるいはウラエウスの承認を受けた権威を持つことを象徴する。それは神々や女神たち、王族の頭飾りによく見られる。ウラエウスの芸術的用途はやがて失われ、形式上の表現となり、もともとの霊的意図は失われていった。しかし本来その象徴的意味は、高次脳中枢に油を注ぐこと、またはその活性化である。これはこのような人物がもうひとつの蛇の姿であるアポフィスに象徴される、世界の二元性を超えた理解ができるということを暗示している。悟りに関連するウラエウスとは異なり、アポフィスは形あるものすべての正弦波、創造の相反する力の二元的な作用を象徴している。ウラエウスの恵みとは、幻想（二元的な反対作用）のベールの奥を見抜く、一種の霊的洞察力（透視能力）である。

ウラエウスの活性化により、数多くの驚くべき能力や意識がもたらされる。私の個人的研究によると、ひとつには創造性と知性が高められる。さらに意識の力またはシッディのいくつかを刺激する。

錬金術によって生み出された変化は脳機能の変化へとつながる。ウラエウス現象によって生じる特定の脳の変化についてはまだ研究されていないが、私の個人的意見では、神経伝達物質の変化とエンドルフィンのレベルの増加に関係すると思われる。ウラエウスは夢に似た意識状態で感じられることから、アルファ波とシータ波も増加すると考えられる。最後にこの現象を経験する人は、大脳の非優位半球の機能を急進的に向上させると思われる。私がこのように考える理由は、ウラエウスの前兆を伴って自ら行った実験で、私の空間感覚が高度に変化し、優位半球（言語機能）の活動の低下を意味する頭の中の対話が停止したからである。

錬金術と脳生理学に関する数多くの興味深い点について述べるのはこの章の範囲ではないが、エジプト系のような錬金術の実践は、知覚力に直接的に影響する脳機能の変化を作り出すということを言っておきたい。瞑想訓練によって脳の状態を巧みにコントロールすることで、錬金術師は意識の非日常的領域に入ることができる。そしてこのような精神集中の並外れた状態において、実践者は量子的現実（カー・ボディーとウラエウス）に影響をおよぼすことができるのである。

ジェドの上昇とホルス神話

意志（意図）の力をとおして、錬金術師はやがて背骨（ジェド）をとおってセケムを上昇させ、頭の中心へ入り、ウラエウスを作り出す。セケムの電磁力は上昇しながら、それぞれのチャクラを刺激する。すでに述べたように、このセケムがジェドを昇ることを「ジェドの上昇」と呼ぶ。七つのチャクラがこのプロセスで活性化されると、錬金術師の意識が急激に変化する。

象徴的に、この意識の動きはホルスの物語に反映される。ホルスには二つの見方がある。最初の見方はホルスがエジプト史の夜明けに実際に肉体を持って存在したというもの。二つ目の見方は最初の見方に取って代わるものではないが、より象徴的な存在としての見方である。ホルスが実在したかどうか、はっきりとしたことはわからない。物語や伝説は、彼の母イシスと父オシリスの起源にまつわる説と同じくらい数多くある。これらの存在を別世界からのエイリアンとする見方もある。この見方ではイシスとオシリスは遺伝学者であり、私たちはその古代科学の子孫であるとされている。宇宙人説の中には、これらの存在を初期シュメール人に結びつけるものさえある。最も一般的な見解（エジプト学者たちに広く受け入れられている説）は、イシスとオシリスがその当時の生きたミトス（神話）の中に存在した神性だというものである。それらはユング理論の表現を使うと、古代エジプト人の集合無意識の元型の実在である。

錬金術の実習に関する純粋に実用的な立場からは、ホルスが実在したかどうかは関係ない。この物語には錬金術の鍵があり、正しく理解されれば、豊かな知識へと開かれていく。

ホルスは鷹の頭を持つ人間の男性の姿で描かれる。イシスとオシリスの息子として、スピリットと物質の融合を象徴している。多くの古代文化において女性原理（母）は物質的なものとされた。興味深いことに、英語で物質を表す matter という語は、ラテン語で母を意味する mater を語源としている。これらの古代文化で男性原理（父）はスピリットとされた。象徴的なレベルで、ホルスはスピリットと物質が統合したひとつの結果なのである。

ホルスが高級神ホルスへ至る旅は、ジェドを上昇する私たち自身の旅にたとえることができる。ホルスは父親を殺した叔父、セトを殺すことで悪に打ち勝たなければならなかった。この神話は非常に複雑で数多くの説がある。私たちはここで、ある戦いの場面に焦点を当ててみよう――ホルスがミン神になる瞬間である。

ミン神

セトに打ち勝つために、ホルスは莫大なエネルギーを蓄積しなければならなかった。錬金術の象徴的なレベルにおいて、錬金術師は下から三つのチャクラより上に上昇しなければならず、これには大量のエネルギーが必要だった。現状からの向上を試みたことのある人なら誰でもわかるように、エントロピーの力は強大である。エントロピーとは「もの」を動かさないようにする力である。ある状況を変化（進化）させるために必要な努力への抵抗であり、心理学的にそれは無気力として現れる。悪習慣を断とうとする場合や、意識の高次能力を活性化させようとする場合などに関係なく、エントロピーと無気力は大敵である。このような私たちの心理構造の限定要因を克服するためには、エントロピーの力よりも強力なレベルのエネルギーを必要とする。このエネルギーこそセケム、すなわち「直立させるもの」である。

言い換えればホルスは、彼の生殖能力を利用する。これは片手に殻竿《からざお》を持ち、大きく勃起した姿のミン神によって象徴される。殻竿は木の棒の端に皮ひもを結んだもので、特に戦車に乗る際、馬を制御するために用いられた。ミンの殻竿は実際に使われることは決してない。それは意図、目的の象徴である。現代的イメージで殻竿は自虐行為を連想させるが、それはこのシンボルの意図とはかけ離れている。

戦車の御者は、元気のいい馬の注意を目的の方向へと導かなければならない。御者が軍馬を導かなければ馬は勝手な方向へ進んでしまう。これは破壊的であり、非常に危険である。御者は殻竿で馬の尻を鞭打つことで馬の注意を引く。優れた御者は注意を引くために馬を強く鞭打つ必要がないことを知っている。馬と御者のあいだに信頼関係が生まれれば、殻竿の微妙な動きだけで十分である。したがってここでの殻竿は、セックスの生殖エネルギーを利用することを思い出させるための象徴である。

性行為をとおして男性の精液を外界に放出する代わりに、ホルス（ミン神）はこのエネルギーを利用してジェドを上昇させる。このエネルギーが高次脳中枢に達することで、ホルスはウラエウスの力によって高級神ホルスへと変容する。潜在的な神ではなく、彼自身が創造神になったのである。そしてそのときにこそ、彼はセトに打ち勝つことができるのだ。

誤解のないように言っておくが、この叙述は禁欲主義への呼びかけではない。ミン神の精液の抑止は象徴的なものであり、精液中の精妙な力の抑止と変化を意味している。この精妙な力が洗練され、男性や女性のジェドを上昇するのである。

現実にこの種の錬金術を実践するために性行為を控える必要はまったくない。それどころかマグダラのマリアが述べているように、背骨を上昇するセケムに大いなる力を与える性行為の方法もいくつかある。ここで解説するには複雑すぎるさまざまな歴史的理由から、教会はセックスを霊性から切り離した。しかし古代エジプトでは、それらは密接につながっていた。

ミン神に関する誤解

中世のあまりに熱心な修道士たちは、自らの罪を清めるために殻竿を用いた。殻竿とミン神に込められた本質的教えの意味が失われた。神のような能力を達成するためのシンボルの代わりに、殻竿はサドマゾヒズムの鞭打ち儀式で苦行のために用いられた。

託鉢修道士たちは独房に座り、想像上の罪を償うために自らを殻竿で鞭打った。彼らは極度の疲労と大量出血の結果、意識の変容状態に入ったと思われるが、このような不気味な儀式は錬金術や偉大なるミン神の秘密とは何らかかかわりがない。

しかしミンに関する愚かな考えは中世に限られたことではない。一九世紀末にビクトリア朝の人々のあいだで、失われたエジプトの秘密への関心が非常に高まった。エジプト学の初期にあって多くの冒険家が、黄金時代の秘密を発見するために砂漠へと旅立った。そして恐ろしいことに、堅苦しく神経質な彼らは大きなミンの像をあちこちに発見したのである。それらすべての像には勃起した巨大な男性性器がついていた。彼らはこの発見に非常に困惑し、ショックを受けた熱狂者たちの中にはその不快な部分を切り落とす者もあった。美術館に運ばれたミンのレリーフのほとんどは切断されたと聞いている。少なくとも思慮深く設置された額によって、その不快な部分は洗練された同国人から隠されていた。

ビクトリア朝の人々は暗黒時代の彼らの前任者同様、その真意を理解しなかった。古代エジプト人はセックスを賞賛していたわけではない。彼らはそれを神聖な行為として認識していたのである。それは寝室や売春宿だけでなく、神性探求のまさに中心である神殿においてもその地位を占めていた。

不死

エジプト錬金術の最終目標は不死、または死後の自己の延長である。これには一時的なものと永久的なもの、二つの方法がある。

最初の方法では、カー・ボディーがエネルギーと光で輝き出すまでエネルギー構築の実習を続ける。肉体（カート）の死を迎えるとき、錬金術師は意識をカーに移す。以前に紹介した認識の転換を実習することで、このプロセスが楽に達成できる。自己の感覚をすべてカーに移し、エネルギー存在となった錬金術師は肉体の死に影響されない。その人にとって死は、古いスーツを脱ぎ捨てるようなものである。

錬金術師のエネルギー存在としての存続期間は、その人が生存中に集めたエネルギー量によって異なる。もし錬金術師がエネルギー存在としてエネルギーを収集し保持することを学べば、存続期間は非常に長くなる。どのような価値があるのかはわからないが、私は何千年も生き続けているというエネルギー存在に出会ったことがある。

二つ目の方法では、エネルギー構築の実習は最初の方法と同様に続けられる。カーを満たすことはどちらの方法においても極めて重要である。しかしながら大きな違いがある。

不死への二つ目の道では、錬金術師は自身の「神聖な魂」（バー）と密接につながる必要がある。この自己の側面は超越的なもので、時間と空間に支配されない。魂やハイヤー・セルフとも呼ばれる。呼び方はどうあれ、バー（神聖な魂）とカーのあいだには、ジェドまたはチャクラの聖なる経路をとおしたつながりがある。

この経路がバーとつながるとき、大量の霊的エネルギーがカー・ボディーに流れ込む。最小必要量に達すると、カーはエーテルの炎のように燃え上がる。これは黄金の衣装と呼ばれることがあるが、古代エジプト人のあいだではサフと呼ばれていた。この体は不死である。

どのようにしてバーや「神聖な魂」とのつながりがカーにこのような著しい変化をもたらすかは、堅く守られた秘密である。それは錬金術の最高次の側面を必要とし、準備が整ったときにのみ錬金術師に明かされる。この啓示は肉体を持つ師から直接くることもあるが、ほとんどの場合は光の体でスピリットの領域に存在するアクからくる。ときにはバーから直接錬金術師に明かされることもある。

死後の生存については、到達レベルに関係なく常に生き延びる意識の痕跡があるということが、多くの霊的伝統において言われていることを指摘しておこう。しかしながらこの痕跡はカーやサフのように個性を持たない。したがって死の瞬間に精妙な体が安定していない場合は、その人の個性は個人的歴史の記憶とともに消えてしまうのである。

アムムト

不死（サフ）の達成のためのエネルギー構築実習に加えて、人生に対する道徳的あるいは倫理的な姿勢が必要である。エネルギーの正しい使用法（正義）と、他人との関係における自分の振舞いについて学ばなければならない。エジプト錬金術の実践によってもたらされる能力には、大変危険なものがある。意識が強化されると、意図を現実化する能力も同時に強化される。もし錬金術師が意図的に他人を傷つけた場合、その錬金術師はむさぼり食われる危険にあるのだ。聖なる書物はこの危険な道の途上にある錬金術師に、ある奇妙な生物、アムムト（ワニ、ライオン、カバの複合神）をとおして警告する。アムムトは通常ジェドの描写によく見られ、七つのチャクラが順番に上昇する途中の第三チャクラと第四チャクラ（太陽神経叢のチャクラとハートチャクラ）のあいだに、その爬虫類の不気味な大鼻をおいて描かれる。この位置は象徴的に、力と愛の中間地点を示している。

下から三つのチャクラにとどまる人々がそこでの経験にむさぼり食われていることから、アムムトは「むさぼり食うもの」と呼ばれる。たとえば第一チャクラ中心の人は何よりも安全を求める。第二チャクラ中心の人はセックスにとりつかれ、第三チャクラ中心の人は権力のとりこになる。もしある人がジェドを上昇することなく、これらのエネルギーからのみ刺激を受けて生きる場合、その人はいずれそれらに食いつくされてしまう。

錬金術の実践者たちは、自らの安全、セックス、権力への間違った欲望の犠牲者となりうる。錬金術の実践でカーの磁力を構築すると、欲望がより早く達成されるので、その誘惑は非常に強大になる。

このことを明確に理解することが重要だ。エジプト錬金術の実践は、実践者の磁場を構築する。ここで言う磁力とは、物理学的な磁気の力とは異なる。むしろ磁気に似た特性を持つ精神力学を意味している。強力な精神磁場を持つ人は、弱い精神磁場を持つ人よりも簡単に願望を引きつける傾向がある。カーの構築実習は実践者の精神磁力を著しく増強するので注意が必要なのである。

アムムトは、下部の三つのチャクラからハートへと上昇する経路の警告として存在する。愛へ上昇せずに下部の三つのチャクラをとおして生き続ける人は、いずれそれら三つの領域の欲望（安全、セックス、権力の追求）に食いつくされてしまう。

第四チャクラへの入り口を通過するとき、その人はアガペー（無条件の聖なる愛）が自然に湧き上がるのを体験する。いったんこの意識状態から世界を体験すると、意図的に他人を傷つけることなど不可能になる。アガペーはすべてを内包する。本質的な一体感を生み出す。個人的エゴの感覚は他人をも含めるまでに拡大し、誰かを傷つけることなど考えられなくなるからである。

この無害の感覚はハートのレベルにのみ存在する。下部の三つのチャクラに生きる人々は自分勝手な欲望を満たすために、簡単に他人を利用し、傷つける。アムムトは錬金術の道にある者への警告である。愛なしに生きることを主張する人々は、自らの欲望によって食いつくされるのだ。

アムムトにむさぼり食われるという恐ろしい様子が錬金術師の欲望を抑えるのに十分でない場合は、さらに別の存在がいる。死の向こう側の存在である。

マアト

マアトはエジプト神殿において死に関する重要な神である。マアトは秤とともに描かれる。秤の一方には天の住処へ入ることを求める人物の心臓が置かれる。もう一方には羽根が置かれる。もし死人のハートが羽根のように軽ければ、その人は霊的なパラダイスへの入場を許される。だがもし、その人のハートが後悔や罪の意識や恥などで羽根よりも重ければ、その人の魂は冥界をさまよわなければならない。

象徴的にマアトの存在は、私のある友人が「存在への呼びかけ」と言うように、この世での行いが次の世にもついてくることを思い出させるものである。

最終的な考え

古代エジプト人の精神性は私たちのものとはかけ離れており、彼らが何を考え、何を感じたかを想像するのは非常に困難である。現在私たちは数冊の神聖な書物や彼らの神々にまつわる神話の断片などを持っている。幸運にも私たちはいくつかの錬金術の秘儀も受け継いだ。しかし、栄光に満ちた文明のほとんどは失われてしまった。時間の溝はあまりにも大きすぎる。

マグダラのマリアがイシス神殿で学んだころ、エジプトはすでに滅び、その黄金時代は遠く失われた灯火であった。しかし十分な古代錬金術の知識が、その使用方法とともに生き延びた。紀元前最後の世紀には、イシス崇拝と性的錬金術は古代世界のほとんどの範囲に広まっていた。

イシス神話がさまざまな文化において、独自の知識と解釈で紹介されていることは間違いない。時を経て、神殿跡には教会が建てられ、初期の霊的訓練は修正され忘れ去られた。しかし世界中の錬金術を奥深く見つめる人なら誰でも、そこにイシスや古代エジプト錬金術の証を見つけることができるだろう。

私たちは現在、古代錬金術師たちの時代から、マグダラのマリアよりもさらに二〇〇〇年の時を経てここに存在する。この錬金術に携わる者の役割は明確である。私たちは過去を生きなおすことはできない。過去を正確に知ることは決してない。私たちは残された断片から、可能な限りを学ばなければならない。古代錬金術を私たちが理解するとおりに実践し、それが私たちをどこへ導くのかを理解しなければならない。そして〝今この時〟のための、新たな錬金術を生み出さなければならないのである。

アク、サフに達した古代の存在が、私たちを導くように。

悟りの光が、私たちを自らの暗闇から導き出すように。

内なる錬金術の簡潔な比較

マグダラのマリアが伝授するエジプト錬金術の主な目的は、カー・ボディーを強化することである。エクスタシーと至福がカーを強めることから、これは高次エクスタシー状態において達成される。達成への道は主に二つある。聖なる関係の道にありイシスの性魔術《セックス・マジック》を探求する人にとって、エクスタシーは性行為をとおして自然に発生する。しかし単独の道にありホルスの錬金術に携わる人は、自らエクスタシーを生じさせなければならない。

単独の道、またはパートナーとの道を選択する両方の人にとって、このセクションで《マグダラの書》を他の錬金術体系の背景に置くことは非常に貴重なことだと思う。これ以外の内なる錬金術を学ぶ人にとっても、自らの実習と《マグダラの書》との関係性を知るために、以下の情報は非常に有益だと思う。

——トムの個人的メモ——

このセクションでは四つの主要な錬金術体系のうちの三つを比較する。タントラ・ヨガ、道教、チベット仏教タントラである。エジプト錬金術についてはすでに紹介したので、これから紹介する三つの体系とエジプト錬金術との共通要素に読者が気づくことは間違いないだろう。すでにこれらの錬金術体系に馴染みのある人は、《マグダラの書》の中の性行為に関する独自の位置づけに大変驚いたことであろう。錬金術と神秘的伝統の比較研究者として、私が《マグダラの書》に関して最初に驚いたことのひとつである。

この違いを要約すると、マグダラのマリアによって紹介された体系は原型的に女性を基本としていると言える。マグダラのマリアによると、女性は創造の神秘を性質の内に秘めている。

彼女はホルスの錬金術の修行をし、瞑想の力で二匹の蛇を上昇させる方法を学んだことについて述べている。しかしイェシュアの前では（特に性行為の最中には）、錬金術は自然に起こった。すなわち彼女が何もしなくても、錬金術は発生したということである。

彼女は女性が最愛の人との関係において、安全と理解を感じることがいかに重要かを強調している。そしてそのようなときにのみ、イシスの性魔術と彼女が呼ぶ変容の錬金術が起きると言っている。もしこれらの要素（安全と理解）が二人の関係のあいだにあれば、女性は身を任せて女性性の神秘が彼女をとおして表現されるがままにできる。性行為中にこれが起こるとき、女性は震えることがある。震えるままにすることで、彼女はより深い神秘へと入っていく。

もし男性がパートナーから放たれる振動エネルギーに安らぐことができれば、彼自身とパートナーと両方のカー・ボディーが強化される（この錬金術の主要な目的のひとつである）。

女性を中心とするこの錬金術体系は、他の多くの錬金術体系と著しく異なる。世界中の主な錬金術は多くの点で男性優位である。たとえば道教の文献の中に、女性に関する解説は男性に関するものと比べて非常に少ない。道教は母系とされていながらも、重点のほとんどは男性に置かれている（少なくとも過去数百年間は）。中国には大変熟達した女性賢者たちが存在したことは間違いないが、彼女たちが道教錬金術の説話に（いくつかの特例を除いて）登場することはほとんどない。実際に房中術（道教の性交術）を実践する人々は、これまで何世紀にもわたり女性を単なる気の容器とみなしてきた。このような無節操な実践者たちは、女性の安心や快適さにほとんど気遣わず、女性の気を引き出すためだけに性行為におよんだ。

チベット仏教においても女性原理が深く尊重されているにもかかわらず、女性の重要性や力は低い位置に置かれている。チベット仏教の最も偉大なる菩薩の一人であるターラは、チベットの一般的地域に実在した女性である。彼女が悟りに達したとき、この世に悟りを開いた存在が降り立ったことに気づいたラマの一団が、その新たな光を探しに出かけたと伝説は伝えている。彼女の村へと光をたどってやってきた彼らは、その人物が女性であることにうろたえた。ラマたちは彼女に「悟りに達した今、あなたは生まれ変わって男性になることができる」と言ったと伝えられる。それに対して彼女は、「私は永遠に女性であり続ける」と答えた。今日まで彼女は、チベット人がサンボガーヤと呼ぶ精妙な領域（純粋な光と音の領域）に女性として存在している。彼女は救度仏母として知られ、力強く慈悲深い存在である。しかし男性優位の傾向は一部のチベット仏教に限らず、一般的に仏教の中で繰り返し見られる。

キリスト教史を大まかに見ても、教会とその歴史的記録における女性の公民権剥奪の家父長制の試みが明らかになる。暗黒時代に教会は、初期教会の数多くの福音書や神聖な書物の編集を試みるためにニケア公会議を組織した。ローマの支配者であるコンスタンティヌスの命令により、会議は数多くの書物の中から新約聖書に取り入れるものを選ぶことを任された。その結果、会議は当時の神聖な書物の多くを投げ捨て、彼らに都合のいいものだけを選んだのである。

キリスト教徒たちの初期の神秘的なビジョンは、教会と支配階級の政治的欲望へと姿を変えていった。そしてその過程で女性性を尊重する文書の多くは異端とされ、ローマ聖教会の長きにわたる女性の力を奪う活動が開始したのである。中世において、特に宗教裁判において、教会は魔女と疑われた女性を日常的に焼き殺した。このような女性のほとんどは、ただの植物学者やヒーラーであった。さらに教会の家父長制の権力に抵抗する女性は、誰もが恐るべき死の危険を冒していた。

教会による女性の公民権剥奪は、中世ほどではないものの、今日まで続いている。

宗教と文化は密接に編みこまれたタペストリーのようなものだと私は思う。宗教的信仰の糸が文化につながり、文化の姿勢がその宗教の布に縫い込まれていく。この二つは多くの意味で決して切り離せないものである。宗教的洞察から生まれ、地球上の問題よりも上にあるとされる神秘主義の伝統や錬金術の実習もまた、例外なく文化的前提の影響を受ける。したがって世界中の神秘主義や錬金術の系統の布地のうちにも、男性優位の糸を見つけることができるのである。

錬金術の体系を伝える趣旨の文書のひとつとして、女性性の神秘に深くかかわる技法が書かれた《マグダラの書》は非常に珍しいものである。おそらくそれは、この文書が古代エジプトのイシス崇拝を根源としているからであろう。

《マグダラの書》の錬金術の前提条件のいくつかは、世界の主要な錬金術の学校や系統と共通している。しかしその見解のいくつかは、他の錬金術とは根本的に異なる。

たとえば《マグダラの書》では、セックスの相手との関係を非常に尊重する。性行為はイニシエートの特定の錬金術を活性化するために利用されるが、これらの錬金術が起こるためには男性と女性とのあいだの感情的関係がこれらの錬金術の神聖な基礎とされる。

もうひとつは、女性が性質の内に変容のための錬金術的な鍵を握っているとされることである。これらの鍵は力ずくではなく、パートナーとの関係に安全と理解があるときにのみ開かれる。このアプローチが《マグダラの書》が他の錬金術系統と異なる理由である。

相乗効果の力を信じる者として、私は《マグダラの書》にある技法を個人的に実践する人が、現在アクセス可能な他の主な錬金術について知ることは重要だと思う。言い換えれば、《マグダラの書》を他の内なる錬金術システムの背景に置くということである。

このような理由から、私は他の三つの主な錬金術系統の、内なる錬金術の性的実習に関する簡潔な概要をまとめた。これらが読者に《マグダラの書》の意味とその実習の活用方法を理解するための、より広い背景を提供することを願う。

タントラ・ヨガ

タントラ・ヨガは、性エネルギーを使って霊的悟りを追及する個人的変容の古代体系である。その起源は何千年も前のインドにさかのぼり、そのゴールは神聖な変容に他ならない。タントラの魔法のもとで男性は神へ、女性は女神へと変容する。タントラではタントリカ（タントラの実践者）への具現をとおして、神を一時的にこの世に呼び出す。そしてこの神と人間の世界の結合こそが、この種のヨガを大変強力にするのである。

この種のヨガは危険を伴う苦行を必要とする。セックスのエネルギーが適切に扱われない限り、その人は約束された意識の解放に到達することができない。代わりに自身の情熱の炎に惑わされてしまう。このヨガの道に対する古代の警告もある。これはすべての人に適するものではない。性的情熱の炎に、冷静に超然と望める者のみが試みるべき道である。この種のタントラは、西洋で人気の高い週末のタントラ・ワークショップとはかけ離れたものである。

タントラとはエネルギー修養という意味の言葉で、性的実習や仏教錬金術のセクションにあるように瞑想など意識そのもののエネルギー修養に用いることができる。

サマディ

タントラも含めたほとんどの錬金術的ヨガに重要な中心的要素は、サマディ（三昧《さんまい》）の達成である。錬金術的ヨガとは、錬金術的な方法で意識の変容を図るヨガのシステムを意味する。すべてのヨガがこれに当てはまるわけではない。たとえばタントラ・ヨガは、瞑想をとおしてセックスの精妙なエネルギーを変化させる錬金術的システムのひとつである。一方ラージャ・ヨガは、ある種の悟りへと導く可能性のある哲学的探求ではあるが、その中に錬金術的手法は伝えられていない。

サマディ（内なる集中）の達成は、ヨガ行者が自らの内なる世界を探求することを可能にする。その境地に達するとき、マインドは肉体感覚を離れ、代わりに意識（チッタ）そのものに集中する。

サマディ達成には数え切れないほどの方法がある。集中力、マントラ（力の言葉）、ヤントラ（幾何学模様）、プラーナヤーマ（調息）などはその例のいくつかである。

サマディには、その深さやマインド内に起こる現象により、さまざまな段階がある。たとえばあるサマディ状態では、深い静けさと内なる平安があるのみである。そのような瞑想状態にあるヨガ行者は、マインド内に光を見たり、刺激なしにマインドから自然に発生する感覚を体験したりすることがある。

サマディのより深い状態では個人の感覚が消え、思考を伴わない純粋なる存在（実在）の気づきへと変容する。ヨガ行者がこのようなサマディの深い状態に入ると、意識の本質は至福（アーナンダ）であることから、至福またはエクスタシーを体験する。

クンバカと呼吸の停止

ヨガ行者が深いサマディ状態に入ると、クンバカと呼ばれる自発的な呼吸の保持が起こる。体とマインドの驚くべき相互作用によって呼吸が停止する。そしてヨガ行者が深いサマディ状態にある限り、呼吸の必要がなくなるのだ。ヨガ行者の意識がサマディから離れて肉体感覚に移ると、体は自然に呼吸し始める。数時間または数日におよぶ呼吸停止のサマディの記録が報告されている。

クンバカの現象は、時間を超越した意識状態に入り呼吸が非常に浅くなったり完全に停止したりする道教の静功《せいこう》の効果に驚くほどよく似ている。道教のセクションで私自身の静功のすばらしい体験について話したいと思う。しかしすべての錬金術系統に、マインドの静けさに入るそれぞれ独自の方法がある。マインドの静けさなしには、内なる錬金術の反応の多くは起こらないからである。

瞑想の実践とサマディへの到達は多くの霊能力の開発につながる。そのうちのひとつが、精妙なエネルギーに対する鋭い感性と気づきである。この感受性の発達は錬金術師にとって極めて重要である。気づいていないものを、意識の容器の中に入れることはできないからである。

時間と空間の変化

次にすべての錬金術系統の実践者に共通して体験される要素である、時間と空間の知覚の変化について述べたいと思う。

サマディの最中、ヨガ行者は時間と空間の感覚、両方の強力な変化を体験する。これは脳機能の急激な変化によるものと思われる（瞑想状態ではアルファ波とシータ波が活性化する）。このような脳のリラックス状態では、時間はより流動的で、空間はしばしば変わった特性を持つ。

直線時間での一時間が無限の長さに感じられたり、ほんの一瞬に感じられたりする。ヨガ行者たちは空間が影響を受けることも報告している。自分自身を銀河のように非常に大きく感じ、または原子のように非常に小さく感じることもある。回転し、浮かんでいるように感じることもある。このような現象はすべての錬金術系統において報告されている。

三つのグナ（要素）

錬金術的ヨガ（タントラ・ヨガも含む）の実習にとって、瞑想とサマディの達成が重要となるもうひとつの理由がある。私はこれらを三つの引き立て役と呼んでいるが、インドの聖典では三つのグナ（要素）と呼ばれている。

ヨガ哲学によると三つのグナは、存在するすべてのものの創造にかかわる粒子の力である。それらはブラフマー、ヴィシュヌ、シヴァのヒンズー教の三神一体に象徴される。第一のグナはラージャ（王）と呼ばれ、行為を起こす原因である。聖音オームを発することで宇宙を創造したブラフマー神に象徴される。彼の妃はサラスヴァティーで、芸術と学問の女神である。

第二のグナはサットヴァで、行為を維持する。これは創造を維持するヴィシュヌ神に象徴される。彼の妃はラクシュミーで、富と美を司る女神である。

第三のグナはタマスである。このあまり人気のないグナは、行為を終わらせる力である。これは死の神シヴァに象徴される。シヴァ神はヨガ行者の守護神でもある。彼の妃は宇宙の母《コズミック・マザー》、障害を除く神ガネーシャの母であるパールヴァティーである。

私がワークショップでタマスについて話すとき、人々がシヴァを恐れ、物事の終結を怖がる傾向があることを指摘する。しかし破壊がないところに創造はない。私は三つのグナが創造のすべてのレベルに機能していることを、呼吸の例を使って説明する。息を吸い始める動機がラージャまたはブラフマーである。息を吸う行為がサットヴァまたはヴィシュヌであり、息を吐く行為がタマスまたはシヴァである。そこで私はワークショップの参加者に息を吸い始めることでブラフマーになり、その息を吸い続けることでヴィシュヌになるように言う。それから彼らにシヴァになることを避けるように言う。どうあってもその息を破壊しないようにと。私の馬鹿げた提案にみなは笑い始める。マインドが理解していなくても、私たちの肉体の知恵は終わりの必要性を理解しているのである。

インドの最も古い聖典のひとつである「バガヴァット・ギーター」によると、三つのグナはマーヤー（虚妄）に関係している。ヨガ哲学では、あなたと私というのは思い込みだとしている。私たちは自分自身を個別の存在だと認識しているが、実際にはひとつの根本意識があるのみで、それがさまざまな形態で表現されているということである。あなたという形態は私という形態と同じように、そのうちのひとつにすぎない。私たちは自分自身を真剣に受けとるあまり、誰かに自己の孤島を侵略されると非常に混乱する傾向がある。しかしこれらすべてはマーヤーの戯れである。「あなた」がなければ「私」もなく、そこには宇宙の力の遊戯（リーラ）があるのみである。

超越した状態に達したヨガ行者は、神の気づきまたは統合意識に達したと言われる。しかしこれは精神的達成だけではなく、知覚的達成でもある。この統合意識状態に達した人は、マーヤーの幻影に惑わされることがない。その人はマーヤーの煙や鏡を見通して、すべての物事の奥にある真我を見極める。どうやってこんなことができるのだろうか？　私たちは三つの引き立て役を眠らせることでこれを行う。ヨガ的に正確に言うと、三つのグナを静止状態に置くことである。

十分に深いサマディに入ると、私たちのマインド内のグナの活動が静まる。とりとめのない独り言が静まり、やがて完全に停止する。マインドの深層から生じる空想が停止し、深い静止状態に入る。三つの引き立て役は眠りにつく。そのときにのみ、私たちの最も深い生来の意識、真我を垣間見ることができるのである。

長期間にわたり瞑想状態に出入りすることで、私たちはさまざまなサマディの状態に到達することができる。十分深い状態に入ると、マインドは創造の煙幕を見通すように訓練される。しかしこのような高尚なマインド状態に入るまでは、私たちは互いを個の存在として体験し、マーヤーの戯れの犠牲になるのである。

話をもとに戻すと、ヨガの瞑想の目的はより深いサマディ状態に入ることである。この意識の解放を繰り返し体験することで、欲望のもつれから解放され、マーヤーの力から自由になるのである。

このような行為の必要性を感じるためには、ある種の霊的進化が必要である。ほとんどの人は自らの欲望を追及することに非常に満足しており、幻影の奥にあるものを見ることに興味がない。

知覚するすべてのものは相対的であることを理解することが重要である。それは知覚する人の状態に関係する。真我の気づきに達したヨガ行者のマインド状態は、日常的な人生ドラマにとらわれた人のマインドの状態とは非常に異なる。マーヤーはテレビのメロドラマのようなものだ。私たちはそれを自らの人生であるかのように錯覚し、番組を見続ける。優れたヨガ行者とは、それをただの見せ物と理解し、部屋に入ってテレビを消す人である。

タントラ・ヨガでは、ヨガ行者は性的な力を制御してマーヤーの幻影を乗り越え、制限されたマインドのテレビを消すのである。

しかしサマディの超越した意識なしには、タントリカ（タントラ実修者）は性的交わりから生じる情熱に簡単に心を奪われてしまう。タントラのゴールはある種の瞑想で、快楽主義ではない。タントリカは瞑想目的の儀式的なセックスによって生じる感覚を利用する。情熱を制御することができなければ、タントリカは意識の錬金術的容器を保持することができない。

サマディ訓練のもうひとつの理由は、タントリカが性交の最中、三つのグナの相互作用としての快感を直接体験するために、マインドを十分に静める必要があるためである。これには少なくとも、非常に高度なレベルの感性を必要とする。そしてこの精妙な知覚レベルには、瞑想による意識のサマディ状態を経験することでのみ到達できる。

性の喜び

ここで明確にしておこう。セックス体験において喜びの感覚は自然に生じる。私たちのほとんどにとってはこれで十分であるが、タントリカにとってはそうではない。タントリカは快感のために性行為におよぶのではないばかりか、より大きな霊的洞察と気づきに達するためにセックスをする。タントラの副産物は、快感が普通のセックスよりはるかに上まわることである。しかしこれはゴールではない。

タントリカにとって、性交の前戯の感覚は多くのレベルで体験される。まず普通のセックスと同じように、実際の肉体的快感とエンドルフィンの分泌が起こる。しかしそれに加えてヨガ行者の精神修養により、その快感は精神的静寂または静止状態を背景にして体験される。散漫な思考が停止する。空想は潜在意識によって静められ、実践者は最も精妙な側面で快感が生じるのを体験する。このようなレベルにおいて実践者は、三つのグナの相互作用を自らの喜びの感覚の創造者として感じる。非常に精妙な意識レベルでは、かすかに触れられるだけでもタントリカには並々ならぬ喜びと至福が滝のようにあふれ出すのである。

タントラの実践をとおして脳から分泌されるエンドルフィンや、その他の快楽ホルモンにより、タントリカは高度に変化していく。彼らは至福に酔いしれる。しかしこの至福は性行為からのみくるものではない。それは真我——その瞬間を体験している人の背後にある存在——とコンタクトをとることによって生じる。これら二つの至福の統合がタントラを非常に強力にする。これら二つの至福とは？　性的な触れ合いと性交による至福が、本来至福に満ちた真我の至福と統合したものである。

タントラの性交の技法はさまざまだが、ほとんどの場合、ヨギ（男性行者）が可能な限り長く射精せずに精液をとどめることが必要とされる。射精なしの性的興奮、性的緊張、そして性的緊張の解放のサイクルは、ヨギとヨギニ（女性行者）両方に意識の強大な変化をもたらす。したがってヨギがパートナーのヨギニと一回に数時間にわたるセックスをするのは珍しいことではない。タントラのゴールは性行為それ自体とは異なり、オルガズムに達するためではなく意識そのものの広大な多次元性を体験することである。

オージャス

タントラには説明するべきもうひとつの側面がある。それは性的要素を悟りへと変容させることに関する。性エネルギーを悟りへと変える目的は、古代エジプトと道教の錬金術的要素にいくつか強い相互関係がある。このことを説明するには、まずヨガの解剖学について述べる必要がある。

タントラによると、頭頂の後方にエネルギー・ポイントがある。それは普通つむじのあたりに位置し、あるヒンズー教の宗派では男性はこのまわりの毛のみを残して頭を剃る。この部分はビンドゥと呼ばれ、ヨガ行者に必要な高周波数を集めるエネルギー変換器の一種である。ヨガ行者はこれを、スピリットが物質に降り始める場所と呼ぶ。

そしてこのエネルギーはムーラーダーラ（第一チャクラ）へと下降しながら、周波数を落としていく（振動の速度をゆるめる）。ここでこのエネルギーは最も密度の濃い状態に達し、その人の性的分泌物になる。この見方によると、男性の精液と女性の卵子が遺伝子情報のみならず、その人の霊性そのものをあわせ持つことを意味する。

男性ヨガ行者が錬金術的ヨガ（特にタントラ・ヨガ）を実践すると、精液エネルギーのエッセンスが精液そのものとは反対に高次脳中枢へと上昇する。この霊的プロセスは多くの意味において、ヨガ行者の霊的エネルギーが精液に凝縮するビンドゥ現象とは正反対である。この場合、男性の精子エネルギーのエッセンスはオージャスと呼ばれる高次振動エネルギーに変容する。女性ヨガ行者にも似たようなプロセスが生じる。

オージャスは意識に強大な影響力を持つ。この錬金術的蒸留作用に成功したヨガ行者は、例外なく知覚の急激な変化を報告している。彼らの内なる光の感覚が劇的に増大し、霊的洞察の増加も起こる。これらの変化は間違いなく脳作用の複雑な変化によって生じるものである。

神話の世界へのいざない——神の領域

タントラ・ヨガの修行者は性交の前に、沐浴の儀式、断食、瞑想を含む入念な準備をする。タントラが行われる空間は花や果物、食べ物や媚薬とされる飲み物など、美しいもので飾られる。

高度なタントラ交合の重要部分では、ヨギニが女神の化身になり、ヨギが神の化身になる。ここで用いられる神々は、実践される錬金術系統によってさまざまである。そしてこの変身の方法は厳重に守られている。多くの場合、呼びかける神の波動の本質を含んだマントラ（力の言葉）や、その神に関するヤントラ（幾何学模様）が使用される。

さらにこの変化は複雑な視覚化や、ときには幻覚作用のある植物を使用することもある。タントラの系統の中には、そのようなドラッグの使用を禁じているところもある。タントラ儀式の最中に使用することは、大変な危険を伴うからである。

最後にセックスをする前、二人のタントリカは自らを神と想像する。選ばれた神々を完全に具現することが必要である。タントラの儀式を成功させるには、ヨギとヨギニが変容することが要求される。その変化は想像上ではなく現実である。神話の世界がこの世に現れるのと同じくらい現実的である。したがって二人のタントリカがタントラの内なる神秘領域に入ると、二人は全意志と目的において、人間とではなく神とセックスをしているのである。

この神話的側面は、その変容的効果によって計りしれない重要性を持つ。それは高度なタントラ儀式の鍵となる部分である。そしてこの重要部分なしにタントラを実践する人々は、その神秘の核心から外れているのである。

道教

古代中国には主に二つの哲学的系統がある——儒教と道教である。儒教は実用的で、国や家族の中でのその人の責任と立場に焦点を置くものである。一方道教は非常に神秘的で、宇宙と人間とのかかわりや霊的悟りを目的とする長生きの方法などについて考えられたものである。

道教の基礎は「道《タオ》」として知られる抽象的な考えの上にある。この知性の儚《はかな》いフィールドは全宇宙の基盤であるとされる。それは継続的にエネルギーを放つが、その創造物による影響を受けない。道教によれば、人類は最も深い本質の部分で、万物の源と直接つながることが許されているという意味で祝福されている。道教の錬金術とは基本的に、自身のより深い本質に触れ、それによってタオにアクセスするためのものである。そのような接触は高度な変容である。この偉業を達成した賢者たちは、ほとんど神話的な成長を遂げている。これは間違いなく、以前に述べた意識の力（シッディ）の表出によるものである。

道教の錬金術を理解するためには、「気」と呼ばれる精妙な力を理解することが必要だ。全宇宙を創造しながら、それに影響を受けない「道《タオ》」の限りない神秘には、この生命力（気）の永遠の流れがある。

気には多くの種類がある。たとえば星や準星から流れ出る生命力がある。これは小川で創られる気とは異質のものである。ほとんどの人が気について考えるとき、空気中の微細な生命力を思い浮かべる。この種の気は、都市から離れた自然のエリアに集中し、木々が茂る湖や川や小川、海などの広いエリアで最も強力である。気がマイナスイオンに関係するという考え方もあり、実際にその証拠もある。しかしこれだけではなく他にもさまざまな種類の気があり（より微細で洗練された気）、このことが高度な道教錬金術の焦点のひとつでもある。

伝統的に道教の賢者たちは自然の中で隠者として生活してきた。後に男性または女性のグループがコミュニティーを形成し、他の人々と錬金術の探求を続けた。しかしほとんどの場合、道士の住居は街から遠く離れた、気が特に強力とされる龍穴エリアにあった。

龍穴とは、数種類の気が収束する場所である。そのような場所は山脈に最も多く見られる。二つの尾根が出会う場所には、山々に沿って流れ落ちる峡谷や渓谷がある。「天の気（空に生じる気）」が下降すると、それは山の「地の気」と尾根と尾根とのあいだの地点で出会う。この場所が龍穴である。

二つの川が合流する地点では気の増大が確認され、このような場所も龍穴と呼ばれている。道教の賢者たちはこのような場所を探し、住居を龍穴内かその周辺にかまえる。このことは彼らの錬金術の修行をより簡単にした。すでに気が豊富な場所では、修行のために必要な気を取り込みやすいからである。

思考、時間、呼吸

タントラ・ヨガと同じように、道教の錬金術師はマインドを長期間静寂の状態に保つ訓練が必要である。「道《タオ》」は精神的静けさの内にのみ体験できるので、マインドの静止は非常に重要である。さらに道教錬金術の変容の多くは、マインドの静けさを必要とする。

マインドを静める実習にはさまざまな段階がある。太極拳のように動きを伴うものや、「天門」のような瞑想方法もある。これについては後ほど詳しく述べる。

これらの静寂の修行により、マインドはやがて深い静けさの状態に入る。実際の実習時には、特に初期において、精神の慌《あわただ》しい活動が起こる。思考がときには急流のように、またあるときにはしずくのように、次々とマインドに湧き上がっては去っていく。やがて修行者は思考のスピードが落ちていくことに気づく。思考と思考のあいだにより多くの空間が生まれ、たとえ短時間であっても、やがては完全に停止する。

修行者はこの状態で呼吸の変化にも気づくだろう。思考が遅くなると、同時に呼吸も遅くなる。そして思考が停止したときには、呼吸も停止するか、または非常に浅くなる。これはある理由から非常に意義深いことである。

神経学的見地から、これは修行者の脳波が、呼吸が自然に遅くなるアルファ波とシータ波の低い状態にあるからだと言える。瞑想の研究は、このような状態が筋肉の緊張、脈拍、血圧、呼吸などを低下させ、ストレスを軽減するのに大変有効であることを示している。道教の静功のように、このような瞑想を実践する人は瞑想しない人に比べて、一般的にストレスが少ないことを研究は示している。

私は数年前、日没の一時間ほど前に、ある公園で「天門」として知られる瞑想法を実践していた。日が沈んでからも私はこの実習を続け、自分の呼吸が完全に停止していることにふと気づいた。そればかりでなく思考もまた停止しているようだった。私のマインドはまるで静かな湖の表面のようにクリアーで穏やかだった。しかしその瞬間に最も驚いたことには、時間までもが停止し、時間を超越したマインドの次元に浮かんでいたのである。

あたりが暗くなってきたので私は車に戻ることにした。駐車場までは歩いて二〇分ほどかかった。車に戻ろうという衝動は、思考ではなく体の奥深くから湧き上がる感覚として起こった。私は「車に戻らなければ」とは考えなかったのである。このマインド内の会話がない状態は、そのとき私にとって非常に興味深く感じられた。車までの道のりは上り坂だったにもかかわらず、その散歩のあいだ、私の呼吸が非常に浅いことに気づいた。この時間を超越した感覚は強烈であり、そのとき私は何の苦労もなく丘を越えたように思う。

皮肉なことに私は駐車場の自分の車を目にすると、その夜の約束のことを思い出し、自然に深呼吸をした。私の呼吸は正常に戻り、時間を超越した感覚は消え去った。私はしっかりと時間の中に引き戻されていた。

時間を超越した感覚と呼吸の停止とのあいだには、驚くべき関係がある。ヨガでは呼吸の停止はクンバカと呼ばれる。道教の瞑想訓練においてもこのような呼吸の停止は見られ、特に深い精神の静止状態に入ったときに起こる。

興味深いことに、呼吸停止の考えはエジプト錬金術のアンクの概念にも見られる。アンクはエジプトの十字架と呼ばれることもあり、三つの主要な部分からなる——物質を表す十字架それ自体、スピリットを表すシェン・ループ（輪）、そして呼吸を表すシェン・ノット（結び目）である。呼吸をしている限り、私たちのスピリットは物質的な肉体、スピリットの具現と結びついている。しかしシェン・ノットが緩み呼吸が非常に浅くなる、あるいは停止する瞬間、私たちは時間を超越した状態に入れるのである。ここでも私たちはひとつの錬金術系統の中心概念が、他の錬金術的伝統にも見られることを再確認した。私は道教のスピリットを指す単語「神《しん》（shen）」が、エジプトと同じ「シェン（shen）」であることは非常に興味深いことだと思う。これが翻訳の偶然の一致なのか、本当に同一の単語であるのか私にはわからない。しかしこれは非常に面白いことだと思う。

さて、時間、思考、呼吸のパラドックスに話を戻す。精神神経免疫学（思考と感情が免疫におよぼす影響）の分野で仕事をしてきた心理療法士として、私は時間のパラドックスは健康的視点においても非常に興味深いことだと思う。

心停止のために緊急治療室に運び込まれた患者らの研究は、体とマインドの相互作用についての驚くべき情報を明らかにしている。これらの患者は回復期に、時間の知覚についていくつかの質問をされる。彼らの回答によって、研究者は完治する患者と、ふたたび心臓発作で命を落とす患者とを予測できる。物事をあるがままに任せて治療に専念し、やるべきことをするための時間が十分にあると感じると答えた患者は、次の心臓発作を避けて完治する場合がほとんどである。しかしやるべきことをできないということに莫大なプレッシャーを感じ、時間がないと感じると答えた患者の多くは、次の心臓発作で命を失う結果となる。

このようなことは道教の賢者にとって驚くことではない。道教の視点から、現代の時間に縛られた私たちの世界は、健康にも霊的成長にも悪影響をおよぼすものである。私たちは時間に束縛されたマインドを常に静穏な状態に戻さない限り、現代社会の悪影響に苦しまなければならない。

私はこれまで数多くの人に、道教の簡単な静けさの実習を指導してきた。非常に簡単ですばやくできるこの瞑想方法に、すべての人が深い感謝を示している。とりとめのない思考（内なる会話）が原因でこれまで一度も瞑想することができなかった人は、特にこの瞑想方法を評価している。この瞑想において思考は障害にならないからである。

この瞑想法は非常に効果的なので、そのやり方を簡単に説明したいと思う。もしあなたがこれに興味がなければ、この部分は飛ばして次に進んでほしい。

天門の瞑想法

「天門の瞑想」訓練は龍穴に基づいている。龍穴とはすでに述べたように、数種類の気が合流する地点である。人間の体にもいくつかの龍穴（経穴：つぼ）がある。「天門」はそのうちのひとつであり、「天の気（非常に精妙な気）」が体に流れ込んで肉体の「地の気」と出会う場所である。この場所はエネルギー的に満たされたエリアで、道教の賢者たちは大昔にこれを利用する方法を発見した。

楽に座り目を閉じる。横になってもいいが、眠ってしまう場合がある。少しのあいだ呼吸を意識する。呼吸を変えるのではなく、ただ見つめる。呼吸の深さやリズムを感じる。次に鼻柱の二〜三センチ奥のスペースを意識する。この部分に二〜三センチ四方の窓を想像する。これが「天門」である。ただその部分に焦点を合わせる。決してそこに集中しない。ただその部分を意識する。思考や空想が頭に浮かんでもまったく問題ない。好きなように続けさせる。ただ意識の一部をこの窓に置く。好きなことについて好きなだけ考えても、意識の一部が「天門」にある限りこの瞑想はうまくいく。

この門を意識し続けるうちに思考の速度が落ちることに気づく。思考や空想のあいだに空間が生まれるようになる。やがてそれらは一時的だとしても、完全に停止する。このような瞬間に、呼吸が非常に浅い状態または停止していることに気づく。これはとても自然なことで、あなたが非常に深い静けさの状態に入っているというサインである。このように、呼吸と思考が停止した最も深い静止の状態において、「道《タオ》」とコンタクトをとることができるのである。

これを五分程度続ければ、この瞑想がもたらす意識の変化を明確に感じとることができるだろう。徐々に、より深い体験に向けて時間を延長していく。

この瞑想のシンプルさを軽視しないでほしい。これはあなたを直接「道《タオ》」へと導く、深遠な静けさの瞑想である。このような深い静止の場所に自らを慣らしながら、そこで快適に感じられるように少しずつ瞑想時間を延ばしていく。自分自身の内面世界を探求するうちに、あなたに助言とガイダンスを与えてくれる聖なる存在に出会うかもしれない。

道教において、最深の秘密は「道《タオ》」自身からのみ明かされる。それらの真実は書き記すことが禁じられており、どのような本の中にも見つけることができない。したがって「天門」のような瞑想は宇宙の鍵である。鍵と同じように、開くためにはそれを回さなければならない。「道《タオ》」の神秘について読むだけでなく自ら体験したいと願うならば、あなたはその鍵を回さなければならない。

気の修練

サマディに到達したタントラ・ヨガの修行者のように、道教の修行者も知覚の最も精妙なレベルに気づく。この精妙な知覚力によって道教の修行者は気の流れを直接感じとり、錬金術的変容（修練）のために肉体に取り入れること（採気）ができるようになる。

気の高度な感受性を持つ道教の錬金術師は、いくつかのことを行う。第一に気の活力を体に集めて内臓やその他の機能を強化するために、一日中気を収集する。これはさまざまな方法で行われる。最近では中国の気功マスターたちが、西洋でも気功を教え始めており、これも気を集め修練する方法のひとつであるが、他にも方法はある。

使用される方法や学校によって異なるが、ほとんどの場合、道士はやがて「気の体」に集中する。これはヨガのエーテル体やエジプトのカー・ボディーと同じである。そしてこれらの体と同様、気の体は肉体と同じ形をしている。それは肉体と互いに浸透し合い、肉体のうち気の体に含まれない部分はない。

気の体の発達は多くの道教錬金術において非常に重要である。その理由の一部は、強力な気の体がより上級な修行の基礎となるからである。もし肉体または気の体が弱まると、特定の錬金術に取り組むことができない。そして気の体の強化は不死に達するために不可欠なものである。

気を修練して気の体を強化するより興味深い方法のひとつには、道士が丹田と呼ぶ部分が関係する。この気の貯蔵所は、気の体の三箇所にある。これらの丹田が気で十分に満たされると、その増強する効果から不老不死の霊薬《エリクサー》と呼ばれるエネルギーを放射する。

下丹田は横隔膜から下の骨盤底までのあいだにあり、内臓下部を強化する。中丹田は横隔膜から肺上部のあいだに位置し、肺と心臓、そして免疫機能に関係するとされる胸腺を強化する。上丹田は頭の中にあり、神経機能を強化する。

道教錬金術の中には、丹田に気を集め（採気）、対応する臓器を循環させながら頭へと上昇させる方法（修練）がある。気が洗練されて次の丹田に移るとき、その丹田の中の臓器が強化されて循環する気もまた洗練される。

古代道教の修行者は、体内のこの微細なエネルギーの経路を探り、細部まで綿密に描いた。鍼灸治療で使われる経絡は道士によって発見され、書き記されたものである。これらはヨガのナーディーとよく似ており、特に日本における経絡の科学的研究により、これらがエネルギー現象であることが証明されている。

経絡に加えて、「小周天」と呼ばれるこの種の錬金術に非常に重要な経路がある。これは会陰から背骨をとおって頭に上昇し、体の前をとおって会陰に戻る気の循環経路である。小周天は気の体の中の三つの丹田を通過する。小周天を気が循環することにより、実修者は高次脳中枢を刺激し、循環する気の質を向上させる。気の洗練は道教錬金術にとって重大なことである。洗練された気をとおしてのみ、「神《しん》」、すなわち霊的世界に入れるのである。道教の秘教では、小周天を訓練することによってネガティブなカルマ（過去の行為からくる悪影響）を解消することができるとも言われている。

性的エッセンスからスピリットへ——精と神

意識の変容を道教の隠喩を用いて表すと、それは水を霧に変えるようなものだと言える。具現化した生命エネルギーは錬金術的プロセスを経て洗練され、ある時点でそれは霧のようになる。この高度に洗練された状態に達したとき、その人の本質は人間というより霊である。この生物学的存在から霊的存在への驚くべき変化の鍵は性にある。

性的エッセンスのスピリットへの変化は道教の鍵となる部分である。道教では男性の性的エッセンスを「精」と呼ぶ。その人の霊的エッセンスを「神《しん》」と呼ぶ。「精」の性エネルギーが小周天をとおって背骨を上昇することにより、「精」が精錬され「神《しん》」になる。この背骨を上昇する気の動きは、エジプト錬金術のジェドの動きやヨガのスシュムナー（中央気道）の概念を思い起こさせる。私はこれまで現存する伝統的道教の文書の中に、女性の性エネルギーを「神《しん》」（スピリット）に変化させることについて書かれたものを読んだことがない。これはもちろん、そのような文書が存在しないということではない。ただ私が、いまだ見つけられないということである。多くの意味でそのプロセスは男性のものと似たものだと思う。

ひとつの目的を達成するための方法は、常にひとつではない。性的エッセンスを霊的覚醒（神《しん》）へと変化させることも例外ではない。道教錬金術の中には、修行者が下丹田に気を集めることに集中するものがある。内臓器官が必要とする以上の気がこの部分に集まると、錬金術師は第一の錬金術的炉を活性化させて気の不純物を取り除く。この精錬された気は中丹田から上丹田へと循環する。この動き自体も気を精錬し、より精妙にする。この気が頭部（上丹田）に到達するころには、それは「神《しん》」に変化し、道士の霊的世界へのアクセスを可能にする。

道教の錬金術師が自らの性エネルギーを「神《しん》」に変化させることに成功するとき、その人は非常に高められた存在となる。このような高位の道教の賢者たちについての神話や伝説は古代中国に数多く残されている。伝説では、このような存在は山中の高地（龍穴）に住み、露や薬草だけで生きたと言われている。

錬金術の観点から、植物の葉から集められた朝露は非常に凝縮された気である。性エネルギーを「神《しん》」に変化させた存在ならば、このような洗練された食べ物で生きることは容易であろう。そのような人にとって、消化機能は高度に精錬され、露の気を利用可能なエネルギーへと変質させることは簡単なことである。

ここキクラデス諸島のある島には、すばらしいメロンがある。それはハネデュー・メロンのいとこにあたるメロンだ。しかし水を必要とする他のメロンとは異なり、このメロンは不毛で乾燥した吹きさらしの島の土地に水なしで育つ。驚くべきことに、このメロンは空気中から水分を吸収するのである。そしてこのメロンは、私がこれまで味わった中でも、まれにみるおいしさなのだ。激しく凝縮された気を感じることができ、その味は甘い。

この島にはこれに似たもうひとつの植物の奇跡がある。それはアメリカ北西部でよく見られるヒマラヤスギとよく似ているが、先ほどのメロンと同様に水を必要としない。島では水は大変貴重なので、これはいいことである。これらの木々は海のそばに育ち、塩分を含んだ空気を葉に取り込み、乾いた塩を残して水分を吸収する。私は植物が錬金術師になりうるとはそれまで思いもしなかった（光合成を除いては）。しかしこれら二種類の植物は、高度な錬金術のマスターレベルに達している。

さて、私たち人間の錬金術師の話に戻ろう。道士が性的エッセンスを「神《しん》」（スピリット）の状態に精錬するとき、その人は非常に異種の存在となる。そしてこの奇跡的変容を起こす方法は、二つの相反する宇宙の力、陰と陽のバランスをとることである。

陰陽

古代中国の直観力に優れた賢者たちは、自然の中の創造パターンを探求し、互いに補足し合い、ときには相反する、陰と陽と呼ばれる二つの精妙な力を発見した。道教の象徴主義において、太陽と月はこれら二つの創造の要素を表すのに用いられる。

陽（太陽）は光と熱に関連する。このエネルギーは動的で、決定的に動く。雷は陽である。それは空を照らし、莫大な力を持ち、撃つときにためらいがない。

陰（月）は湿って冷たく暗いものである。それは位置エネルギーで、動的ではない。土の下の種は陰の影響下にある。種は湿気に囲まれている。土の中は暗く冷たい。しかし太陽（陽）が昇り、その熱が土を温めると種は成長し始める。これが生命を生み出す陰と陽のバランスである。湿気（陰）が多すぎると種は腐ってしまう。熱（陽）が強すぎても種は干からびて死んでしまう。

陰と陽は静的な力ではない。それらは常に変化し続けている。陰が陽になり、陽が陰になるのである。私たちは陰と陽を直接見ることはできないが、それらの影響を体験することが可能である。

私はベルモント・アビー大学での一年目の体験を思い出す。そのときはわからなかったものの、これは常に変化し続ける陰と陽のひとつの例なのである。

それは一〇月のある日のことで、キャンパスの木々は秋の紅葉で赤や黄色に輝いていた。どこを歩いても、枯れ葉が足もとでカサカサと音を立てた。強い風が中庭を吹き抜け、冬の兆しはもうすぐそこまできていた。私は午後のサッカーの試合を見にいこうと、寮から爽やかな空気の中へと出た。相手はどこのチームだったか覚えていないが、その日はホームカミング（学園祭）で、キャンパスは活気に満ちていた。これはベネディクト会経営の大学にとって、非常に珍しいことだった。

駐車場は母校に戻った卒業生たちの車であふれていた。トランクやステーション・ワゴンの後部にはフライドチキンやポテトサラダ、アイスティーなどが積み込まれ、それはまるで現代の豊饒の角《コルヌコピア》〔ゼウスに授乳したというヤギの角。物の豊かさの象徴とされ、彫刻や絵画では角の中に花や果物、穀物を盛った形で表現される〕のようだった。何といってもここは南部である。あちこちにバーベキューの煙が立ち込めていた。ホットドッグやハンバーガーの匂いがあちこちに漂っていた。

生徒たちは両親とともに自然発生したパレードのように歩いた。家族と一緒のところを見られるのを誇りに思っている生徒もいれば、自分の両親に属さないといった振りをして、後ろをこそこそ歩く生徒もいた。

この人間動物園は川のようにサッカー場に流れ込み、私は観客席の一番後ろの段に座った。試合が続くうちに、私はまるでバレエでも観賞しているかのように分離した感覚を覚えた。空はカロライナ・ブルーに輝き、太陽は西に傾き始めていた。太陽の熱は冷たい空気に対して心地よく、おそらくこのバランスのとれた元素の力が私に奇妙な効果をもたらしたのだと思う。

サッカーチームが競技場に出てくると、私たちは抑圧されたカトリックの少年集団にしかできないような大騒ぎをした。私たちは陽になったのである。エネルギーに満ちあふれ、大声で叫び、そのヤジは小さな町のはるか彼方まで聞こえたに違いない。

それからチームはポジションにつき、審判がボールをトスするのを待っていた。私たちは息を潜めて立ちつくし、一心不乱に見つめていた。そのとき私たちは陰になった。

私たちのチームは奇跡的にボールをとった。「奇跡的だ」と言うのも、私たちのチームはその年ほとんどの試合で敗北したからである。そればかりかこの同じチームに過去五年間、ホームカミング・ゲームで負けていたのだ。

突然私たちは跳び上がった。卒業生の観覧席は重みできしんだ。私たちは一瞬のまばたきのうちに陰から陽へと変化した。チームがゴールに近づくと私たちは喜びの叫び声をあげたが、私たちの栄光は一瞬のうちにボールを奪ったどこかの金髪野郎によって奪い去られ、試合は逆方向へと進んだ。卒業生からのヤジの後、私たちは一斉に椅子に座り込んだ。陽が陰になったのである。

私はこの陽から陰、陰から陽への休みなく続くバレエをその午後中楽しんだ。試合が終わったとき、私はキャンパスの大きなオークの木陰に沈む太陽の最後の輝きを見た。空気は静かだった。卒業生たちは家に帰り、ほとんどの生徒は寮に帰るかパブにいった。私は異常な静けさのグラウンドを歩いた。新月の銀色が夕日の最後の光の中に昇ってきた。陽が陰に変わった。ああ、試合はどうなったかって？　私たちの敗北である。

文化的姿勢と気の修練

私たちは気の海に暮らしている。その海の中には力と方向性に満ちた陽の気と、受容的で静止している陰の気がある。気がさまざまなレベルで影響をおよぼしていることに、私たちはほとんど気づいていない。

道教の錬金術師は、このすべてに浸透する気の海に気づいていた。そして錬金術の実習をとおして意識を変化させ、健康と幸福を増進する気のエネルギーを体の中に取り入れることを学んできた。

工業化された西洋的ライフスタイルは、幸福にとって破壊的である。私たちは陽に過度に固着している。生産性や活動のみを重んじる。ひとつの文化として私たちは不活動を理解または評価しない。それは弱々しいとみなされる。

カフェインやその他のドラッグで自らを活気づける。私たちはスピードにとりつかれている。私たちは陽であり、そのことを誇りに思っている。しかしこれには問題がある。

ひとつにはバランスがとれていないこと、そしてもうひとつはこの状態が破壊的であることだ。普通私たちは理解していないが、陽とは陰から生まれるものなのである。

ワシントン州には強力な水力発電のダムがある。おそらく電気ほど陽のものはないであろう。しかしこの陽の力の源は陰である水なのだ。水力発電所建設のためにせき止められた湖は、現在では広大な水源となっている。この湖は風でさざなみが立つ以外はほとんど完全に静止している。これは陰である。位置エネルギーであり動きがない。それは完全に潜在的である。しかし発電所の水門が開けられると、この陰は陽に変化し、激しい水の流れが発電所の巨大なタービンを回転させる。これによって陽の別の形態、私たちの電気、テレビ、その他さまざまな時間節約のための器具を動かす電力が生産されるのである。もっともそれらの時間節約のための器具を使う時間が、私たちにはないのだが。それはまた別の問題だ。

私たちは陽に熱狂する文化的旋風に巻き込まれている。ファーストフードのレストランが街中にあふれ、店内は客がすばやく食事をすませ、より多くの客を受け入れられるように赤や黄色の陽の色で塗られている。テクノポップが響き渡り、速いペースの環境音楽が私たちにすべてをもう少し早く行うように促す。ここで私は音楽という言葉を漠然と使っているが、今どきのひどい音楽は、ヒーリング・ミュージックやインスピレーション・ミュージックのような高尚な作品とは比べものにならない。音楽あるいはそれを粗悪にしたものは、私がいらだちを覚えるもののひとつであり、ここでの私の発言をどうか許していただきたい。そして陰と陽の話に戻ろう。

ここで主なポイントを要約すると、多くの西洋人（特にアメリカ人）は、どのような時間や空間にも満たされない隙間を作ることに不安を感じる。この結果、ストレスが原因の病気が激増している。身体は長期間陽の状態にとどまるようにはできていない。陰が必要なのである。何もせずに休息したり夢を見たりする時間が必要なのである。

しかし私たちの西洋文化では、何もしないことを怠けているとみなす。これがときには私たちにできる最も賢明なことでありうるにもかかわらず。陽になりたいのなら、私たちは陰として過ごすことが大切なのである。道士は陽に傾きすぎて死ぬことは決してないだろう。道教の錬金術は陰陽二つの力の絶妙なバランスを必要とするからである。

古代の道士はこの現象について深く理解しており、この平衡を保ったバランスの概念こそ、道教を特徴づけるものだろう。道教の錬金術は陰と陽の力を正しく用いることを必要とするため、この概念は錬金術を修行する者にとって第二の天性となる。

双修法

双修法は、《マグダラの書》にある手法と驚くべき類似点がある。重大な相違点もある。

この種の錬金術を理解するためには、陰と陽の話に戻らなければならない。道教の理論によると、健康な女性は陰気を無限に持っている。これは女性の性質である。

一方、健康的な男性は限られた量の陽を持っている。女性と異なり、男性の性質は陽気の無限の蓄えに恵まれてはいない。

気の高度な修練方法においては、女性錬金術師は過剰な陰とのバランスをとるために陽のエネルギーを集めなければならない。男性もまた、過剰な陽とのバランスをとるために陰のエネルギーを集める必要がある。実際には、これは非常に複雑である。

陰と陽のバランスがとれたときにのみ確実に錬金術の修行を行うことができるので、修行者にとって陰と陽の最終的なバランスは最も重要である。したがってすべての道士は、自らの内なる陰と陽のバランスをとることを追求する。

単独で修行をする錬金術師は、入念な錬金術的瞑想訓練とエネルギーワークによってこれを達成しなければならない。異性のパートナーと修行をする場合は、性行為のあいだに必要な気を簡単に集めることができる。性交中は気が豊富にある。互いに触れ合い愛撫することで、体の内と外に気の流れが発生する。双修法を訓練した錬金術師は、この余剰な気を自らの体内に取り入れ、錬金術の修行を大きく向上させることができる。

双修法で男性は射精を避ける。射精することで男性の陽エネルギーが消耗し、性交が終わってしまうからである。この錬金術では長時間におよぶ性交が求められる。その理由は簡単で実用的である。長時間のセックスは大量の気を発生させるので、双修法の目的が気を集めることである以上、より多いほうがよりよいことになる。

古代の道士はこのプロセスを助けるための方法を開発した。男性が射精の瞬間が近いことを感じたとき、性器の刺激から退く。少し休んでからふたたび挿入し性交を続ける。この刺激と休息の循環をできる限り長く続ける。その結果男女ともに気の感受性が高まり、高度に変化した深い官能状態に入る。このような長時間にわたるセックスによって生じる陰と陽の気は莫大な量になる。

最終到達――不死の世界

道教錬金術の最終目標は不死である。

静功をとおしてマインドの静止に達すると、道教の錬金術師はさまざまな種類の気を認識する訓練を行った。この知識によって、錬金術師は自らの体の精妙な経絡をとおして気を集め、修練することができたのである。気のエッセンスを抽出し、健康を増進させ、意識を向上させるためのエネルギーへと変化させる方法を学んだのだ。

そしてこの修行を続けるうちに、錬金術師は気を集めて内蔵に循環させることで、より健康になり活力に満ちてくる。これはこの錬金術プロセスの、満足できる基準のひとつである。もし不死の体に達しなかったとしても、この錬金術の修行は価値あるものだと言える。

この修行を続けるうちに、やがては精妙な「気の体」もまた活力で満たされる。それは道教の錬金術師にとって肉体と同等にリアルになり、瞑想で偉大なマスターたちが住む天の住処に入り、教えを受け、進化を早めることを可能にする。

最後に、性エネルギーをスピリット（神《しん》）に変える偉大な錬金術の仕事は実を結ぶ。長年の修行の結果、錬金術師は体を持ちながら、ある意味で肉体というよりも霊（スピリット）になる。

賢者となった道士がある瞬間を感じる時期がくる。完璧なタイミングですべての力がひとつになる。陰と陽は完璧なバランス状態にある。死が近いかもしれない、または錬金術師が自らの意志で地球を去ることを選択するかもしれない。深い瞑想に入り、賢者は時間と空間の支配を越える。呼吸が停止し、それまでに何度も行われてきたのと同じように、注意は「気の体」へと移る。賢者は自らの変容した姿である龍に乗り、天の住処へと飛び立つ。

錬金術師は「エネルギー存在」になる。非常に長いあいだこのような状態にとどまる者もいる。しかしながら、いずれはそのような最も精妙な形態すら必要とせずに、賢者は天の住処を去るときがくる。すでに精妙な気をさらに精錬し、最も精妙なレベルに達し、もともとの起源である形のない天に帰っていく。賢者がこの原始の空間に滑り込むと、自己の足跡はすべて消え去る。一滴のしずくが輝く海に滑り込んだのである。そこには形も賢者もなく、「道《タオ》」があるのみである。

チベット仏教錬金術

数多くある仏教の宗派の中で、私はチベット仏教が最も活気があるように思う。その理由の一部はおそらく、チベット仏教が仏教とボン教とが統合したものだからである。シッダルタがブッダになったとき、ボン教はすでに何世紀にもわたってチベットに存在していた。

ボン教は呪術師や魔術師たちで知られ、現在でもこの古代の宗教を信仰している人々がいる。ボン教のほとんどは主要元素（地、風、空、水）にまつわる精霊や、山や谷のような力のある場所などの存在に関するものである。

パドマサンバヴァが仏教をチベットにもたらしたとき、彼はこれら多くの精霊たちに出会った。なかには非常にネガティブな存在もあり、ペメ（チベット人のパドマサンバヴァの呼び方）はこれらの悪霊を法（仏教の道）の守護者へと変身させた。守護神のいくつかが恐ろしげな姿をしているのはこのためである。

チベット仏教の中に他の仏教と比べてより多くの神々（エネルギー存在）が存在するのはボン教の影響だと

考えられる。そしてさまざまなチベット仏教の錬金術は、この豊かさに反映している。エネルギー存在という考えは西洋人には異質に思えるかもしれない。これらの存在は非物質的（肉体を持たない）だからである。しかしながら、それらはある種の体を持つ。これらの存在は質量というよりエネルギーであり、たいてい私たちは気づいていない。しかし、もしある人の意識が瞑想訓練などによって十分に精錬されていれば、その人はこれらの存在を感じることができるばかりでなく、交流することもできる。このような存在の特質は、何世紀も前にラマ僧らによって極秘文書に記された。そのほとんどが西洋には流出していない。チベットの隠者が人里離れた山岳地帯の隠れ家で高度な錬金術を訓練するとき、このような存在がタントラの秘儀に利用されることもあった。このことについては後ほど詳しく述べるが、まずは仏教全般の基本的洞察について話したいと思う。これはチベット仏教錬金術の修行の基本でもあるからだ。仏教哲学の基礎理解なしには、チベット錬金術の修行は誤解と濫用を招く可能性があるからである。

空《くう》

サムサーラ（この世の幻影）に関するブッダの数多くの洞察のうち、おそらく最も鋭いものは「空《くう》」の観念だと思う。静かな瞬間をすべて埋めつくすことに必死になっている多くの西洋人にとって、この観念は非常に奇妙に感じられるだろう。

しかし量子力学を簡単に見てみると、現代科学はブッダの認識と完全に一致していることがわかる。量子の視点から見ると、物質にはごくわずかな個体性しかない。たとえばあなたの身体を例に見てみよう。私たちは九九・九パーセントが空間で構成されている。あなたの体の物質的部分を集めると、それは針の先ほどにしかならない！　肉体的な視覚や触覚からは、私たちは固体のように思える。しかしこれは私たちの肉体感覚が作り上げた巧妙なごまかし、幻影なのだ。実際に私たちはほとんど空《くう》である。

仏教によれば、すべての物事を奥深くまで突き詰めると、そこには空《くう》があるのみだ。したがって最終的にリアルなものは何もない。実際にはすべてが形や個性を持たない空《くう》なのである。

身体についてふたたび見てみよう。それはまわりの世界とコンタクトをとるための感覚を持っている。この五感をとおして、あなた自身とあなたのまわりの世界の体験を創造する。これはタイプミスではない。あなたはあなた自身の体験の創造者なのである。あなたは自分が好きなものと嫌いなものを識別し、嫌いなものからは精神的に遠ざかろうとする傾向がある。あなたは自分の目が好きで、髪質は嫌いかもしれない。鏡に映った自分の目を見るときには、立ち止まってじっくり楽しむかもしれない。しかし髪の毛を目にすると不快に感じ、自己批判的になるかもしれない。このような自分自身と周囲の世界に対する感情的な反応は、まるでリアルなことのように体験される。それらにはパンチとパワーがあり、避けるのが難しいのである。

しかしながら、これらすべては無に基づいている。たとえば脳に十分深く入り込み、自己批判や自己賛美の思考と感情を司る神経単位まで見ると、そこには何もないことを知る。すなわち、細胞の最深レベル（原子や粒子のレベル）では質量も個体性もなく、ただ空間と空虚があるのみである。

相対的で絶対的な存在

チベット仏教の本質的概念を要約すると、「形あるものは空《くう》であり、空《くう》は形である。実在でもなく、非実在でもない。存在し、かつ存在しない」ということである。

西洋的マインドにとって、これはナンセンスに聞こえるであろう。何かが存在すると同時に存在しないなど、どうして可能であろうか？　この概念は絶対的、相対的存在の両方を指している。あなたと私は創造の相対的レベルに存在する。私たちは個体性という共通の幻影を持っているが、最も深いレベルにおいては何もない。ただ空《くう》があるのみである。したがって創造の絶対的レベルにおいて、あなたと私は存在しない。私たちは蜃気楼や雲のようなものである。きては去る。一瞬のあいだ、私たちは非常にリアルに思えるが、いずれ死ぬ。私たちは本質的に空《くう》であるばかりでなく、一時的でもあるのだ。

至福の修練

この概念には非常に落胆させられるが、仏教の修行により、私たちは自らの本質的な性質である至福に触れることもできる。これはチベット仏教の高次タントラ（錬金術）の特質のひとつである。瞑想訓練によって修行者は至福を自ら生じさせる。この自ら発生させた至福の場に立ち止まり、修行者は空《くう》の本質をじっと見つめるのである。言い換えると至福とエクスタシーの感覚に押し上げられて、修行者は自らの肉体も含めたすべての物事の本質的空虚さについて考えるのである。この至福と空《くう》の融合から悟りが開かれる。

仏教の修行のゴールは意識の深み（仏教では「心」と呼ぶ）を見通すことである。これが起きるとその人は感覚の戯れに翻弄されることも、サムサーラの幻影にとらわれることもなくなる。その人は自由で目覚めている。ある人がブッダに、あなたは神ですかと尋ねたところ、ブッダは「いいえ、私は目覚めた者です」と答えたと言われている。

このたとえ話は非常に深い意味を持つ。悟りに達した意識からすると、私たちはみなさまざまな眠りの状態にある。自分は目覚めていると思っているが、実際には夢を見ているだけなのである。ボーディチッタ（ブッダの心）の力をとおして私たちは夢から覚め、身のまわりのすべてのことに対する反応は、自分自身が作り上げていることを理解するのである。

人生を夢として認識し目覚める力は、ボーディチッタ固有の力である。私たちすべてがボーディチッタ（ブッダの心）を持っていることを理解することが重要だ。私たちはみな、潜在的にブッダ（覚者）なのである。しかし私たちは、精神的、感情的障害の影響で、自らの至福や慈悲の性質から離れてしまいがちである。このことがまさに、仏教の瞑想訓練が必要な理由である。障害を取り除き、私たち本来の質に戻ることが必要なのである。

仏教にはたくさんの宗派や学校がある。それぞれの宗派は、ブッダの本質的洞察を伝授する独自の方法を持っている。そしてそれぞれの伝統でダルマ（ブッダの教え）を伝える独自の方法をとっている。

私たちのここでの関心事は、錬金術的な性質を持つある特種なチベット仏教についてである。それは「無上ヨガ・タントラ」と呼ばれ、悟りへの近道と考えられている。チベット仏教のもうひとつの宗派であるゾクチェンとともに、その迅速さが評判である。

無上タントラの焦点は次の四つである。①秘密のマントラ、②錬金術的瞑想、③精錬された性エネルギーから生じる至福、④ブッダの体現。

秘密のマントラ

初めに秘密のマントラについて見てみよう。マントラというサンスクリット語は「マインドの守護」という意味である（マン＝マインド、トラ＝守護）。この教えにおいて、マントラという単語は通常使われるように力の言葉という意味ではない。たとえばヴィジャ（種子音）であるオームは力の言葉、マントラである。このマントラを心の中、または声に出して唱えることで意識が変化し、マインドをサムサーラの妄想（感覚世界の幻影）から守る。しかし無上ヨガ・タントラの実践もまた、マインドを守護する。どのようにして守護するのか？　それはこの世の幻影による認識からマインドを解放することである。無上ヨガ・タントラによれば、私たちは本来、輝かしく至福に満ちた存在である（完璧に神聖である）。しかしサムサーラ（この世の幻影）の影響により、私たちは自らを凡人だと思い込む。私たちは自分自身を、神聖な存在というよりも人間であると信じている。したがって秘密のマントラとは、私たちがサムサーラの海に生きる神聖なるブッダであることを思い出させるためのものである。これはブッダになろうと奮闘するのとは非常に異なる。そしてこのことは深い意味を持つ――迅速に悟りを開けるということである。

秘密の経路

次に、無上ヨガ・タントラの錬金術的な瞑想方法について考えてみよう。この錬金術の技法の目的は悟りに他ならない。そのためにはマインドがこの世の幻影から離れ、自由になることが必要である。すなわち、私たちが肉体の感覚表現に夢中になっているうちは、私たちの本質であるボーディチッタ（ブッタの心）に触れることはできないということだ。これを行うには、私たちのマインドが静止しなければならない。

無上ヨガ・タントラの修行者はこの困難な務めを、自らの感覚の風を欲望の対象から離し、内面に引き入れ、さらに秘密の経路と呼ばれるエネルギー体の内なる聖所に引き入れることによって達成する。この行為の結果、マインドが深い静寂状態に入る。この深遠な静寂の内にのみ、ボーディチッタが直接体験できるのである。

風とは、身体のエネルギーの通り道（道教では経絡、ヨガではナディと呼ばれる）を動く精妙なエネルギーである。私の経験では、これら精妙な経路のエネルギーの動きに耳を傾けるとき（透聴、内なる聴覚）、風の音に非常によく似た音が聞こえる。

チベットの分析によると、風（ルン）は五感に関係している。感覚はそれぞれ独自の風を持ち、風が止まるときに対応する感覚も途絶える。この観点からすると、死は風の消失である。結果的に死のプロセスは、五感からの分離の成功とも言える。感覚からの入力がなければ、そこには意識があるのみだ。そして焦点を当てる感覚的対象がなければ、意識そのものに集中することになる。その人の明晰さにもよるが、そこには一瞬、至福と透明な光（属性のない光）が自然発生する。もしバルドのヨガ（特に死の領域での存在状態）の修行をした者であれば、サムサーラの中にふたたび生まれ変わることなく、この透明な光の中にとどまることが可能である。

無上ヨガ・タントラのようなチベットの錬金術的ヨガは、風を内面の秘密の経路に取り入れ、自己実現の偉業を生きているあいだに成し遂げるためのものである。この精妙なエネルギー経路は会陰から頭部へと身体の中心をとおる。瞑想の力でこの経路に風を上昇させることで、さまざまな感覚体験を生む五感が静まり、修行者は死なずとも純粋なマインドを体験することができる。この知覚の急速な移行を繰り返すことで高度の霊的悟りに達し、死の瞬間に意識を保ち、バルドの死後体験をすることができる。

性的エッセンス──赤と白のしずく

無上ヨガ・タントラのもうひとつの段階は、性的エッセンスを至福へと精錬することである。これを達成するひとつの方法がトゥオモまたは霊的炎と呼ばれる形式である。この方法では、へそのチャクラを意識しながらアーの音に集中する。これによって霊的炎を秘密の経路をとおって頭部へと上昇させる。霊的炎の「熱」によってクラウン・チャクラから赤と白のしずくが落ちる。赤いしずくは生物学上の母親の、白いしずくは生物学上の父親の性的、霊的エッセンスに関連している。これら二種類のしずくが交わるとき、至福が生じる。これを長時間行うほど、より強力な至福が生まれる。マインドに至福が生じると、すべての物事の本質である空《くう》についてじっくりと見つめることができる。この至福と空《くう》の統合が、一種の悟りを開くのである。

この修行には危険が伴う。チベット医学によると、へそに集中する修行は火の要素が増えすぎて精妙な体に不調和を作り出すことがある。この理由から、この種の錬金術はタントラのグル（師）の指導のもとでのみ行うべきとされる。脅かすつもりはないが、これが実際にとられている手段である。もしあなたがこの修行に挑戦したければ、少なくとも、チベット・タントラについて書かれたテキストをいくつか読むことを強くおすすめする。

《マグダラの書》では、ここで説明したへそに集中する修行に驚くほどよく似た瞑想を、マグダラのマリアが紹介している。しかしこの場合、至福の状態は空《くう》を熟考するためではなく、カー・ボディーを強化するために利用される。ゴールは異なるが、その方法は不思議なほど酷似している。

性的エッセンスのイニシエーションと実践

悟りの達成と結びつけられた性エネルギーの概念は、無上ヨガ・タントラの他の形式にも見られる。たとえば最初のイニシエーションのひとつは瓶灌頂《びょうかんじょう》と呼ばれるもので、ある神とそのパートナーの性的分泌液が想像される。これは至福を生じさせる目的でイニシエートの頭に注がれる。

別のイニシエーションでは胎蔵界マンダラと呼ばれる特別なマンダラ（幾何学的な模様）が使用される。悟りと女性性との関係は多くのタントラ様式に見られ、これが意味することは明確である。女性原理の意識の助けなしには、解放は起こらないということだ。

チベット仏教タントラの道具に鐘とドルジェがある。ドルジェは雷またはダイアモンドを様式化したもので、手に持ってエネルギーを集める道具として使われる。象徴的に、鐘は女性性と空《くう》の概念に結びついている。ドルジェは男性性と正法の概念に結びついている。空《くう》と正法がひとつになったとき、悟りが開かれるのである。

至福の話に戻る。これはチベット仏教タントラの修行者が追い求める基礎的な体験のひとつである。至福の追求の理由は、それがボーディチッタ（ブッダの心）の一部だからである。空《くう》の気づきと結びついたとき、悟りの夜明けが始まる。したがって至福の追求とは、より大きな錬金術的探求の一部であり、至福そのものを追い求めるものではない。

至福を生じさせる珍しい手段としては（本尊のヨガの一側面）、修行者が選択した神をマインドに鮮明に出現させるものがある。そしてこれらの高尚な神々とのセックスを想像する。このような交合の結果、その神々の質を得るのである。

チベットの高山や秘境には、ダキニとして知られるエネルギー存在との性行為によって至福を精錬する隠者たちがいるとされる。ダキニは精妙な領域の女性存在であるが、特に標高の高い場所で、肉体に似た形で出現する能力を持っている。ダキニはチベット仏教によって現実の存在として認められているが、彼女たちに関する物語や伝説は、私たちの想像をふくらませる。ダキニとの性交は修行者に特別な力と非凡な能力を与えると言われているが、それは危険に満ちた修行でもある。先に紹介した本尊のヨガの修行は、これに比べてより安全である。

あるチベット仏教タントラの形式においては、修行者は実際の肉体的パートナーとこの修行を行う。しかしこのような修行は僧や尼僧のような隠遁者には禁じられていた。

これらの性交の秘儀は非常に興味をそそるものであるが、それらはダルマ（ブッダの教え）のより大きな背景に置かれるべきである。悟りに達するという冷静な目的でこれらの修行を加減することなしには、それは自由への入り口ではなく、誘惑的な罠になってしまうからである。これらの秘儀を実践する人々は、初めに経典（ブッダの教え）と倫理的な法を学ぶ。この理解と倫理的抑制力がなければ、性交の秘儀は非常に危険である。

進歩のサイン

ここでもうひとつ、つけ加えなければならない要素がある。それは至福が空《くう》とひとつになったとき、自然に発生する。何らかの理由から、これら二つの要素がマインドの錬金術的容器内でひとつになると、ある反応が起こる。新しい何かが出現するのである。肉体を持っているにもかかわらず、その人はそれまでよりずっと自由になる。五感の錯覚を見抜くようになる。物事に執着しなくなり、それらすべてが空《くう》であることを理解する。とらわれる価値のあるものは、何ひとつないことに気づく。

しかし奇妙なパラドックスもある。夢から目覚めて明確に物事を見始めても、その視力を失い、眠りにつくことが何度もある。このような自分自身の障害との葛藤から、他への慈悲が育つのである。

私たちはみな同じ船に乗っている。私たちはみなサムサーラの海に漂っている。自らを実体と信じ、幻影で互いに争う私たちは、まるで空に浮かぶ雲のようだ。一瞬非常に鮮明にリアルだが、次の瞬間には消えてなくなってしまう。

サムサーラの幻影の海に漂う人々にとって、すべてが空《くう》であるという事実は大変な苦痛と恐怖に満ちたものだ。しかし夢から目覚めたヨガ行者にとって、そこには解放された至福と無限の慈悲の出現があるのみだ。

そして……そこには笑いがある。

私の友人があるとき、長年お互いに会うことがなかった二人のラマ僧のために、お茶の準備をする光栄にあずかった。彼らは若いころ同じ僧院にいて、現在はそれぞれが世界中で活躍している。離れているあいだも彼らの友情は続き、再会に大いなる幸せを感じていた。

二人は長時間沈黙したまま座り続け、それから突然クスクス笑い出したと彼女は言った。この状態がしばらく続いた。そして一人のラマ僧が、彼らが座っているところからそう遠くない場所にあるアメリカハナズオウの木を指さし、もう一人が「あれを木と呼ぶなんて！」と言った。

その時点で二人は太ももを叩きながら大笑いした。

意識がその性質である至福と慈悲を現すと、人生は本来的に面白くなる。サムサーラの恐怖は存在し続けるが、それらはボーディチッタ（ブッダの心）の想像を絶するような底知れない至福によって補われる。おそらくある人がこの錬金術レベルに到達するとき、人生は非常に奇妙に感じられることだろう。そのような人の内なる人生を想像することができるだろうか？　時間と空間の支配を受ける肉体に生きながら、自分自身を無限の意識として認識するとはどのようなことであろうか？　無上ヨガ・タントラを達成した仏教徒に会うとき、そのヒントが見つかることがある。彼らはいつもほほ笑みをたたえているのである。

恋愛関係の錬金術

私たちの多くは、パートナーとの関係をポーカーゲームのようにとらえている。自分が優位に立つためにできることをする。そしてそれに失敗すると、はったりをかける。持っていないカードを持っているかのように振舞う。相手をだまし、嘘をつく。

これこそが現代の恋愛関係の典型的モデルであるが、《マグダラの書》にある聖なる関係とは非常に異なる。ここで率直に言っておこう。聖なる関係はすべての人のためのものではない。現実にはおそらく感情のポーカーゲームで遊ぶことを望む人のほうが、聖なる関係に取り組む能力がある人、あるいは取り組みたいと願う人よりもはるかに多いだろう。

この種の関係では、自分自身とパートナーに対する完全な正直さが要求される。カードを隠す代わりに、すべてテーブルの上に広げる。私たちの希望、恐れ、とるに足りない些細なことや嫉妬心、私たちが普段見て見ぬ振りをすることのすべてが、意識の透明な光のもとでパートナーにわかるようにさらけ出される。そしてパートナーもまた同じようにしなければならないのである。マインド内に精神的逃げ口への隠し扉があってはうまくいかない。パートナーが二人とも、絶対的に完璧に正直でなければ意味がないのである。

この極端なまでの正直さが必要な理由は、それなしには恋愛関係の錬金術を実践することができないからである。親密な男女関係の力学について、四つの主要な錬金術系統（エジプト、道教、ヨガ・タントラ、仏教タントラ）ではほとんど話されることがないため、内なる錬金術の実践者を含め、多くの人々にとってこれは新しい表現であろう。

ここでその基礎的な説明をし、この意味を明確にしたいと思う。他のさまざまな錬金術同様、この錬金術はある形態を別の形態に変えるものである。この場合の形態とは、二人のあいだに習慣化した内面力学である。ある一定期間を経て、人々は型にはまる傾向がある。二人の関係から、初めのうちにあった快活さが消え始める。二人ともより無意識になったり、または無意識でなくなったりする。二人の関係を快活で意識的に保つためには、常に注意と努力が必要だということは厳しい現実である。

多くの恋愛関係は、それを維持するための努力ができない、あるいは努力する意志がないために途中で終わってしまう。一瞬ごとの新鮮さを味わう代わりに、二人の関係には時を経てある種の鬱陶しさがしみ出てくるのである。かつて楽しかったことが退屈になる。そして最悪なことに、心理的、感情的無気力が始まり、無意識の退屈さに圧倒されてしまうのだ。

このような無意識は、心理的な気づきと洞察にとって死の鐘である。このような無意識がスピリチュアルな人生にもたらす悪影響については、ほとんど指摘されない。

したがって男女関係で変化が必要な形態とは、二人のあいだの習慣的相互作用の形態である。

すべての錬金術と同じように、反応を起こすためには容器が必要である。そしてこの場合の容器とは、変化の貯蔵所となる安全と理解の容器である。

もし安全と理解が欠如していれば、この種の錬金術を成功させることはできない。そしてもしあなたがパートナーとの関係でこの錬金術を取り入れることを決断したならば、まずは分析から始めることをおすすめする。あなたが現在、パートナーとの関係において安全と理解を感じているかを正直に評価する。もし感じていなければ、現在のパートナーとこの錬金術に取り組むのは時間の無駄である。《マグダラの書》に紹介されている単独の訓練に力を注ぐことをおすすめする。それでもなおこれに挑戦したければ、パートナーと一緒にあなたの不安や理解されていないと感じる部分について、よく話し合ってほしい。それらが解決されたときにのみ、この錬金術を取り入れることを考慮してほしい。

さて、錬金術に必要な三つの要素のうちの二つがそろった。変化させるもの（習慣的相互作用のパターン）と容器（男女関係の安全ネット）である。ここで三つ目の要素が必要だが、それはもちろん反応を引き起こすためのエネルギーである。通常男女の関係には神経パターン、希望、恐れ、欲望などの形で豊富なエネルギーがある。これらについてはすぐに見ていくが、ここでは鋼鉄について話したいと思う。

私たちの心理学的自己は、はがねの合金から作られた刀のようなものである。初期体験の形成的圧力のもと、私たちは幼少期に灼熱の溶鉱炉で鍛え上げられた。この人生の初期にこそ精神的要素が確立する。そして鋼鉄と同じように、それは激しい熱と圧力によって形作られた。押さえ込み、あからさまな敵意を持つ破壊的な両親などにより、虐待された者もいる。援助も忠告もなしに放っておかれた者もいる。そしてすべての親子関係はこの二極間のどこかに当てはまる。

インナーチャイルドに関する数多くのワークショップが開催されており、幼い自分自身に遭遇することは確かに価値のあることだが、それは楽しいことばかりではない。私たちの社会的神話では、幼年期は純真な時期であり、子供たちにとって世界のすべてが完璧な時期とされている。これは少数の子供たちにとっては真実だが、大多数の子供たちにとっては決してそうではない。

私は何年か前、セラピスト仲間のホーム・パーティーに招かれたときのことを記憶している。その場に集まった大人のほとんどはセラピスト、心理学者、精神科医や医療福祉関係者だった。私は大きすぎるソファーにどっしりと腰を下ろし、アイスティーを飲みながら、ある注目すべき出来事を目撃した。あるセラピストが彼の息子と息子の親友をパーティーに連れてきていた。二人の男の子が大の仲良しであることは明らかだった。彼らはカードゲームで互いに礼儀正しく順番を守って遊んでいた。インチキをする気配はまったくなく、二人はまるで美しい友情という泡の中に包まれているかのようだった。

そこに男の子の父親が現れ、二人に何か必要なものがないかと尋ねた。二人は天使のほほ笑みでその父親を見上げ、「大丈夫だよ」と最もかわいらしい声で答えた。父親は歩き去りながら息子をほめると、何気なく息子の友人も同じようにほめた。その瞬間、彼の息子はその出来事を絶望的恐怖で見つめていた。彼が自分の目の前で起こったことを信じられずにいるのがはっきりとわかった。そして父親が角を曲がって別の部屋へいってしまうと、彼の息子は親友の顔を叩いたのだった!

これは幼年期の純真さではない。これは幼年期の激怒である。この息子は父親の愛情を、たとえ親友とであっても分かち合うつもりはなかった。このような嫉妬心は高等動物に典型的なものであり、独善的で自己満悦の妄想をしている私たちもまた、哺乳動物なのである。どれだけ霊的に成長しようとも、生きている限り私たちは哺乳動物と兄弟姉妹の習性を分かち合うのである。

子供の内面生活は、周囲の人々が想像するものとはかけ離れている。危険とチャンスの両方に囲まれ、子供の心理はあらゆる出来事に対処するための選択肢によって、直接形成されていく。精神錯乱の親や幼児虐待者などの命を脅《おびや》かすようなことであっても、誰とプロム〔高校、大学などのダンスパーティー〕にいくかというような無害なことであっても、ある意味かまわないのである。生きるための戦いの衝撃は、子供が大人になるまでその心理行動に刷り込まれるが、誰とつき合うかというような人生の小さな選択もまた、影響を与える。大小すべての選択が内面に心理的な熱と圧力を作り出す。その人の個性の合金が結合するか、または焼き払われる。私たちが大人になるころには刀は鍛え上げられ、個性の合金は固まるのである。

この幼年期の溶鉱炉から鋭い刃を持って出てくる者もいれば、鈍い刃を持って出てくる者もいる。その刃を抑制できる者もいれば、決して抑えられない者もいる。

鋼鉄というのは、いったん溶鉱炉を離れると原型を保ち続ける。そして鋼鉄の形が変わるのは、その鉄が打たれたときと同様に熱せられたときである。

聖なる関係の錬金術のワークにおいて、私たちは自らの意志で溶鉱炉に戻る。男女間の互いの神経の摩擦による熱は強烈である。もしこのような灼熱の瞬間に二人が自分自身とパートナーとに徹底的に正直になる勇気があるならば、心理的合金は変化する。心理的真実のエネルギーに満たされることで、二人の関係には新たな活気が生まれるのである。

しかし実際には私たちのほとんどが、心理的な熱を避けるために必死である。不安を感じるとき、私たちはほとんどの場合さっさと逃げ出す。これは荷造りをして町を出ること、または少なくとも相手の視界から離れることを意味することもある。肉体的にはその場にいても、感情的にはどこかへいってしまっている場合もある。無感覚になるのである。ロボットになるのだ。何事もなかったように話したり動いたりするが、深く内面に引きこもっている。ある人はアルコールやドラッグに依存する。テレビに没頭する方法もある。結局人類は非常に賢く創造的である。自分自身と向き合うことを避けるための手段は数え切れないほどある。実際にここでリストアップするには数が多すぎるほどだ。しかし私がここで言おうとしていることは十分理解してもらえると思う。本当の質問はこれである——心理的に熱くなりすぎることが起こるとき、あなたは何をするだろうか？　感じたくない感情の境界線の上に立っている場合、あなたはどうするだろうか？

聖なる関係にある人にとって、このような感情は存在への呼びかけである。それは徹底的に正直になるときで、どれほど恥ずかしくて恐ろしいことであっても、本当の感情をパートナー同士が互いに表現し合うべきときである。自分の真実を互いに打ち明けることで、二人の関係を活気づける要素が加わり、精神的な誠実さが精神的洞察につながる。そして洞察から気づきへの希望が生まれ、気づきから変化が生じるのである。

これは決して恋愛関係の錬金術のためのマニュアルではない。これは主に警告だと思う。《マグダラの書》の中で、マグダラのマリアはこのことについて述べ、それを飛翔への障害と呼んでいる。この言葉はすばらしく魅惑的に聞こえるかもしれない。しかし実際に障害に直面したときに、それは魅惑的どころではない。パートナーとの関係の溶鉱炉が高温に熱せられ、自分が溶けるように感じるとき（精神的に）、それは決して魅惑的な感覚などではない。溶鉱炉の熱が自己のイメージの安定性を脅かすとき、その場にとどまるには勇気と忍耐が必要である。私たちは愚かで、恐れを抱き、とるに足りない、嫉妬深い存在だと見られたくはない。したがって私たちはこれらの感情を自分自身や他人から入念に隠す。

しかし聖なる関係においてこれらは、樽の底からかき上げられる、常に表面に浮かび上がってくる泥のようである。ここで重要なことは、これが聖なる関係の方法を間違えているのではなく、正しく行っていることを意味していると気づくことである。マグダラのマリアが《マグダラの書》で言っているように、錬金術の力は不純物を追い出す。パートナーの不純物が除去されるのは魅惑的である。しかし自分自身の不純物が除去されるというのは本当に恐ろしいものである。

聖なる関係を神聖にするものは、その関係が本当に聖なる生き方だということである。「聖なる」という単語 holy の語源は「完全な」という意味の whole である。すなわち何か完全性を創造するとき（この場合は精神的完全性）、私たちは聖なる行為に携わっているのである。

相互の安全、理解、誠実さの坩堝《るつぼ》の中では、新たな自己を鍛えることが可能である。この新たな自己は、恋愛関係の溶鉱炉に入る以前よりも、精神的にずっと正直で覚醒していて自由である。灰の中から甦る不死鳥のように、この新たな自己は翼を持ち、それまで想像することしかできなかった場所へと飛んでいくのである。

そこには神秘があり、自分自身とパートナーとの深みに入り込む勇気のある人には宝物が待っている。すでに述べたように、これはすべての人のためのものではない。あなたが志願者になれるかどうかは、おそらくあなた自身の魂とハートで感じとることだろう。

もしこの道に入るならば、そこにはマニュアルがないことを知っておいてほしい。希少なガイダンスしかないのである。霊性への道とは伝統的に孤独なものである。そして聖なる関係の道にある人々にとっても孤独な時間は必要かもしれないが、何かが変化する。二人は神性への道を、天国も地獄も、すべてが突然クリアーになる輝かしい絶頂も、自分の足もとさえ見えない精神的な死の暗闇も、ともに寄り添い歩いていくことを誓い合うのである。そして無知の暗闇の中から、深い原始の力が湧き上がる。それには珍しいタイプの三位一体―

―神聖な目的を果たすための三つのこと――が必要である。すなわち、「相互の安全」、「精神的誠実さ」、そして「最愛の人への理解」である。

どうぞいい旅を！

読者への注意

聖なる関係のようなテーマについて書くことは危険を含んでいる。ひとつには、著者（私）がこのような問題のエキスパートだと思われてしまうことである。私は決してエキスパートなどではなく、そのことをここに記しておきたい。

私はこれまでに何度も、恋愛関係の溶鉱炉から逃げ出そうとした。すでに述べたように、聖なる関係の感情的、霊的な温度が非常に高まると、自己が消滅してしまうような感覚に襲われることがある。もちろんこの場合消し去られるのは、または少なくとも挑戦されているのは、私たち自身の神経であり、私たちの存在そのものではない（実際にはそのように感じられる）。私たちの神経的習慣は粘り強く、簡単にはあきらめない。私の体験では、それらは過去へと潔く消えていくと言うよりは、死ぬまで戦うのである。しかしこれは私の個人的な体験であり、あなたも同じような体験をするという意味ではない。

聖なる関係のポイントは、変容の「熱」から自動的に逃げ出すのではなく、そこにとどまる方法を学ぶことだと私は思う。そしてこのパートナーとの関係のあり方が、私がこれまで自らに課した物事の中で最も難しく、最も価値あることである。このような関係のあり方は非常にダイナミックに人生を変えてしまうものなので、この道の入り口には警告サインが必要だと思う。

【警告】

この道に身をゆだね、冷静さを持って入るべし。
この道に入る者は、二度と同じではありえない……。
あなたもまたそうである。

（〝自分は他のみんなとは違う〟と思っているあなたのために、ここで強調しておく）

ある女性の物語

One Woman's Story

ジュディ・シオン

この女性の物語はすべての女性の物語です。
これが書かれたスピリットへの道をあなたが見つけますように。
――マグダラのマリア――

トムの序文——ある女性の物語によせて

この本の最後にこのように個人的な物語を加えたのはなぜだろうかと思う人もいるだろう。結局私たちはみな、それぞれの物語を持っていて、他人と比べてどちらがより重要かということはない。実のところ、マグダラのマリアがジュディに「彼女の物語」を書くように告げた後、私たちは何度も何度もマリアに問いかけた。本が完成し、出版の準備が整った時点でも、私たちはマリアの気が変わっていないかどうか最後に確認した。気が変わるどころか、彼女はジュディの個人的物語の要素が多くの女性に語りかけ、彼女の経験が世界中の女性たちと分かち合われると断言した。そしてこれは、女性性が尊敬と力の位置に戻るためのものであることを、マリアは私たちに思い起こさせた。

しかし最初に、虐待、裏切り、尊敬の欠如、力の剥奪のパターンが所有され受け入れられなければならない。この『マグダラの書』と何カ月も過ごしてきた現在、私はマグダラのマリアの言うことが理解できるように思う。それはソフィアとロゴスの原理に基づいている。これらについてすでに理解している人々には、私がここで説明することを許していただきたい。しかし私は多くの人がこの原理について理解していないと感じるのである。このロゴスとソフィアに関する理解の欠如は、教会聖職者たちによるキリスト教世界の神学からの女性性追放の試みの結果だと思われる。それは紀元一世紀にさかのぼる。

多くの人はおそらく、教会の二〇〇〇年の神学の中心にある「ロゴス」という言葉を聞いたことがあるだろう。ロゴスとは宇宙それ自身の知性（論理）である。それは根本的創造力（または神）である。伝統的に神学者や哲学者たちは、ロゴスを男性原理と考えてきた。この概念は、キリストより何千年も以前の古代異教徒の世界にまでさかのぼる。神話的レベルでは神々は太陽とみなされ、女神たちは月に関連づけられた。この背景において、スピリットは意識の太陽の領域（男性）に存在し、地球（物質）は意識の月の領域（女性）に属すると想像された。これにより空（天）は男性性に、大地は女性性に結びつけられた。

異教徒の意識では、すべての創造物が男性性と女性性（スピリットと物質、空と大地）の宇宙的力の相互作用の結果であると理解していた。一方の力がもう一方より重要だということはなかった。それら二つの力がそろわなければ、創造は不可能であった。実り豊かな創造の鍵は、それが宇宙的であろうと個人的であろうと、これら二つの力のバランスであると理解されていた。

教会の政治的野心が生まれる以前のキリスト教の最初期には、このことが一般的に理解され広く受け入れられていた。この女性性の地位の理解は、ソフィアの概念に最も明確に表れている。

ソフィアは神性の女性的側面として見られていた。彼女はロゴスの神聖なる妻であり、彼らは不可分とされていた。ロゴスが創造のための刺激（思考）を発するとき、ソフィアがそれを実現した。彼女なしには創造は不可能だった。彼らは一枚のコインの裏と表であった。ロゴスはスピリットの領域にとどまり、創造の計画を形作った。しかしその種（創造の考え）をロゴスから受けとるのはソフィアであった。そして彼女が物質領域の現実にそれを誕生させた。

ソフィアは宇宙の母《コズミック・マザー》として知られ、エジプトのイシスやその他の古代文明の女神たちと同じ尊敬の地位を分け合った。ソフィア論によると、彼女はイェシュアの母マリアとして生まれ変わった。そしてこれによって、言葉（ロゴス）の具現が肉体（イェシュア）となった。神の子が現実化したのである。しかしソフィアが女性として生まれるという神聖な行為なしには、これは起こらなかった。そのときにのみ、神（ロゴス）は男性として生まれることができるのである（ソフィア＝マリアの子宮の中に）。

初期のキリスト教世界の神学者たちのあいだでは、この概念は広く理解されていた。そして暗黒時代にその書物のほとんどは破壊されたが、いくつかは残った。

しかしソフィアに関する女性性の教えにとって、ある不吉な出来事が最初の数世紀にわたり起こった。彼女の痕跡のすべてを、キリスト教の経典や思想から取り除く運動が起きたのである。

比喩的に言えば、教会は月を、その暗い神秘のすべてとともに抑圧したと言える。女神はベールに隠された。それればかりでなく、彼女について語ることすら異端とされた。彼女の名前を口にしただけで、命を失うことすらあったのである。

太陽はその絶頂にあった。神（ロゴス）がすべてであった。その後、不思議な聖三位一体——父、子、精霊が出現した。ソフィアまたはマリアの名前はどこにもなかった。三位一体に女性性は存在しない。そして女性性は重要な位置から追放された。

さらにひどいことには、彼女は軽蔑された。拡大する大司教教会に採用された創世記の公式版では、人類の没落の源はイブ一人の肩にまともに背負わされた。結局のところ、彼女はサタンの蛇からリンゴを受けとった。そしてこのひとつの宿命的な行動により、彼女（一人の女性）は次に続く全世代を呪うことになる。

けれどちょっと待ってほしい。創造神話には他にもいくつかのバージョンがある。私たちが受け継いだ公式版はそのうちのひとつにすぎない。グノーシス主義の教えによると、蛇は「いいやつ」であった。実のところ蛇は、アダムとイブを嫉妬深い神（エホバ）の専制的支配の下から助け出そうと試みたのだ。そしてこの解釈では、蛇は単にアダムとイブの正当な性質のひとつである、神のような意識の力への道を開いたのだ。

グノーシス主義とは、その伝統がさまざまな様式で古代エジプトまでさかのぼる、優れた指導者たちの長い系統である。彼らは仲介人（聖職者）の必要なしに、直接啓示を受ける力を信じていた。もちろんこれは、教会の政治的、金銭的欲望にそぐわなかったため、グノーシス主義者たちは異端者の烙印を押され、即座に投獄され、殺されるということが日常的に起きていた。

グノーシス主義の見方では、イブはリンゴを受けとることにより、人類を神のような力の所有者へと近づけたヒロインである。しかし教会が広めた神話の中でイブは、アダムをだましてサタンのリンゴを受けとらせた弱く呪われた存在であった。

神話は力を持っている。それは文化という布の上に広げられ、その態度や信仰を色づける。そして公式に認可された創造物語の結果、女性は月の暗く危険な生物であり、悪魔とつき合う性質があるとされ、相当の苦しみを受けた。中世の学識者や神学者らが、魔女狩りやその他の女性に対する訓戒を正当化するために記したでたらめな話を読めばわかる。この扇動的狂気は、一七世紀のアメリカ植民地時代、セーレムでの魔女裁判まで続いた。

しかし私は、キリスト教世界の太陽に傾きすぎた神話によるダメージは、女性に悪のレッテルを貼ることよりもはるかに広がっていると思う。男性も含めた社会全体が苦しんでおり、その理由がこれである。

創造の女性的側面（物質そのもの）から自分たちを切り離すことにより、二〇〇〇年にわたり西洋文化に感染している、ある深いスピリチュアルな病（不安）がある。

私たちはスピリットの領域（天国）に憧れるが、この地球での体験を拒絶する。私たちは天と地を争わせる。地球は結局のところ汚れているのだ。私たちがここにいるのは神の恩寵から堕落したからに他ならない。もし私たちがこの世に生まれるという行為だけで生まれながらに罪深い者ならば、誕生に続くすべては偽りである。真実は私たちとともにあるのではなく、天にあるのだ。

スピリットの表現である地球での体験は、現代の文化的神話によって否定される。だからこそ私たちは、心なく地球を略奪し破壊することができるのだ。神話のレベルで地球は女性であり、女性とは結局、ただ利用されるものである。

しかしこの誤信の危険は、私たちの母なる地球（ガイア）を略奪することで、私たち自身を支える生態系のルーツを破壊することにある。そして生物科学は私たちの生態系の枯渇を訴える緊急警告であふれている。

現在の驚くべき速度で進んでいる動植物の種の絶滅が、私たち自身の生存を脅かすということがわかるだろうか？　いや、私たちはそれらすべての上に立つものである。私たちは自らを、自分たちの意志どおりに自然界を支配し征服する固有の権利を神から与えられた、自然界の頂点であると考える。

他の生命体が自らの意志を持ち、それが私たちと同等に重要なものであるというアイデアは決して浮かばない。そして私たちとその他の生命体との平等な共存の概念は、大衆意識の中にほとんどない。これは私たちが、それぞれの生命体をスピリットの表現として見ないところに本質的理由がある。無意識のレベルで、私たちはそれらを分離する。生命があり、スピリットがある。天と地はひとつにならない。神話のレベルで地球はひとつの中間地点、「天国での永遠の命」と「地獄のような地球での来世」のどちらに値するかを試すテストとしてとらえられる。

このコヤニスカッティ(ホピ族の言葉でバランスを失った世界)は、私たちの文明を破壊しかねない。生き残りのためにはバランスを取り戻さなければならない。神話的に言えば、私たち自身の内なる月のベールを外さなければならない。女性原理が支配したりされたりしない平等な力として、共同創造者としての正当な位置に戻されなければならない。

これらすべては、あなたがこれから読む物語につながっている。なぜこれがそれほど適切なのか?ひとつには、私たちが継承した霊的価値のゆがみにさかのぼると思われる。もしも魂を具現するものとしての私たちの生命が汚れているならば(肉体を持つというだけで)、私たちの体験には精神的不安がある。それらは結局のところ、地球の体験であり、スピリットではない。

けれどもスピリットと地球の調和においては、両方が評価される。「光り輝くスピリットの世界」と「肉体を持ち地球にへばりついた人生経験」のどちらも、本来的に神聖なものである。洗濯物を干すことが、聖典を読むのと同等に啓発的でありうる。

すべては精神的姿勢しだいである。

ある人がかつて、「〈宇宙の母の帰還〉とはどういう意味か」と私に尋ねた。それはそのときになってみなければわからないことも含め、多くの意味があると思われる。しかし少なくとも、ひとつの文化的シフトをもたらすであろうと想像される。私たちは地上での生活とそのすべての体験を、物質をとおしたスピリットの表現として理解する。スピリットと物質間の争いではなく、聖なる婚姻として。

このスピリットと物質のあいだの聖なる婚姻は、最高傑作または大作と呼ばれることがある。それはスピリット（ロゴス）が、ソフィアの恩寵によって物質に降り、変化してふたたびそれ自身に戻るという、物事の始めと終わりである。

私たちの人生は体験という錬金術の炉の中で築かれる。自己啓発の大作に自ら参加することを選択する人々にとって、人生経験は自分自身の偉大なる教師になりうる。

あなたはある女性の物語を読もうとしている。彼女は「今この時」に、自己啓発の大作に取り組むすべての女性に共通する何かを伝えている。私たちの文化における女性性の地位の復活は、女性たちが自分自身、そして自分自身の物語を受け入れることから始まる。

過去二〇〇〇年の苦悩と偽りは、女性が一人、自らの力を得るたびごとに終わりへと近づく。一人の男性が、まわりの女性と自らの女性性を尊重するたびごとに、ソフィアの回帰のときが近づいてくる。

この実現に励む人々こそが、「宇宙の母の帰還」の一部である。私たちは太陽とバランスをとるためにベールを脱いだ月であり、男性性とバランスをとるための女性性の復活である。

「今この時」に、天と地がひとつになるように。

ジュディの序文―ある女性の物語によせて

マグダラのマリアが現れた最初の夜、彼女の力強さと影響力は彼女の言葉が聞こえるのと同じように明確で、それは全過程そのようであり続けました。彼女は一言もつまずくことがありませんでした。彼女の言葉は慎重に選ばれ、彼女の話し方は厳然として明確でした。彼女はひとつの仕事をするためにきていました――誤解を正し、私たちが天国と呼び彼女が「魂の中の場所」と呼ぶところ、彼女が最愛の人イェシュアとともに永遠に安息する故郷へと帰るために。

彼女の存在は私がそれまで体験した中で最もパワフルで、彼女の最初の一言で私は深く感動し、私の意識はまったく変わってしまいました。私はベッドに座り枕の上にパソコンを置いて、彼女の言葉を記録しました。私の指は興奮と間違いを犯すことへの恐れから震えていました。

最初の夜の情報伝達が終わって立ち去るとき、彼女は私を「振り返り」ました。

私は個人的に、ほとんど親しげに私に向けられた意識を感じました。すると彼女は、「私がこの物語を伝えることを決意したのは、あなたのためです。あなたが恋愛関係、聖なる婚姻の重要性を感じているからです。メタトロンもまた、私の物語をあなたに伝えるよう要請しています」と言いました。その後《マグダラの書》の中でも、マリアはイシス自身がこの「時の終わりの始まり」に、彼女の物語を伝えるよう頼んだことを明かしています。

後に私たちはこの本の形式について、出版するための最善の方法をマリアに尋ねました。彼女の文書は簡潔です。余分な言葉が一言もありません。彼女はただひたすら語り続けるのではなく、記憶を呼び覚ますために必要な情報のみを、それを聞く準備ができた人のために明確に伝えました。

しかしあなたが知るべきことのすべて、秘密のすべては、彼女の数十ページの中にあるのです。トムはいくつかの空白を埋める概観を加えることが重要だと感じました。彼はその仕事に適任です。トムはさまざまな起源からなる「内なる錬金術」のすべてのテーマに関して、現在、地球上で最も賢明で博識な人物の一人です。このテーマは彼のライフワークなのです。

そして私は？　どうしてここにいるのでしょう？　なぜここにスペースをとってあなたへの言葉を書くことを許されるのでしょうか？　私のライフワークとは何なのでしょう？

恋愛関係です。そして聖なる関係と女性本来の力と神秘こそが、この本のテーマなのです。

ですから私たちがこの本の形式について尋ねたとき、何度も何度も私のストーリーを書くように言われました。私はそれに反論し、その機会を避け続け、ついに『マグダラの書』の出版を遅らせているのが私のストーリーだけという状況に追い込まれました。プレッシャーは山積みでした。私は何度も書き始めました。何度も書きなおしました。あちこちつけ加えたり内容をふくらませたりしました。それでもなお、マグダラのマリアが私たちに与えてくれたこのすばらしい文書に、何か価値のあることを加える役割に私は不適当だと感じていました。

私は自分の人生を、砂漠や山々、吹雪やハートが燃えるような夕日の中で振り返りました。私は初めにマリアの指導のもと、マルタの小さな島アウディッシュ（ゴゾ島）でこのプロセスを開始しました。それから南フランスと、ギリシアのキクラデス諸島パロス島でも取り組みました。まるでスープでも作るように、材料を足したり引いたりしました。塩辛いときには砂糖を加え、劇的で暴力的すぎるところにはユーモアを加えました。しかし依然として、私はこの物語をつけ加えるつもりはありませんでした。私はいまだにその妥当性と読者の批評について思い悩みます。ある日トムが私に、「『マグダラの書』に取り組んでいるべきじゃないの？」と言いました。

私は、「もうとにかく理解できないの。私の物語をつけ加えるつもりはないわ。人にどう思われると思う？」と答えました。

すると彼は、今届いたばかりのカードを私に手渡しました。そこには「どうぞあなたのストーリーを書いて《マグダラの書》に加えてください。あなたの物語を書くとき、あなたは私の物語を書いているのです。あなた自身のために書いているのではなく、私たちすべてのために書いているのです」とありました。

ですから私は自らの欠点や恐れのすべてを背中に背負いながら、女神の求めを尊重することにしました。最初の部分は私の物語です。日記は私がマグダラのマリアの情報を受けとる「プロセス」での体験と、《マグダラの書》とともに生きることで経験した「飛翔への障害」の一部を紹介しています。当然ながら、私の人間関係の未解決な問題はすべて表面化しました。

私の場合それらは基本的に、嫉妬心、捨てられることへの恐れ、裏切りへの恐怖、漠然と広がる何事にもふさわしくないという感覚でした。そしてこの情報を真実のもとに明かすためには、私の愛すべきアドバイザーであるメタトロンがこれまで何年も言い続けてきたように、自分の物語を語ることが必要です。

ですから私はこの物語をマグダラのマリア、ハトホルたち、イシス、私の娘たち、そしてギターを弾き歌を作るトムにささげます。彼は暗く湿って危険な女性性という深い淵への門をくぐり、聖杯の中で私と聖なる関係のダンスを踊るという危険を冒してくれました。

ある女性の物語

私の人生はアパラチアの冷たい床に、母親の子宮から吐き出されるところから始まりました。私を待ち望む暖かい手はどこにもなく、母は一人きりで私を産みました。バージニア州ペニントン・ギャップの線路脇にある小さな羽目板小屋での出来事です。私の出生名はフィリス・エリザベス・ザイオン（もともとはシオン）でした。それから一カ月もしないうちに、母は私と兄と姉を連れて虐待的な結婚から逃れ、彼女の夢を追い求めるために旅立ちました。

母はカントリー歌手になるのが夢でした。そこで私がまだ生後一カ月のころ、父が仕事で出かけている留守中に、母は私たちをバスに乗せてバージニアの南へと旅立ちました。母は私たちを自分の両親に預け、歌手の仕事を探しました。

しかし私たちの到着のすぐ後で、祖父が運転を誤ってトラクターの下敷きになりました。このことは、最近やっと探し当てた兄から数年前に聞きました。彼はトラクターのそばを走っていて、助けを呼びに家へ駆け戻ったそうです。兄は大きな黒い救急箱を持って走る祖母の姿を憶えていました。彼女は巨大な注射器を取り出し、痛み止めのモルヒネを入れ、まず液体を空中に飛ばしてから祖父に注射しました。それから彼女はトラクターを持ち上げようとして、代わりに自分の腰の骨を折りました。

祖父はトラクターの下で息を引きとり、祖母は二度と歩くことはありませんでした。

私はこの人たちを知りません。この生と死のドラマが繰り広げられたとき、私はまだ乳児で、家に取り残されていました。その後私たち兄弟姉妹は、つむじ風に舞う木の葉のように、それぞれ別の場所へと引きとられていきました。

家族が乳児を引きとってくれるところを必死に探しているあいだ、私は遠い親類が経営するモーテル・レストランに預けられました。そのころのバージニアのたばこ畑には、養子斡旋所などほとんどなく、人々は自分の家族を養うことで精一杯だったのだと思います。

結局私は養子に出され、ビクトリア女王のような人物（忠実で厳格な女性、子供を授からなかった学校教師）に育てられました。この黙示録的な運命の重大なときに私はまだたった一歳の子供でありながら、すでにジュディ・リー・ポープというもうひとつの大げさな名前を授けられていました。

ルビー・カーター・ポープが私を心から愛してくれたことに間違いはありません。彼女と彼女の夫（私の父）の人生は、教会、家族、学校の生徒たち、そして私のしつけを中心としていました。

しかし彼女の神は恐ろしくて嫉妬深く、私には我慢がなりませんでした。質問ができる年齢に成長するとすぐに（私の場合非常に早かったのですが）、私と母は対立しました。

私はほとんど遊び相手なしに育ちました。バージニア州ピードモント地方のたばこ畑を、一匹のセント・バーナードと借りてきた一頭の馬と一緒に歩きまわっていました。母は小麦袋で私の洋服のほとんどを縫い、自らを犠牲にして働き続けました。これらが私のモデルでした。

そして判断です。バージニアの田舎では人々はよく批判をしました。

私たち家族は非常に貧しかったのですが、バージニアのブランズウィック郡の貧困の中では中流だったように思います。

父は、近所に住むひどく貧しい黒人家族たちのための日用雑貨店を営んでいました。私は毎日店にきていた裸足の女性を憶えています。彼女は頭に靴下をかぶっていて、毎日いわしの缶詰一個を食べ、オレンジソーダを飲みました。これがおそらく彼女の一日の食事のすべてだったことは、そのころの私には思いもよりませんでした。そして彼女が決してお金を払わなかったということも。父は請求書代わりに小さな紙切れにつけを書いていました。

父は私が一八歳のときに亡くなり、私はこれらの未払いの請求書の箱を見つけました。その合計は二万ドルを超え、それは当時にしては驚異的な金額でした。彼はバージニア州ローリングスの人口の半分を養いながら、そのことを誰にも話さなかったのです。

私は一本の梨の木の枝で学びながら成長しました。私の先生は風の声と森のささやきでした。私は弓と矢を作り、道の向こうの馬を借りられるときには、毎日何時間も何かを探し求めて森を駆けまわりました。何を探していたのかはわかりません。

私は乗馬のレッスンを受けたことがなく、馬が私に乗り方を教えてくれました。サドルと手綱は誰にでもわかります。初めて乗ったときにサドルが馬の背中から私を乗せたまま滑り落ちてしまったので、私は馬と少し話をして、私がサドルをつける前に息を吐いてお腹をへこませるよう頼みました。私は馬とこの会話をたびたびしなければなりませんでしたが、毎回うまくいきました。

ある日、野原に横たわる倒木を見た彼の耳がピンと立ったとき、私には彼のしたいことがわかりました。彼は飛びたかったのです。

そこで私たちはその倒木を飛び越えました。私は彼にしがみつき、彼は飛んだのです。私は彼と一緒に飛ぶことができました。それからは、私たちを止めるものは何もありませんでした。私たちは川の浅瀬を渡り、小川の真ん中を駆け抜けました。深い森の中を何マイルも駆け巡り、ゆく手をさえぎるものがあればそれを飛び越えました。

この馬に乗って私がどこへいったのか、誰も知りませんでした。当時のブランズウィック郡では、帰り道さえ知っていれば、誰にも出会わずに何日間も森の中を旅することができたのです。

母には当然嘘をつきました。私の人生に、非常に早い時期から必要不可欠だった巧妙な嘘なしには、私は庭を出ることさえ許されませんでした。母は何にでも必ず反対しました。彼女にとって人生とは、ほとんどが罪深く危険なことだったのです。

私は誕生日パーティーにいったことも、女友達の家に泊まりにいったこともありませんでした。私の家に泊まりにくる友人も一人もいませんでした。このようなことはテレビの中の空想にすぎないと思っていました。私は実際にそのような生活をしている人がいることを、まったく知らなかったのです。

私の養母は私がずいぶん大きくなるまで、毎日私が学校に着ていく洋服を選びました。私が六月に袖なしのドレスを着ると、母は「寒くなる」と言って上着を着せました。一月にセーターを着ると、「暑すぎる」と言ってセーターを脱がせました。このようなコントロールの影響によって、私は最終的には自分が何を感じ、何をしたいのかがまったくわからなくなってしまいました。一七歳になるまでデートを禁じられ、その後も彼女は石のような表情で窓辺に座り、私がデートから戻るのを監視していました。何か罪深いことをしていないか、私の姿をチェックするためだったと思います。

ある日、私のデート相手が私をドアまで送ってくれたとき、彼のシャツがズボンからはみ出していました。私は二度と彼とデートすることを許されませんでした。二度とデートすることを許されなかったというだけの理由で私は一〇年後もまだ彼に恋をしていたようで、久しぶりに再会したときに私たちは、それぞれが相手に対して抱いていた妄想を互いに手放しました。

私の父と母は、同じ寝室の別々のダブルベッドで眠りました。私は大学生になって家を出るまで、母と一緒に寝ました。祖母がもうひとつの寝室を使っていました。ルビーはさまざまな理由をつけて、二階の部屋を仕上げるのを避けました。彼女は私の眠り方までコントロールしたのです。そして父と寝るのを避けることにも成功しました。

「落ち着きなさい！」、彼女は私が寝返りをうちすぎると言って、よく叱りました。「じっとして寝なさい」。夏は終わりを知らず、それはまるで湿気でよどんだ生ぬるい海に浸されているようでした。私は動くことも許されず、暑すぎて眠れぬまま何時間もベッドに横たわっていました。マインドだけが自由に動きまわっていました。冬になると、古いキルトの層の下敷きになって横たわり、南北戦争時代の硬い毛布の重さで身動きもとれず、その魔力にとりつかれ、幻覚に悩まされ、それでもなお、バージニアの冬は寒いのでした。

しかし私には音楽とダンス、そして森がありました。物音ひとつ立てずに森中でワルツを踊りまわれるようになるまで、森はその剥《む》き出しの地面を裸足で踊る方法を教えてくれました。私には借りてきた馬、愛すべきセント・バーナードのミッキー、梨の木の先生、テンナンショウ〔サトイモ科の植物〕の葉やピンクのランの友達がいました。

　これらが私の子供時代のアドバイザーでした。

　私が決して忘れられないレッスンがあり、それは今思えば私の人生の予言でした。私の記憶では、それは私が何年間も毎日身をよせ「声なき言葉」と会話をした梨の木の枝での最初のレッスンでした。

　そのとき私は、可能な限りすべての人生経験が私に訪れ、そのことによって最終的には人間としての体験を理解し慈悲を示すと告げられました。そしていつかさまざまな人生経験を経て私の声は世界中を旅し、私が学んだこと、言いたいことは多大な影響力を持つようになり、それは私がそのような影響力についてまったく気にしなくなったときにのみ起こると告げられました。

　さらに私の別の部分がどこかに存在し、いつかその「私のもう半分」に出会い、私たちはともに仕事をし、他の人々のように「朝起きて仕事にいく」必要がなくなると言われました。彼は私の魂の一部であり、私たちの共同の仕事は世界に多大な影響をもたらすとも言われました。これが基本的に私が記憶していることのすべてです。

　そしてもうひとつ、私がはっきり記憶している初期の気づきがあります。

　私は宇宙の秘密が男女間の肉体関係（心から愛し合う二人の体験）の内にあることを知っていました。愛こそが、最も偉大なギフトであることを知っていました。そこには肉体の門をくぐり抜けたときにのみ開かれる道があり、その道をとおってたどり着ける場所があることを知っていました。そしてこのことこそ、教会がセクシュアリティーを辱め、政府が「婚姻」を取り締まる規約を定め、現代の文明社会においてもなお、このテーマ全体がタブーとされ規制される理由だとわかりました。

私は蛇が邪悪ではないことに気づき、イブがより多くの知識を求めたことはすばらしいことであり、すべてを創造した愛にあふれる神が私たちにすべてを知られたくないというのは不合理なことだとわかっていました。もし悪魔のようなけだものがいるとしたら、隠れるのに最高の場所は教会だろうと疑っていました。

最深の秘密とは愛に関するもの、現在私が「聖なる関係」と呼んでいるものにかかわることだと知っていました。私の目的がこれらの秘密の再統合と結びついていることを、どういうわけか知っていました。

そして私は、どこかに私のもう片方が存在することも知っていました。そして私は一生をかけて彼を探し始めました。

私は一度、ピーターズバーグへ向かう道で、ゆっくりと私たちの車を追い越したバスの窓に顔を押しつけた彼を見かけたように思いました。一瞬バスと車が同じスピードで進み、私たちの目が合いました。そのとき私たちはまだ、おそらく八歳から一〇歳くらいの子供でしたが、その短い瞬間に私たちはどこか神聖な場所でつながりました。私がふたたび男性とそのような神聖な場所に触れるのは、それから四〇年後のことです。

私は彼がギターを弾き、歌を作り、天使のような歌声を持つことを知っていました。もし聞く機会があれば、私には彼の声がすぐにわかるといつも思っていました。


私が権威とされる者の真実性を疑うようになったある出来事があります。ある日、強制的にいかされていた教会の日曜礼拝で、愛することと批判をしないことについての説教を聞きました。神はあなたが何を着ているかではなく、あなたの心の中だけを見るという話でした。けれども私は、教区民と説教者が教会のドアを出る前からすでに、互いに批判したり侮辱したりしているのを耳にしました。「あんな格好で教会にくるなんて信じられる?」 私の幼い耳にこのような言葉が入りました。おそらくその洋服は、その貧しい女性が持っていたすべてだったのだろうと思います。そして私はその年老いた女性の心を見て、その純粋さを理解しました。しかし彼らは服装だけを見たのです。「彼女がどこの出身かご存知でしょう? 彼女からは何も期待できません! 彼女の家族はクズですよ」。私は誰かを、その人の両親や遠い親類の行為のために非難するということが理解できませんでした。そして私は、「いつも家族に良くしなさい。彼らはあなたのすべてです。そして血は水よりも濃い」ということを常に覚えていなさい」という教えを聞いたことを憶えています。これは血縁者がまわりに誰もいない養子の子供に向けて言うには非常に奇妙な話です。

私は周囲の人間が言うことを一切信じませんでした。そして私が答えを別の場所に求めるきっかけとなった、ある驚くべき体験がありました。確か私が八歳か九歳のときだったと思います。ある夏の夜、ちょうど私がベッドに入ったときのことでした。母はテストを採点しており、父は読書をしていました。寝室に光が出現したとき、私はシーツを顎まで引き上げたことをはっきりと憶えています。それは暗闇を超越し、間違いようのない冷光、湿った光の分子が浮かんで空気が目に見えるような「湿り気」を作り出していました。私のワイルドな想像力をはるかに超えた、計り知れない恐怖が私の中に湧き起こりました。それまで神秘体験をしたことがありませんでしたが、これはおそらくそのひとつだったと思います。ベッドの両端にひとつずつとベッドの足もとの真ん中あたりにひとつ、合わせて三つの光が部屋に現れました。中央の光の下にはある姿が現れ、揺れているように見えましたが、それはおそらく脈拍だったのでしょう。

私は身動きできずに凍りつき、それは私の恐怖をさらに募らせました。私はもし指一本でも動かせればこの魔法が解けると自分に言い聞かせ、一本の指に全エネルギーを集中しました。それは不可能でした。次に私は助けを求める叫び声をあげようと喉に意識を集中させました。しかし声を出すことができませんでした。その場に凍りついたまま、私はきっと死んでしまうだろうと思いました。父が廊下を寝室に向かって歩いてくるのが聞こえ、もし彼が寝室に入ってきたならこの魔法が解けると思い、父にどうか部屋に入ってくれるよう、できる限りの思念を送りました。しかし彼はドアのところで立ち止まり、何か忘れ物でも思い出したかのように廊下を戻っていってしまいました。私はこの「光」が、父に寝室に入らないよう仕向けたのであり、私は殺されるのだと思いました。

この別世界の魔法はどれくらい続いたのかわかりませんが、ゆっくりとベッドの両端の光が薄れていきました。中央の人影も、薄れていく光と同時に脈拍が遅くなっていきました。両端の光が同時にパッと消え、私は揺れる人影の中央の光に釘づけになりました。光がゆっくりと消えていくのに比例して、揺れが遅くなりました。最後には消えかかった光の下の、ぼんやりとして動かない幻影になりました。そしてこの現象が始まったときと同様、一瞬のうちに人影が消えて光が去り、私は寝室から飛び出し、泣きながら廊下を走りました。大切な自分の命にすがりつくように、私は椅子に座り込み、たった今起きたことを母に話しました。私はベッドに戻ることを拒否しましたが、そのうち疲れて眠ってしまいました。

翌朝叔母から電話があり、彼女の年老いた義理の母が、昨夜の私の出来事とまったく同じ時刻に亡くなったことを聞きかされました。大叔母が死の瞬間に私のもとを訪れたという話は我が家の伝説になりました。私がこの大叔母について唯一憶えているのは、彼女が揺り椅子に座ってゆっくりと前後に揺れている姿でした。そしてきっとあれは彼女だったのでしょう。私は多次元の三人のマスターからのイニシエーションだったとするメタトロンの説のほうが好きです。それは私が肉体にとどまることを決意した後にのみ、与えられるものだそうです。しかしメタトロンの言うことが正しければ、その決意はこれまで何度も覆されそうになったそうです。

長年ルビーが私に普通の生活を許さなかった反動で、私は父が死んだ後、まっしぐらに普通の生活にのめり込み、一八歳のときに大学へいくため家を出ました。私はそれまでに聞きおよんでいた「人生経験」というものを確実に体験し始め、まるで歩き始めたばかりの子供が転んでは起きるように、次々に恋に落ちました。私は愛に、感動に、情熱に飢えていました。恋の「よちよち歩き」は楽しくレッスンを続けていました。ある夜、デートの相手が私を家に送り届けるのを拒否するまでは。

私は彼の車が私の家の前を通り過ぎ、彼のアパートへの暗い道を進んだときの恐怖を今でも憶えています。腕ずくで私をアパートに連れ込もうとしたとき、彼の目的は明らかでした。彼が背中を向けた瞬間、私は命がけで逃げ出しました。彼は追ってきました。私は逃げながら、暗闇に身を潜めるか電話をかけて助けを呼ぶか迷いました。電話ボックスは明るく、彼に簡単に見つかってしまうことは明らかでした。

私は彼に見つかる前に電話がかけられることを祈りながら、電話ボックスに飛び込みました。しかし中に入ると電話は故障しており、私は彼に見つかってしまったのです。それから私はビーチへ向かい、一歩ずつ深く砂に埋もれながら、草地と砂丘を必死に逃げました。

そして私は逃げ切りました。

ビーチに沿って数マイル歩いた後、私は月明かりに浮かぶ人影を見てパニックに陥り、道路脇を歩くことにしました。それは真夜中というより明け方に近い時間でした。逃亡と恐怖の長い夜でした。

一台の車が止まり、「こんな時間に一人で歩くなんてどうかしているよ。どうしたの？ 家まで送るよ。こんな所を一人で歩くのは危険だよ」と言う声がしました。私は車の中を覗き込み、安全そうな顔を確認しました。それまでに一度も見たことのない顔でした。

私はどうかしていました。なぜなら私はその車に乗ったのです。

私が乗り込んだとたん、飛び降りないように車は急発進し、男は月明かりに輝くナイフを私の喉に突きつけました。車はディスマル湿地の奥深くへと進み、その後明け方までのことは、血と打撲傷と月明かりに光るナイフの刃との苦闘でぼんやりしています。

戦いの後、その男は私がその夜たどり着こうと必死だった道の角で私を車から降ろしました。

私は顔の傷が恥ずかしくて、何週間もフェンシングのマスクを被って過ごしました。家に帰ろうと必死だった一人の女の子が、まるであの夜の恐怖を体験するに値する何かをしたとでもいうように。最終的に私は警察にいきましたが、当時のバージニア・ビーチにはレイプ被害者の名前が地方紙に掲載される決まりがあり、私はこのことがビクトリア女王の耳に入ることを何よりも恐れました。彼女の非難と罪の叫び声を考えると、あの夜の出来事よりも恐ろしく耐え難いものに思えるのでした。

私はこの扉を固く閉じ、自分の人生に情熱を持って進みました。私はあるラジオ局で働き始め、その後の三〇年間は私にとってマスコミ関係での成功時期であったと同時に感情的混乱の続いた時期でもありました。

私はハンサムな若い男性と出会い、恋に落ち、真剣に交際するようになりました。そして彼は私にプロポーズをしました。私は結婚について考えてはいましたが、自分に関しても彼に関しても、無視し続けているいくつかのサインがありました。私は生理に問題がありましたが、他にはどこも悪くはないようでした。ですから私はときおり起こる不安を無視し、自分の生活を続けていました。ついに助けを求めて病院へいくと、初めに腫瘍があること、次に妊娠七カ月であることを告げられました。

これは私の人生計画にはまったくなかったことです。私自身に子供時代のよい思い出がないせいか、自分が子供を産むつもりは一切ありませんでした。

私がこれまでに見てきた子供たちというのは、女性から人生を奪うものでした。女性とは終わりなき自己犠牲のサイクルにとらわれた存在であると考えていました。さらには妊娠して子供を産むという恥と痛みを私は死ぬほど恐れていたのです。

私はそのハンサムな男性と結婚し、恐怖の一夜のうちに女の子を出産しました（後でそう聞きました）。これがそのときの唯一の解決方法のように思われました。医者が養子縁組の手配をし、私はその子に一度も会うことはありませんでした。そのときの状況下でこれが私にできる最善の選択だと思いました。私には彼女を育てていくお金もなく、裕福な家庭で育てられるほうがその子にとってはずっと幸せだと考えたのです。私自身の子供時代の小麦袋の洋服や貧しさゆえに制限された生活の記憶が、そのときはまだ鮮明すぎたのだと思います。そしてこれが、ビクトリア女王に知られず貧しくも気高い南部の家族を恥辱へと陥れないための、唯一の方法でした。

私は妊娠期間の最後の二カ月、決してアパートから出ることなく隠れて過ごしました。私は非常に若くして、見られるべきでない物事を覆い隠す手段を学んでいたのです。

私の若くてハンサムな夫はゲイでした。彼は同性愛者の男性として可能な限り私を愛してくれましたが、やはり私は女性として満足できませんでした。

このような状況の中、私は大学で音楽とドラマと哲学を学びました。そして私は偶然にもラジオ局でＤＪとして働くことになりました。当時は女性が初めて、このような仕事に就くことを許された時代でした。この仕事の喜びから、私は広告の「力」を発見したのです。私は北米で最もクリエイティブな広告代理店に転職し、男性社会の中で非常に若くして権威と尊敬の地位へと昇進しました。私は数々の賞を受賞し、高い給料をもらうようになりました。私は魔法のタッチでクライアントに多大な利益をもたらし、自分の仕事を愛していました。

私は二重生活を送っていました。昼間はテレビＣＭのプロデュース、キャンペーンの計画、ラジオのジングル（宣伝用の詩句や歌）制作、メディアの買収、クライアントや代表との交渉などで充実していました。私の活動範囲は会議室からスタジオにまでおよびました。私は創造性と事業性の両方に同等に精通した稀有な存在でした。広告に関しては霊的な能力すらあるように感じました。私にはクライアントの心がわかりました。クライアントからビジネス、商品、イメージなどが浮かんでくるのを「見て」、そのイメージやメッセージを市場に出すために必要な材料を簡単に理解することができました。それから私は印刷物、音声、映像などの作品をデザインしました。驚くべきことに、私は予算までも簡単に感じとり、メディアの膨大な取引パターンを頭に置きながら、必要なところにねじ込ませることができました。私は知的なクロスワード・パズルを埋めていくことに夢中でした。読者や視聴者の人口統計が、ある特定の言葉やデザインとマッチし、市場区分に適合して売り上げが伸びるのです。

しかし夜の生活はこのように成功に満ちたものではありませんでした。私たちは見ためにはいいカップルでした。自分たちにはふさわしくない、豪華な家も買いました。それは「スペイン風邸宅」で、手書きタイルの暖炉と額縁飾りがありました。中庭には噴水があり、大理石の玄関ロビーは階段まで一二メートルもあり、映画『風とともに去りぬ』の舞台に十分なほどでした。使用人専用の階段すらありました。もちろん我が家に使用人はいませんでしたので、私たちは毎晩、玄関ロビーの白と黒交互の大理石を磨いて過ごしました。悲しいことに屋根は雨漏りし、修理が必要でした。キッチンは二〇世紀どころか、一九世紀の様式そのままで、その幻想はすばらしいものでしたが、そこで料理はできませんでした。ですから一日中働いた後で家に帰ると、夜は夫と二人でこの古いお邸の修理をしなければなりませんでした。この家ではたくさんのパーティーを催しました。夫はパーティーが大好きでした。しかし私はいつも、彼が今夜は誰と恋に落ちるのかと不安でなりませんでした。彼の憂鬱はお酒を飲むとひどくなりました。私は二人の結婚が、このスペイン風邸宅と同様、ただの幻想にすぎないことに気づいていました。

しかし何が転機のきっかけになるかわからないものです。ある朝私は職場へ向かおうと、愛車の深緑のビュイック・エレクトラのもとへ歩道をスキップしながら進みました。かつての愛車に心を痛めながらも、この車が日光に輝く姿は最高で、クライアントたちからも気に入られていました。

一人の工事作業員が私の車の前のカーブにわびしく座っていました。私は彼を無視して車の反対側へと進み、ショックで飛び上がりました。まるで巨人が私の車をグリンピースの缶と間違えたかのように、運転席側が切り開かれていたのです。私は顎が胸まで落ちるほど呆然と立ちつくしました。するとその工事作業員がヘルメットを胸に当て、まるで私の死んだ車に敬意を表するかのように立ち上がりました。

「現場へ向かう途中でこの角を曲がるときに、解体用クレーンがトラックから滑り落ちてあなたの車にこんなことを……クレーンには玉の代わりに刃がつけてあったのです。私は車の持ち主が現れるまでここで待つように言われまして……」

そのときなぜか私は笑ってしまいました。まさにその瞬間、私は自分に変化が必要だということを心に決めたのです。何とかして職場にたどり着くと、私は社長室に呼ばれ、彼が広告業界を去り、今月中にビジネスを打ち切ることを告げられました。私はこの会社で五年間働き、自分の仕事を愛していました。私はライターでありクリエーターでした。ラジオやテレビCMを制作し、キャンペーンを企画し、クライアントに莫大な利益をもたらしました。この人たちは私にとって、「家族」のようなものでした。

私はふたたび別の場所へ養子に出されることになったのです。

その夜家に帰ると、夫は酒に酔い、感情がどこにも見当たらない状態でした。私はついに切れました。女性は過去にさかのぼって採点します。男性は自分の汚点を毎日消していきます。私の採点記録は五年目に入り、もう余裕がありませんでした。これは彼が私のためにそばにいてくれなかった三〇〇万回目です！　彼はその日はまだ何も悪いことはしていないと思っていました。これまでも彼はいつも上手に逃れてきました。

酒に酔っているとき、夫はいつも自殺を図ろうとしました。私はそのたびに彼の車の鍵を隠し、説得するために一晩中彼の内面的問題と向き合いました。その後彼は、いつも大理石の床を磨いたり家具の修理をしたりして機嫌を直すのでした。しかしその夜の私は新しい女性でした。今回ばかりは車の鍵を彼に投げつけ、ドライブして桟橋から飛び降りるように言い捨てると、私は荷造りして家を飛び出しました。私は湖畔のスペイン風邸宅も、アンティーク家具も、ダビデの像も、そして軽く破損したビューイック・エレクトラもすべて夫に残しました。

幸運なことに私は広告業界で高い評価を得ていたので、すぐにテレビの仕事に就くことができました。私がそのテレビ局と契約を結んだその日から経営陣が去り、経営レベルの人材は私一人になりました。そこで私が一年間、そのテレビ局を運営することになりました。向こうみずにラジオの世界へ飛び込み、そこですばらしい教育を受け、五年間優秀な広告代理店に勤務し、そして今、私の経歴はきれいにまとまったのです。

運命は私の個人的な生活にも思いがけない出来事を用意していました。私はユニテリアン派〔キリスト教の一派〕の信者たちのカクテルパーティーへいき、これまでに出会った中で最もハンサムな男性を見かけました。私は「ハンサムな若い男は自己中心的で信用できない」と心に決めつけていたので、彼と対面しないようにパーティーのあいだ中、彼がいくのと反対の方向へ進みました。私は彼と出会うことなくパーティーを過ごすことに成功し、夕食をとるためにあるグループに参加したところ、何と彼は私の真正面に座っていました。

結局私はその夜彼を家に連れて帰り、最終的に私たちは結婚しました。彼と私は一緒にいるととても楽でした。彼は知的でユーモアのセンスがあり、子供時代の深い傷を持っていました――そうでない人がいるでしょうか。

私は子供時代に植えつけられた「等しく愛されるためにはまわりの誰よりも親切で、賢くてかわいくて、セクシーで優しくて、面白くて才能がなければばならない」という状態に知らぬ間に完全にのめり込んでいました。それは女性にとってスーパー・ウーマンになり、潜在的な犠牲者になることを意味しています。

当時私はラジオの深夜番組のホストの代役を務めることがありました。そしてあるとき、ある運命を予言していながら私がそれを理解するまでに二〇年を費やした、ひとつの事件が起こりました。その番組のレギュラーホストは非常に保守的な人物で、私は自分を自由主義者だと思っていました。彼の番組の代役を務めるとき、私は彼のリスナーの固い心を開いているつもりになって、そのことに喜びを感じていました。

ある夜、私は当時話題になっていた法律問題を取り上げました。それは近くの州で、一人の黒人女性が強盗の共犯の罪で拘置されたケースでした。彼女のボーイフレンドが、彼女が車で待っているあいだに何かを盗んだのです。その夜、白人看守が彼女の独房に入り、彼女をレイプしました。レイプされているあいだに、彼女は看守のベルトからナイフを引き抜き、彼を刺して逃げました。精液が壁中に飛び散り、ズボンを膝まで下ろした状態でその看守は死んでいました。女性は南部の裁きを恐れて別の州へ逃走し、逃亡犯罪人引き渡しの手続きが進んでいるところでした。

フェミニストたちは愕然としました。レッドネック〔南部の田舎者〕たちは血を見たがりました。私はただ、議論の両サイドを代表してその問題を提起しただけでした。しかし自分が明らかに、より哀れみ深く正しいと考える側に偏っていたことは認めます。

私は地方判事に法律的問題についてインタビューし、女性の意見も聞くために地域のフェミニストにもインタビューをしました。番組が終わった後、私はいつもと同じようにFMを自動に切り替え、番組進行表をチェックし、電気を消してドアを出ました。その時間、私はいつもラジオ局に一人きりでした。巨大な駐車場へ歩いていくと、そこには片側に車の列があり、反対側にも車の列があり、そして真ん中には両方を押さえ込む警察の車の列があることに気づきました。右側の車列は私を痛めつけようとする人々でした。左側の車列は私を擁護しようとする人々でした。そして警察の車両は秩序を守るためにそこにいました。私は自分の車にこっそりと逃げ込み、家に帰って一晩中泣きました。真実に対してどうしてあれほど怒りを覚えることができるのだろうか？　どうして私をあれほどまでに嫌うのか？　私はただ暗い真実に光を注いでいるだけでした。なぜ人々は話の全体を知りたがらないのでしょうか？　それは南部人としての私の人生、女性が人の感情を害したり非難したりしてはいけない人生の危機でした。

夜明け近くになって、私は自分が求めてもいない、どうしていいかもわからないある力を本質的に持っているということに気づきました。悲しいことに、人々は私を激しく好むか、激しく嫌うかのどちらかなのです。中間地点はありません。この事件は私の話す声に関してその影響力を指摘しましたが、後に私の文章や私の存在そのものにも同じような影響力があるということに気づきました。

その夜から長年にわたり、自分がそのような存在であると想像するのは私にとって大いなる苦痛でした。私は自分の力を恐れ、そのことに関して何もしたくなかったのです。私は賛同だけを求め、すべての人に愛されることを望みました。私がこの特別な力を尊重し、受け入れ、変化を起こすために使おうと考えるようになるまでには、数々の涙の夜を長年にわたり過ごさなければなりませんでした。変化を起こす人とは、当然誰かに反感を持たれるものだと気づくまでに、さらに何十年もかかりました。「人を喜ばせる人」は、めったに変化を引き起こすことはないのです。

夫の政府関係の仕事の都合で私たちはワシントンＤＣへと引越し、私はこれまで広告業界で学んだ知識を集約してカウンセリング事業を始めました。

生物学的砂時計の砂がどんどん残り少なくなっていくにつれ、夫と私は子供について話し合うようになり、最終的にこのうえなくすばらしい二人の娘を授かりました。しかし私たちの人生は、プライベートな時間の侵害によって崩壊し始めました。最初にジェニファーが牛乳、大豆、すべてのたんぱく質、そして砂糖にアレルギー反応を起こしました。私が彼女の診断と栄養機能について苦しんでいるときに、今度はエイドリアンが耳の感染症に繰り返しかかり、それは彼女が一二歳になるまで続きました。痛みで泣き叫ぶ子供をあやし、別の部屋で泣く乳児を抱きかかえ、部屋から部屋への移動で毎晩がぼやけていました。

これは私のスーパー・ウーマンとしての日々でした。一日約四時間の睡眠時間は授乳や混乱によってさえぎられ、昼間はクライアントのために働きました。私のオフィスは家にあり、フルタイムのヘルパーを雇っていました。私とヘルパーとで娘たちを一人ずつ見ていました。そうすることで締め切り間近以外は、娘たちのそばで安全を見守ることができました。姉のジェニファーは胃の不快感から、ほとんど一日中泣き続けました。そして彼女は生まれて一〇日目以降、決して昼寝をすることがありませんでした。彼女は真夜中になって泣きながらようやく眠りにつき、夜中二時と四時に泣きながら目覚め、六時には食事のために起きるのでした。妹のエイドリアンは、耳の感染症が発症しているときはずっと泣き続けました。彼女が二歳になるまでに、一二回も繰り返したのです。

私はクライアントのもとを訪れるとき、子供たちとベビーシッターを一緒に連れていき、途中の遊び場や子供美術館やショッピングセンターに立ち寄りました。私の会議中に彼女たちがそこで遊べるからです。

当時私たちはワシントンＤＣ近郊に住んでいたので、私が政治的なコンサルティングをするようになったのは自然なことだったと思います。その分野でも私は才能を発揮しました。私は政治家を、靴屋を扱ったときと同じように扱いました。それは実際とてもシンプルでした。クライアントの「見解」と、その人の「魂」が何でできているかを見極め、それを市場でどのように表現するかというだけのことでした。

あるキャンペーンのマネージメントをしているときに、私は右翼の熱狂的な計画の侵略的な力を痛いほど思い知らされました。明瞭かつ不吉な前兆は私を恐怖に陥れました。私の水晶玉は、憲法上の権利が歪められた未来を予見しました。私は自分が成長したころのような、狭く偏屈で無知な意識によって支配された恐るべき未来の世界を予見したのです。正義と神の名のもとに、検閲制度と自由の喪失が待ち受けていました。この騎手を前にして、私はいつもそうであるように、完全に無力に感じました。私は子供時代の馬とはまったく違う馬の背中にまたがっていました。この馬が向かっている場所は、私のいきたいところではありませんでした。しかしそのとき、私はまだ観察モードにありました。「アクション・ボタン」は押されていなかったのです。

娘たちの要求が増えるほどに、夫はどんどん退いていきました。彼は朝六時に仕事に出かけ、夕方五時ごろ家に戻り、ゆっくりとお風呂に入りました――私が心から羨ましく思っていたことのひとつです。それから彼は、書斎に閉じこもるかテレビを見て数時間後に現れるのでした。彼が娘たちをベッドに入れて寝つかせた回数は、おそらく私の手足の指で数えられる程度です。感情的にも彼はどんどん冷たくなっていき、彼が最後に私に触れてから三年が経つことに、ある日ふと気づきました。私から誘うことは許されませんでした。このことについて彼と話そうとしましたが無駄でした。私にはカウンセリングが必要でしたが、私が出会ったのは世界最高のカップルをも離婚させてしまうようなひどいカウンセラーでした。私はほとんど毎晩泣きながら眠りにつき、夫がそのことに気づくことは決してありませんでした。

ある日私はベッドの足もとに立ち、唇を噛み締めながら「どうして私に触れようともしないの？」と夫に尋ねました。

「もう君を魅力的に感じない」彼が答えたのはそれだけでした。彼は読みかけの本に戻り、私はいつもと同じように、娘たちが夫の邪魔をしないようにと娘たちのもとへ戻りました。彼は娘たちの泣き声を嫌ったのです。

私のビジネスは成功し、私たちはふさわしい街に住み、ふさわしい車を運転していました。そして私はふたたび、オリエンタル・ラグやアンティーク家具を所有するようになりました。娘たちは最高の保育園に入り、英才教育プログラムのテストを受けました。それはバージニア州北部で優秀な子供を持つことを夢見る人に欠かせないことでした。
それから訪問が始まりました。ある夜、私が自分のベッドで眠っていると、私の腕をつつく指を感じました。私はジェニファーが私を必要としてそこに立っているものと思い、振り返りました。しかしそこには誰もいませんでした。私の腕を見ると、誰かが腕をつつく感覚に合わせて肌がへこむのがわかりました。部屋中を見まわすとベッドの足もとに、光り輝く大きな形がありました。それは人間の姿のようでもありましたが、身体はなく、ただ発光し脈打つ存在でした。それは火のような「指」を伸ばし、「来て書きなさい」と私に「ささやき」ました。

私は起き上がってオフィスへいき、後にファントム・シリーズと呼ぶ一連の詩を書き始めました。私が書いたこれらの詩は、この存在が何者であるかをひどく知りたがる内容のものでした。それは明らかに男性存在、非常に性的な感覚の存在でした。私はいったい誰がこのようにして私の人生に入り込んだのか、私自身の存在に欠けていた情熱を思い出させてくれたのか、知りたいと切望するようになりました。
「私は時間の経路を越えてあなたを追い求めます。誕生と死、誕生と死を乗り越えて。あなたは私に火をつけ、私は燃え上がるのです」。私は彼に向けてこう書きました。

子供時代の三つの光の訪問体験から、私は超常現象に非常に興味を持つようになりました。幼いうちからエドガー・ケイシーの本を読み、魂の生まれ変わりやカルマについての理解を受け入れました。それは正しく感じられ、少なくとも私にとっての真実を私の魂は知っていたのです。しかし私を変えるような呼びかけは久しぶりのことでした。九カ月におよんだ一連の訪問の後、私は新聞のコラムを書き始め、スピリチュアルな選択肢により深く激しく傾倒していきました。

以前の私の興味は超常現象でしたが、いまは神について熟慮するようになり、それが私自身であることを理解しました。

夫は私の気が狂ったと思いました。

しかし訪問は九カ月続き、それは新聞のコラムを生み出し、その後四年間私は地方紙のコラムを書くことになりました。私の最初のコラムはジェニファーの幼稚園初日についてでした。子供たちに対してすべての親が抱く希望について語りかけるつもりで、私の個人的な体験を例にあげながら、一人の母親の娘に対する思いを詩的に表現しました。

「あなたのトーシューズが決して痛みませんように」という一行があったのを覚えています。それは一見すると単にジェニファーが幼稚園にいくという話ですが、実際には子供時代や人生や喪失について、美しい言葉を織り交ぜてすべてを表現していました。子供たちに対するすべての人の夢や希望を伝えていたのです。それなのにどういうわけか、人々はこれを書いた私をひどく嫌いました。編集者は私の友人で、彼はコラムニストの力を理解していました。彼はこの論戦を大いに喜び、私に対する苦情の手紙を紙面に特集しました。

娘が幼稚園にいくこと、娘に対する夢と希望のすべてを書いた私を、人々はどうしてこれほどまでに嫌うことができるのでしょうか？　私はこのコラムを何度も何度も読み返しましたが、今日までそれは涙を誘う文章でしかないと思います。しかしそのコラムが掲載された翌週私が新聞を開くと、見開き二面におよび、私への苦情の手紙がびっしりと掲載されていました。私は一週間泣き続けました。翌週新聞を開くと今度は私のコラムへの称賛の手紙が掲載されていました。人を喜ばせたいという古い課題に、私はふたたび直面したのです。どうしてすべての人に愛されないのでしょうか？　ある日私はスーパーのレジで小切手にサインをしていました。するとレジ係が私の名前に気づき、私の文章についてコメントしました。すると私の後ろに並んでいた女性がどれほど私の文章が嫌いかを述べ、さらにその後ろの女性は私の文章が大好きだと言いました。私はふたたびその場からこそこそと逃げ出し、家に帰って泣きました。

私の五歳の娘が成長して学校にいけるのならば、私も成長できるはずだと自分に言い聞かせました。このときの私にとって成長とは、嫌われること「認められないこと」への恐れを克服することを意味していました。それは私が持ち続けていた、「どうして誰も私を愛してくれないの?」という自暴自棄の感覚でした。そして実はこのことこそが、私をあらゆる可能性から押しとどめていたのです。人にどう思われるかを気にしている限り、なりたいものにはなれません。私は自分のエネルギーのすべてを、人を喜ばせる文章を書き、夫を喜ばせ、子供たちを喜ばせ、クライアントを喜ばせることに費やしていました。私自身のためのエネルギーが残っていなかったのです。

私の人生は体当たりとつまずきの連続です。何かに飛び込み、つまずいて逃げ出します。私たちの結婚生活の溝が、私が落っこちるのに十分な大きさの穴に広がっていたことに、もっと早く気づくべきでした。私たちはまったく別の道を歩んでいて、交差点に差し掛かったときにだけ出会うのでした。しかし私は簡単にはあきらめず、何とかしようと努力し、自分が幸せでないことに気づかない振りをしていました。

ある夜、私たち夫婦は友人と夕食に出かけました。この友人は仕事で近くにくるときはいつも、私たち夫婦を食事に誘います。このときはジョージタウンにある、ウエイターがローラースケートをはいてコースの合間にミュージカル曲を演じるフランス料理店へいきました。私は珍しくお酒を一杯飲みました。私はたった一杯でハッピーなほろ酔い気分になれるのです。私の感情は溶け始め、かつて私が恋に落ち、結婚し、子供を産みたいとまで想った男性のことを思い出しました。そこで私は夫に寄りかかり、官能的な想像にうっとりとしながら彼の首筋を指で撫でました。すると彼は振り返ることもなく、首筋を愛撫する私の指を虫とでも間違えたのか、まるでハエを追い払うかのようにピシャリと叩きました。

私はその瞬間、誰かに心を叩かれたように感じました。私はそれまで何百回と夫からの肉体関係の拒絶に耐えてきましたが、理由は何であれ、そのときついに限界を超えてしまいました。私は立ち上がり、車の鍵を彼のほうに押しやって（私に車は相応しくないとでも言うかのように！）その場を立ち去りました。タクシーを呼んだとき財布には二五セントしかなかったので、五〇キロほど離れたレストンの自宅までのタクシー代を支払うために、途中で銀行のＡＴＭに立ち寄りました。タクシー運転手は博士号を取るために学んでいるイラク人学生でした。途中私は一人の女友達を拾いました。彼女はトランペットを持ち、私は家に寄ってクラリネットを持ってくると、私たちは街のメインプラザに座り演奏を始めました。タクシー運転手はタブラ〔インドの太鼓〕とボーカルを担当しました。私たちは朝日が昇るまでレイクアン・プラザでブルースを奏でました。私は失った愛について、友人は失った若さについて、運転手は戦争の恐怖について歌いました。苦情が出なかったのが不思議に思います。

私は翌日家を出ていくつもりでしたが、夫は二人の幼い子供とその母親がこの家を出ていく必要はないと言って、私を数週間引き止めました。少し時間をもらえれば引越し先を見つけて出ていくと夫は言ったのです。しかし彼が出ていくことは決してありませんでした。夫が家族を見捨てたと言って私が家の所有権を主張することを恐れ、夫の父親が彼に家に残るよう忠告したことが後になってわかりました。言うまでもなく、夫は私と言う人間を知りませんでした。私は家やアンティークから容易に立ち去る女なのです。

私は誰からも大切にされるに値しない。自分の面倒は自分でみる。誰も私を愛してくれない。どれだけ与えようとも、どれだけ懸命に働こうとも、どれだけ愛そうとも、私は孤児であり、それが私の生きる道。そして結局私はただの女、価値がない存在だ。私たちは聖者や神秘家にはなれない。私たちは娼婦にすぎない。男に仕えるだけ。子供を産むという一時的な重要性も、そのうち試験管とシャーレに取って代わられてしまう。

私はその出来事から、さらに半年近くも家にとどまることになりました。しかし私は結婚指輪を外し、自分が結婚しているとは考えないようにしました。そして夫が嫌うスピリチュアルな生活に熱心に取り組み始めました。

私はシンコティーグ島にコテージを借り、時計も電話もなしに二週間一人きりで過ごしました。それはバージニアの田舎道での体験以来、最初の一人の時間への冒険でした。私はその冒険に浸りきりました。吸収し、ずぶ濡れになり、自分自身の中に沈み込み、呼吸して考えることができる空間の中で沐浴し、自らを清めました。私は地元の漁師と友達になってその日の獲物を分けてもらい、大きな蟹一匹、赤ワイン一杯、アーティチョーク一個といった日々の食料で、至福に満ちて過ごしました。

私はアサティーグ島の大西洋に面した浜辺を歩きながら、人生を変えるような体験をしました。私が嵐の中を歩くあいだ、「声なき言葉」との対話が三日間続いたのです。私の頭の中に現れたこの「教師」は、私がそれまでに体験した中で最も魅力的で力強い存在でした。私はその力と存在感を畏れると同時に自分を卑下しました。

「声なき言葉」は私に、完全性の幻想と光のスペクトルについて、そしてそのスペクトルをとおして物質界に降りた私たちの創造物語について教えてくれました。私は意識の物理学と、不完全に思われるものの完全性について学びました。

彼は（男性存在のように感じました）ソウルメイトについて、意識の電磁レベルへと光のスペクトルを降下しながら、もともとはひとつの光が二つの光、男性と女性、ポジティブとネガティブに分かれて物質世界へと入るという旅の行程を説明してくれました。これら二つの光が同じレベルに降り立つということはほとんどなく、もし降りたとしても二つの光が再統合するのはごくまれなことだと彼は言いました。もし二つの光がそれぞれの仕事を完了する前の未熟な状態で出会ってしまうと、互いに爆発してしまうほどに原始の光の磁力は強力なのだそうです。これらの警告を受けた後で、私は自分がもうひとつの原始の光と再統合する運命にあるということを告げられました。

常に真実の愛を信じ、どこかにもう一人の自分がいることを知っていた少女の輝きが、私の中でふたたび燃え上がりました。その輝きは厳しい警告とともに再点火されたにもかかわらず、私のハートはその可能性に舞い上がりました。私は自分の人生を深く見つめ、私にとって最大のテーマは常にパートナーとの関係だったことに気づきました。それは私の「仕事」でした。それは私の「愛」でした。「私のもう半分」を見つけることこそが、私がいつも探し求めていた真実だったのです。そしてもし本当にそれぞれが個人的な仕事を終える前に出会うべきでないなら、一人で自分の仕事を続けていくしかありません。そこで私は出会いの準備を整えるために、未解決な私の個人的問題をすべて呼び起こすことを誓ったのです。

私はこの三日間、激しく吹きつける北東風に向かって前かがみになりながら歩き続けました。歩きながら私は、人生と形而上学の矛盾や気まぐれをののしりながら、私の心の中の神の声と議論しました。

私があるポイントについて激しく論じているとき、私は足もとに落ちている貝殻を拾うように言われました。

それはひび割れてフジツボに覆われ、油のヘドロがこびりついた貝でした。かつて生きていたものが死を迎え、その後には寄生体とゴミと汚染があるのみでした。私の心の空が真ん中から割れ、どう表現してよいかわかりませんが、しばらくのあいだ私は真実を見たのです。すべてを見ました。宇宙とそのまわりの宇宙、複数レベルの多次元世界の中の世界とその目的の段階を理解しました。

目的と完全性とは、その瞬間ごと必要に応じて自由自在に変化する曲芸師のようなものでした。すべてが完璧だったのです。完全性という概念さえ、制限されたものでした。そしてそれもまた完璧でした。不完全が完全でした!

私はこの純粋な至福の状態に、どのぐらいとどまっていたのかわかりません。それは数秒かもしれませんし、数時間だったかもしれません。結局私は三日間、日の出から月の出までひたすら強風の中を歩き続けたのでした。

「いったいどういうことですか?」と私が尋ねると、彼は答えてくれました。

このとき私が学んだことはそれまでに聞いたことがないことばかりだったので、それを文章に書き記してもいいか、四日目の日の出のときに尋ねました。すると私はこれらの言葉を自分のものにしなければならないと言われました。人生をとおしてこれらの教えを自ら体験することで、自分のものにしていくようにと。そうすることによって、言葉はただの繰り返しではなく、私の口とハートから直接出てくると言われました。ですからこの出来事についてはここに書きますが、私が三日間学んだことの詳細はまだここに記すことはできません。

家に戻ると私は別人でした。私は何かを理解し、それまでとは違っていました。

私は夫を愛していましたが、彼は彼自身を愛することができず、この時点で私は偉大なる人生の教訓のひとつを習得するべきでした。人は愛されるために愛することはできないのです。自分自身を愛していない人が、他の誰かを愛するなんて無理な話です。しかし私はこの事実を、最初の結婚からも、二度目の結婚からも学びませんでした。その代わりに私は、涙に濡れる眠れぬ夜を、そんなことに気づくはずもない夫のそばで長年過ごしてきたのです。

　私は夫との関係の変化を一〇年間待ち続けましたが、彼の心が死ぬほど凍りつき、溶けることがないと知って家を出ました。生き残るだけのための人生から、感情的な自由や真実を求める地点へと私は成長していたのです。娘たちを偽りの環境で育てることを私は拒否しました。「子供のために何が何でも一緒にいるべき」という共通の合意に基づいた「パパ・ママ神話」を、これ以上永続させるつもりはありませんでした。この人がもし私のソウルメイトであったなら、決してこのように思わなかったはずです。

　そして私は北の空のある島と、風の中の偉大な師に呼びかけられていました。シンコティーグでの体験の数カ月後、私は風の中の教えに大変よく似たビデオを見ました。

　そこで私は娘たちの荷造りをし、仕事を辞め、一台のバンを買ってドライブ旅行の準備をしました。私は偉大なる師の教えを書きとめ、未解決な個人的問題に取り組み、出会いの準備を整えるために西へ向かいました。

　六歳と八歳の娘たちとのドライブ旅行には大切な思い出がいくつもあります。夜になると私たちは、古くて控えめなフォルクスワーゲン・ウエストファリアを巨大なキャンピング・カーや改造バスのあいだに止めて休みました。私たちの食卓にはリネンのテーブルクロスと銀のグラスが並べられました。近所の人々が二〇万ドルのキャンピング・カーの外でプラスチック製の椅子に座ってビールを飲んで騒いでいるあいだ、私たちはエッグ・ベネディクト〔イングリッシュ・マフィンにハム、ポーチドエッグ、ホランデーズソース等をのせたもの〕とグリルドチーズのサンドイッチを食べながら、銀のグラスでアイスティーを飲みました。

ホワイトハウスの執行部で私のまとめた報告が発表されているとき、私はバージニア西部のホーシュー・フォールズの滝つぼに座り、激しい水しぶきを眺めていました。参加したという「栄誉」のためだけに会議に出席することもできましたが、私は滝のほうを選びました。それは一九八六年七月四日のことで、自由についての陳述をするには滝のそばのほうが、レーガン大統領のホワイトハウスの会議室よりもずっとふさわしく思えました。

私は初めての偏頭痛をケンタッキー州エルク・クリークで経験しました。頭は激しく痛み、運転を続けるのが困難でした。エルク・クリーク・キャンプ場に着いたのは午後早くのことでした。目もくらむような頭痛に苦しみながら、私は日陰を選んで車を止めました。私たちのとなりは、毎年夏をこのキャンプ場で過ごすエルザでした。彼女のスペースにはクリスマス・ツリーのライトが飾られ、足もとには人工芝が一面に敷き詰められていました。彼女を訪れる家族やゲストのために木製サインもありました。

私は痛みで意識を失いながら、ジェニーとエイドリアンが、ペットのチワワと豆を摘んでいるエルザの庭の中へ入っていく光景をうっすらと記憶しています。

私の頭は配線しなおされ、数時間後に目覚めました。この後何年も続く偏頭痛は、私をまるで何日も気を失っていたような気分にさせるのでした。私はぞっとしました。どれくらい眠っていたのだろう？　娘たちはどこにいる？　キャンプ場でトイレにいく途中に行方不明になった子供たちの恐ろしい話を数多く聞かされていたので、私はこの旅のあいだ、娘たちから決して目を離すつもりはありませんでした。バンの窓のカーテンを開けると、夕暮れのやわらかな光が目に差し込みました。

娘たちはエルザと一緒に豆を摘んでいました。

「ああ大変！　彼女は私のことをどう思うだろう」と私は考えました。子供たちを勝手に歩きまわらせて、私はバンの中で何時間も眠っていたのです。エルザは年配の女性で、私は母の影響から、年上の女性を恐れるようになっていました。

私はよろめきながらバンを出て、「エルク・クリークのエルザの家」というサインのある小さな門をくぐりました。

娘たちは興奮して私を迎え、チワワの芸を私にも見せてくれるようエルザに頼みました。エルザの許可を得ると彼女たちは、「飲み物を持ってこい」と言ってその小さな犬を放しました。すると白いチワワはキャンピング・カーの中に飛び込み、ビールを一缶引きずってきました。猛烈に唸ったり、威嚇したり、缶を椅子にぶつけたり、缶の蓋をひっかいたりして、中のビールが漏れ出すまでその犬は缶と格闘しました。それから彼は満足げに横になり、缶を抱えて流れ出るビールを一滴残らず飲んでいました。

「ところで、あなたは遠い北の空にある何もないどこかの島にこの娘たちを連れていくそうだけれど、ちゃんとした理由はあるの？」とエルザが私に言いました。

恐怖が私の喉にこみ上げてきました。彼女は私を非難しようとしているのだろうか？　私はこの取調べに押さえつけられてしまうのだろうか？　私の行動を正当化するうまい嘘は思いつかないだろうか？

「いいえ」私は自分がそう言うのを確かに聞きました。「ちゃんとした理由なんてありません。ただそうしたいのです」

するとエルザは「よかった。ちゃんとした理由ですることから幸福が生まれたことなど、これまでに見たことがないわ」と言いました。

そのとき私は、私たちの旅がマインドではなくスピリットの魔法の旅であることに気づきました。それはミズーリ川沿いの舟で出会った年老いたフォークシンガーとの哲学的な会話から、サウスダコタ州バッドランドのホワイト・リバーで蛙を一匹つむじ風から救ったことまでさまざまでした。

私はモンタナ州ミズーラが大変気に入り、中国料理店の駐車場に止めたバンの前に跪き、ある契約を結びました。バンが故障した場所を私たちの住む場所に決めるという契約です。そして私は密かにバンのエンジンがかからないことを祈りながら、キーを回しました。エンジンは勢いよくスタートしました。

私たちは旅を続け、ワシントン州北部の小さな町で西の果てにたどり着きました。そこからはるか東で私に呼びかけた島へとフェリーで渡りました。フェリーの船首で私たち三人は身を寄せ合い、家が近づいていることに涙しました。私のハートは歌いました。私の魂は喜びを呼吸し、神聖さを見出しました。崖が海と出会い、古代の記憶が鎖のように絡みついたこの場所で、私はこれまで知らなかった感覚を見つけました。

けれども私たちを出迎えてくれる人は誰もいませんでした。「ようこそ。お待ちしておりました。呼びかけどおりここで落ち着いて本を書いてください。さあ、これがあなたの報酬です」などと書かれた出迎えの旗はひとつもありませんでした。可能な限り長くその島に滞在しましたが、出版の依頼もなく、私たちは南西に向けて進むか、家に戻ることにしました。途中でどちらにするか決めるつもりでした。

しかし、マウント・レーニアの雪をかぶった巨大な頂を目の前にして、ここを登らずに通り過ぎるのはあまりにもったいないと感じました。山は私たちの前にそびえ立ち、巡礼者を待ち受けていました。車で山を登った後、下りでついにバンが故障しました。私たちはそこで立ち往生してしまいました。あるいは恵まれたのかもしれません。壊れたエンジンの修理には、少なくとも二週間かかります。私が家に電話をすると、それまでにいく晩も体験してきた冷たい対応を受けました。私たちがやっとの思いで公衆電話にたどり着き、娘たちの父親に電話をし、私たちが立ち往生していることを伝えると、彼は「大丈夫かい？　今からそっちに飛んでいくから心配しないで。僕に何ができる？　今すぐ君たちの航空券を手配するからね」とは言いませんでした。その代わりに彼は、「だから何？」と言いました。

私たちは二度と彼のもとには戻りませんでした。

その後五年間、私はシングル・マザーとしてワシや鯨たちとともに、北の空の小さな島で暮らしました。娘たちの父親ははるか彼方の東海岸にいたので、週末や夜に娘たちの面倒を見てくれるはずもなく、私の人生は一人で過ごす週末も静かな夜もないフルタイムでした。そしてエイドリアンの耳の感染症は続いていました。

生まれ変わった新たな日々をとおして、私はあるマントラを何度も繰り返し唱えていました。お風呂の中、山登りの最中、娘たちを学校に迎えにいく途中、いつでもどこでも繰り返しました。この五年間で私は少なくとも一日二〇回はこのマントラを唱えていました。

「私の存在の主なる神から内なる父と母まで、私の未解決な課題をすべて呼び起こしてください。それらを現してください。まだ見つめていない課題をすべて表面に現してください。私の恐れ、嫉妬、不安を呼び起こしてください。すべてを表に出して、今こそ取り組ませてください。そうでありますように！」

正直に言うと私はこのマントラにときおり、もう一行加えて唱えました。

「私の存在の主なる神から内なる父と母まで、私の未解決な課題をすべてを呼び起こしてください。すべてを表に現して課題を解決し、私のもう半分に会う準備を整えられますように」

この五年間私と娘たちとの関係は非常に親密で、私たちのあいだに入り込む隙間がまったくないほどでした。

私たちは互いにとってのすべてだったのです。私たちは一カ月九〇〇ドルで生活しました。一度私はジェニファーとエイドリアンとともに、これからのことについて話し合いました。私は常にお金の心配をしていました。私たちがワシントンDCに戻れば、私はたくさんお金を稼ぐことができ、かつてのようにきれいな洋服が着られるようになることを説明しました。そのときの娘たちの洋服はリサイクル・ショップのものばかりでした。私は忙しくなるけれど、お手伝いさんを雇って、娘たちは音楽やダンスのレッスンを受け、今持っていないものを買うことができると話しました。私たちは冬のあいだ、大きな部屋に美しい家具のある家を借りて生活していました。家賃が高くなる夏のあいだは別の場所に移って過ごしてきたものの、それも予算を超えてしまいました。私たちは必要経費の壁にぶち当たっていました。特に私には本を出版する予定があったからです。

娘たちは私の説明を注意深く聞き、声をそろえて言いました。「だめだめ！　私たちはママの夢を叶えるためにここにきたのに。夢をあきらめてはだめ。もっと安いところに引越そう。ママが夢を叶えないと意味がないよ！」

そこで私たちは捨てられたトレーラーを見つけました。そのトレーラーは屋根が壊れ、カビで真っ黒になった断熱材が部屋中に垂れ下がっていました。雨漏りがするというのは、はなはだ控えめな言い方です。家具は一切なく、ワシントンDCの家から家具を運ぶ費用もなかったので、この浜辺のトレーラーに必要最低限のものだけを備えつけました。私たちはゴミ捨て場からクイーン・サイズのマットレスを拾ってきました。それは真ん中に深い裂け目のあるV字型のマットレスでした。私が真ん中で両側に娘たち、そうして三人一緒に眠りました。私たちは投げ出された小さな手足が絡み合う中、ひとかたまりとなって寝返りをうち、私の顔のまわりにはいつも小さな手がありました。このようにして眠るのは最高でした。

娘たちの父親に憤りを覚える数多くのことの中で、私が最も憤慨するのは毎年のクリスマスのことでした。彼はバージニア州レストンの寝室が四つもある快適な家に、クリスマス・ツリーの飾りもライトもすべて持って暮らしていました。私たちが去ってから一度も使わなかったにもかかわらず、彼はそれらを私たちに送ってはくれませんでした。私たちにはクリスマスになっても飾るものが何ひとつなく、飾りを買うお金もありませんでした。あるクリスマスに私たちの大切な友人である島の医師が、彼のクリスマス・ツリーから飾りをひとつ私たちのために持ってきてくれました。

ある年にはクリスマス・ツリーを買うことができなかったので、ある友人が島の山頂から木を一本切ってきてくれました。それは美しい緑の枝を持った「つがの木」で、これまでのどんなクリスマス・ツリーよりも美しい木でした。私たちはそのツリーにわずかなクリスマス飾りと、ポップコーンとマドロナの実を糸にとおしたものを下げ、その美しいクリスマス・ツリーにうっとり見とれてベッドに入りました。朝になり、娘たちがツリーを見ようと飛び起きると、それはカーペット一面に落ちていました。つがの木は家の中に入れるとその緑の葉を落とすのです。針のようなつがの木の葉を拾うのに、私たちは何日もかかりました。これが「マドロナのクリスマス」です。この出来事は私自身の環境をよく表現していると思いました。どんな木も死ぬべきではなく、死んでしまった枝は栄誉をたたえられました。娘たちは私の死んだ木に対する利他主義的意見を理解したとは思えません。

私たちは屋根を修理し、天井のタイルを少しずつなおしていきました。やっとカビで真っ黒になった恐るべき断熱材が隠れましたが、それは十数回の耳の感染症と、私たちが一人ずつウイルス性の髄膜炎による高熱にもがき苦しんだ後のことでした。私はそのとき地獄のような熱と汗で異次元や黄泉の世界をさまよったことを憶えています。私の頭は痛みませんでした。「痛み」という言葉は私がそのとき体験した苦悩を表すのに十分ではありません。それはまるで生きたまま骨髄が沸騰しているようで、その痛みはこの世のものとは思えませんでした。

私たちはこの「トレーラー時代」に二つの恐ろしい嵐を体験しました。それぞれがあまりに激しく、「一〇〇年に一度の大嵐」と呼ばれるほどでした。私たちはその二つの嵐が襲ったとき、オルカ島の北海岸に住んでいました。その日は早くから停電し、その後断水になりました。トレーラーのリビングには小さな薪ストーブがありました。キッチンの壁を木で覆い、窓とドアには黒いビニールを貼って、しっかりと中に閉じこもりました。私は一日に一度だけ、風が吹きすさぶ中を外に出て薪を補充しました。夜には二時間ごとストーブに薪をくべるため、目覚まし時計もセットしました。北海岸の全員が別の場所に避難する中、私たちはそのトレーラーの中で嵐を乗り越えました。他にも二人のシングル・マザーが氷点下の大きな家を捨てて私たちのトレーラーに集まり、リビングにマットレスを敷き詰め、その小さな空間で三人の母親と六人の子供たちが互いに支え合って嵐を乗り越えました。私たちは何日も、薪ストーブでパスタの入ったスープを作って食べました。雪をストーブの上で溶かし沸騰させ、ジャガイモやパスタを茹でました。私は薪ストーブに特別な愛着を持ち続けることでしょう。それは私たちを暖め、食事を与え、生かしてくれたのです。

激しい嵐の終わりごろ、エイドリアンが八歳の誕生日を迎えました。私たちはどうにかして食料品店にたどり着きました。店では停電が続いていたので自動ドアが開かず、何とかこじ開けて島の人々が残されたわずかな商品を買えるようにしていました。そこには一箱のケーキミックスがあり、私たちはそれを買いました。私たちはケーキミックスの箱を開け、ハッピー・バースデーを歌いながら渇いたケーキの素をまわして、スプーンで一口ずつ分け合いました。それは今日まで私が参加した誕生日パーティーの中で最高のパーティーでした。三人の女性と六人の子供たちは、アラスカから吹きつける時速一五〇キロほどの風をまともに受ける場所で、男性の助けなしに食料を確保し、暖かく過ごしたのです。

わずかな収入で生き延びるのに必死になっているあいだにも、私はどうにかこうにかここにきた目的を果たそうとしていました。私は風の中の偉大なる教師からの情報に基づいた三冊の本を完成させました。一カ月九〇〇ドルで生活するシングル・マザーにとってはこのうえない偉業です。やがて最初の二冊の著作権を取得し、最後の一冊は自費出版してニューエイジ・ベストセラーのリスト入りを果たしました。エイドリアンはいまだにこの「トレーラー時代」こそ、私たちを引き止めるものなど何もないことを知り、母親としての私の力を知った時期だったと言います。

私の本は一冊が、当時まだ私が体験したことがなかった男性暴君についてでした。もう一冊は顕現について、そしてもう一冊は超意識についてです。

もし自分が書いたことが自分の人生に実際に起こると知っていたら、男性暴君などについて決して書かなかったと思います。

多くの責任を背負う孤独感に、私はしだいに疲れてきました。娘たちの学校は劣悪で、私は彼女たちの教育が心配でした。私はいつのまにかリサイクル・ショップのマジシャンになっていましたが、私は娘たちの生活に必要最低限のものしか与えることができませんでした。

心の奥深くで、私は寂しかったのです。

私は三冊目の本に関する講義を始めました。それが特に理解が必要な課題であると考えたからです。私が知る限り多くの人々は、神という枠組の中にあるだけでそれが実際にどのような存在であっても、完全な崇拝と服従を示すまでに深く尊敬してしまっているようだったからです。

神、イエス・キリスト、マリア、その他有名なマスターを名乗ってメッセージが送られると、人々はそれを崇拝しました。しかし宗教上神とされる存在の前に頭を下げる人が、現在の歴史的評価基準の枠に当てはまらない情報源――地球外生命体――とコンタクトをとる人を嘲笑します。何と偏狭な考えでしょう!

私はこの霊性と「エイリアン意識」と呼ばれるものとのあいだの溝を埋める役割を担うために、このテーマについて話し始めました。

私は運命がカルマと出会う場所というのをまったく理解していません。もし私たちが自分で自分の現実を創り出しているとしたら、運命の役割は何でしょうか? この人生においてそれを知ることはないかもしれません。自分の娘たちを愛のない家庭で育てることを拒み、夫のもとを去ったその同じ女性が、これから起こることにどうしてとらわれたのか、私にはまったく理解できません。

ある会合で私は一人の男性に出会いました。彼は実際とはまったく別人のように名乗りましたが、私は彼を信じてしまいました。彼が言うとおりの人物であってほしいと願い、世界にはそのような可能性があるということを信じたかったからです。私にもそのような可能性があると思いたかったのです。

彼は自ら偉大なる教師と名乗りました。

そして彼はギターを弾き、歌をうたいました。

彼は自分がネイティブ・アメリカンで、曾祖父母から教えを受け継いだメディスン・マンであると言いました。彼は儀式を執り行い、笛を吹いて歌を作りました。神聖なパイプを持ち、私の精神に深くイメージを植えつけました。そして私のイーグル、ベアー、スパイダー、レーベン、ホワイト・オウル、ブラック・フィッシュとの日々が始まったのです。私は森の奥深くへと入り、週のうち二晩はスウェット・ロッジに石を運び、祈ったり歌ったりして過ごしました。最初の二年間、私たちは長老らと旅をし、数々の驚くべきことを学びました。私たちが知らなかったのは、彼もまた、そのとき私と一緒にそれらのことを学んでいたということでした。私たちが一緒にここにくるまで、彼はほとんど何も知らなかったのです。けれどもそのとき私は本物の詐欺師というものを知らず、そのことを理解するまでに何年もかかってしまいました。私は闇がどれほど巧妙に光になりますことができるかを知らなかったのです。

彼はゆっくりと私を崩壊させるプロセスを開始しました。私を卑しめ、友人たちから引き離し、五年間にもわたり私の力を奪い続けました。そしてある朝私は目覚め、自分が虐待を受ける女性になってしまったことに気づきました。私は彼を支えながら、彼が私に暴力を振るうことを許してしまっていたのです。

ある日私は彼にコーヒーを入れるために、彼の後についてキッチンへ向かって歩いていました。すると突然、彼はくるりと振り返り私の左耳を激しく殴りつけました。その強打で鋭い痛みが走り、私は床に倒れ込みました。あまりの痛みに私は一日中ベッドに丸くなり、左耳を押さえて過ごしました。その後半年間、私の左耳は聞こえませんでした。そして私はこのことを誰にも話しませんでした。彼は決して私に謝ることはありませんでした。私たちはただ何事もなかったかのように普段の生活を続けました。結局、彼こそが「偉大な教師」であり、私はただの女だったのです。このような仕打ちを受ける私の絶望について、こう考えるより他はありませんでした。暴力は彼の機嫌が悪いときだけまれに振るわれることだったので、私はそれを許してしまったのかもしれません。私はそのような辱めを自分が受けたことを認めたくなかったのです。私の子供時代の傷がふたたび開かれたようでした。

それは私が五年生のときのことです。ある春の日の午後、先生のお気に入りであるシャーロットが教壇に一冊の本を見つけました。シャーロットは教室の図書係でしたので、教室に置いてある図書館の本をすべてチェックするのは彼女の務めでした。すると教壇にあったその本は貸し出しされていないものでした。常に用心深いシャーロットは即座にその本を図書館に返し、教室に戻りました。

ベルが鳴り先生が教室に入ってくると、教壇を見て本はどこかと尋ねました。教室中がしんとしていました。ミセス・ブラウンはお気に入りの生徒には特別優しく、その他の生徒には特に厳しい先生でした。彼女の行動や彼女の犠牲者の選択方法に、明確な理由は見当たりませんでした。

そしてその日、ミセス・ブラウンは真っすぐ私のもとに歩み寄りました。

「ジュディ、あなたが私の本を図書館に持っていったのでしょう?」

「いいえ、違います、ミセス・ブラウン」私は丁寧にそう答えました。それに対して彼女は私の顔を殴り、私は机から床に吹き飛ばされました。私はあまりに突然の屈辱に唖然としました。私は本当に何もしていないのです!

私はルビーにこのことを話すのが待ちきれませんでした。彼女なら何とかしてくれると思いました。母親とは常に何とかしてくれるものです。

母親にその日の出来事を話すと、「当然ミセス・ブラウンには理由があったはずです。私も同じ学校で教えなければならないのだから、私には何もできません」と彼女は言いました。

私はこの彼女の答えを決して忘れることはなく、その後三〇年間、このときの影響を受け続けて生きてきました。

誰かに殴られるのは、私に原因があるからだ。ナイフを突きつけられてレイプされるのは、夜中に一人で道を歩いていた私が悪いからだ。

このレッスンの最後に、彼は私の娘たちを攻撃し、私たちのあいだに積み上げたものすべてを奪い去りました。私は彼に殺されそうになりました。彼はガラスのドアに私を押しつけ、意識を失うまで顔を何度も何度も殴りました。

私の中でやっと真実が明らかになりました。私は五年間も、一人の男の魂として現れた暗黒面と戦い続けてきたのです。そして私は負けました。

私と娘たちがある植物学の学習会から戻った後で、彼と私は別れることに合意しました。しかし彼は私たちが出かけているあいだに、寝室の壁にマジックで卑猥な言葉を書きなぐり、すべて荷造りして出ていってしまいました。彼は書類に私の名前を偽造し、銀行預金も全部盗んでいきました。私は男性暴君の痛いレッスンを受けたのでした。

私たちが家に戻ると、何もかも全部なくなっていました。価値のあるものはすべてです。娘たちの養育費で買った新しいビデオデッキも、ＣＤも、私のアートも、神聖なバンドルも、家具も、動く車も、私たち共有のキャンピング・カーも、書類も、私のアドレス帳さえもすべて持ち去られていました。さらに彼は、一五〇〇ポンド〔約六八〇キロ〕にもおよぶゴミや濡れた断熱材を撒き散らしていきました。ビンや帽子のリボンの中などにまで脅しが隠されていて、家主からは三〇日以内に出ていくようにとの通告を受けました。私は娘たちと家を片づけ、卑猥な言葉がびっしりと書かれた壁を修理して塗りなおし、通告された期限内にその家を出ました。

私が断熱材とゴミの重さを正確に知っているのは、レンタル・トラックに積んだゴミをゴミ処理場に持っていったとき、一八〇ドルも取られたからです。私がその金額にショックを受けているのを見て彼らは、「ちょっと奥さん、あなた一五〇〇ポンドものゴミを捨てたんですから、それくらいかかって当然ですよ」と言いました。一セントもない私にとって、彼のゴミを処分するためのその金額は膨大でした。しかし他人の人生をめちゃくちゃにするのが彼の生き方です。彼は自分が連れてきた二匹の犬さえも捨てていきました。

私は残ったものをすべて倉庫に保管し、友人の小さなキャンピング・カーに移りました。二匹の犬は犬舎に預け、三匹の猫をそれぞれケージに入れて積み重ね、私たち三人と猫がやっと寝られる程度のスペースに引越したのです。

私はエイドリアンからお金を借りました。彼女はそれまでにもらった小銭全部を、おそらくいつか必要なときに私に貸すためだけに貯めていたのです。私は一番いい服を着て、家を探しに街へ出かけました。そこで頭がイカれているとしか思えない不動産屋の女性が、私に島で最も美しい六エーカーの土地に建つ、水辺の古い農家を貸してくれました。二人のティーンエイジャーの娘を持つ、無職の私にです！　どうしてあの家を借りられたのか、そしてどうしてあんな家を借りる勇気が私にあったのか、いまだにわかりません。

私たちはゆっくりと引越しを始め、その家のオーナーに捨てる家具があれば置いていってくれるよう頼みました。女神は本当にいるものです！　ありがたいことに、私たちは五〇年代のベッド、ソファー、ダイニング・テーブルをもらい受けました。

恥辱に立ちつくした衰退状態から少しずつ立ちなおり、私は一件ごと電話番号を調べながらかつての友人に連絡をとり始めました。すると彼がなぜ私のアドレス帳を盗んだのかがすぐに判明しました。彼は私の友人のほとんどに電話をかけ、私が彼から何もかも奪って逃げたと話していたのです。私が彼のお金をすべて盗み、彼に暴力を振るったとさえ話していました。しかしそれよりも驚くことがあります。私の友人のほとんどは彼を信用したのです！　彼は私がそれまでに聞いたこともないような、巧妙な嘘をつきました。私は彼が嘘の達人であったことを忘れていました！　結局私は彼に何年もだまされ続けたのですから。そして私は彼から受けた虐待を、何年もまわりのみんなから隠し続けてきたのです。なぜ隠したのかは私にもわかりません。まれな事だったから正当化した？　殴られたのは私が悪い？　あまりに突然のことで信じられなかった？

これは私にとって初めての大きな裏切りの体験となり、かつての友人の多くが私ではなく彼を信じるのを目の当たりにしました。この体験をするまで、私はすべての物語には二つの面があると信じていました。しかし今はよりよく理解しています。そこにはいつも二つの体験があり、広大な「形而上学的」解釈では、すべての人がそれぞれ自分の真実を持っていますが、肉体または言葉による虐待に酌量の余地は一切ないことを理解しているということです。虐待を許す「もうひとつの側面」など決してないのです。

私にとって最後の衝撃は、私たちが新しい家に引越したすぐ後に訪れた一人の友人によってもたらされました。彼女は私が虐待を受けていたことを知っていた、数少ない友人の一人でした。

彼女は私たちの近所に住んでおり、彼の偽善を見抜いていたのです。この男の影の多い過去の、数多くの法的トラブルを処理するために、私が本の収入を費やして弁護士を雇っていたことも彼女は知っていました。そして彼女は裁判の途中で、彼の母親と彼女が交わした電話での会話の内容を私に話してくれました。

彼は自分がネイティブ・アメリカンとコーカサス人の混血だと常に主張していました。そこでこの友人は彼の母親に、両親のどちらにネイティブの血が流れているのかと質問しました。すると彼の母親は、家族のどちら側にもネイティブ・アメリカンの者はいないと答えたそうです。彼は純粋なイタリア人だったのです！

現実に彼は自称した何者でもなく、私は最後まで彼を信じていました。法廷での戦いにおいても私は、自分を組織の被害者だとする彼の話を信用しました。なぜ書類に違う名前があるのかについて、彼の説明を信じました。それまでに出会った女性たちがどれほどひどく彼を裏切り、見捨て、何もかも奪い去ったかという彼の話を信用しました（そして私は彼のそばにいて、世の中にはすばらしい女性もいるということを示そうと心に誓ったのでした！）。彼がメディスン・マンになった経緯を信じました。そして最終的に、私は彼がネイティブの血などどこにも引き継いでいないことを知ったのです。彼は自称した何者でもなかったばかりか、「誰」でもなかったのです。彼の名前が彼の母親とも娘の名字とも異なり、私が知っている彼の名前が彼の誕生名とも彼のたった一人の娘の名字とも違っていることを、不思議に思いはしました。

彼の人生には多くの異なる顔があったのです。

虐待や無知や、私のようにその両方の「被害者」になることには、ひどい恥辱が伴います。それはまるでレイプ被害に遭うのと同じことです。そこにはなぜか自分がそれに値するような罪を犯していたり、原因を作ってしまったという、恐るべき感覚があります。私の場合、これはもちろん子供時代のビクトリア女王との体験によるものです。どこかの肥溜めに捨てられることなく、彼女に育てられた私は非常に幸運だったといつも思わされるのでした。そして理想的な恐怖の組み合わせとは、生まれつきの虐待者と子供時代のトラウマの犠牲者が出会うことです。その意味で私たちは完璧なカップルでした。そしてもし不完全さの完全さを理解するとしたら、それがどれほど恐ろしく厳しいものであっても、私たちはそのとき自らにとって最適な選択をしたということになります。私たちがそれを許す限り、私たちは打ちのめされます。そして私たちが何よりも自由に最高の価値を見出すとき、すべてを失うように思えても、私たちは自由を選択します。

彼があのとき逃げ去ったのは、私の彼に対する疑惑がふくらみ、彼の偽善について激しく非難するようになったからです。私はすべてを危険にさらしても、人々に彼の本性を暴露すると脅しました。もし私が彼の言いなりになって彼に服従し続けていたら、彼は今でも私の人生を支配し続けていたことでしょう。

この恐怖から逃避する最中、私はある友人を私の事情に巻き込みました。あるすばらしい男性が文字どおり私のもとへ飛んできて、私をこの危機から救ってくれたのです。白馬の王子様は海外からアメリカへやってきました。彼はいくら私が追い返しても、決して私のもとを離れるつもりはないと言いました。私はついに彼の懇願を受け入れました。

彼は私がそれまでに出会ったすべての男性と正反対の人でした。彼はビジネス・ライフにもスピリチュアル・ライフにも、しっかりとした基礎を置いている人でした。そして彼は私を敬愛していました。私の感情に注意深く耳を傾け、すべてのことにおいて私の意見を尊重し、互いに触れ合うことを好みました。

彼はあるときサンタフェのカフェで私の手を握り、彼がいつも身につけていたお気に入りの指輪を外してこう言いました。「次にこの指につける指輪は君がつけてくれる指輪だ。僕が君の指に指輪をつけるのと同じ日に。その指輪は僕たちを永遠につなぐ指輪だ」、その映画のワンシーンのような出来事に私は酔いしれました。彼を信じてもいいのでしょうか?

彼の愛と献身に包まれて、私は少しずつリラックスし始めました。彼は私を束縛している混乱を解きほぐす手助けをしてくれました。彼は私を守ってくれました。誰かが私を守ってくれたことなど、それ以前に一度もありませんでした。私たちは新たなビジネスを一緒に始めました。彼は私の娘たちも溺愛し、彼女たちは人生で初めて、愛すべき優しい父親を持ったのです。彼はジェニファーにギターのレッスンを受けるためのお金を与えました。私がそれまで決してできなかったことです。そして彼は、エイドリアンに初めての飛行用ヘッドホンを買い与えました。毎回人のものを借りなくていいようにです。

彼は日常の小さなことに気づき、行動をしました。彼はジェニファーを大学まで送り、彼女のルームメイト候補をチェックし、愛情を込めて彼女らに接し、適任と認め、愛すべき父親にしかできないさまざまなおかしな質問をして、ジェニファーがその環境で安全でいられることを確認しました。彼女は彼のそのような思いやりに幸福感を覚えていました。私たち全員がそうでした。

愛と感謝は計り知れません。その重要性を計るのに十分なものさしなどなく、その莫大な価値を計る秤もありません。私は癒されていきました。

そしてクリスマスが近づき、彼が私たちにとって奇跡的な存在でいてくれることに感謝を表すため、私は最高のプレゼントを見つけることにしました。私は彼に箱に入った「物」ではなく、計り知れない何かを贈りたいと思いました。私の彼に対する敬愛とつつましい感謝の気持ちを示すための何かを見つけたかったのです。

そして私はトム・ケニオンに出会いました。

頭の中の小さな声が「トーンを見つけなさい。彼に〈音〉をプレゼントしなさい」と言いました。さて、これはいったいどういう意味でしょう？　私はプロの歌手である友人に電話をし、クリスマスに彼のために歌ってくれるよう頼みました。しかし彼らはツアーに出ていて無理でした。

ある晩、友人との電話の会話の中でトム・ケニオンの名前が出ました。私のハートは飛び上がり、頭の中にベルが鳴り響きました。それは私にとってめったにないことです。何年も前からトム・ケニオンのすばらしい評判を耳にし、多くの人から彼に会うようにすすめられていました。「メディスン・マン」との日々には、実際に彼の電話番号を持って帰宅することが何度かありました。そして毎回、偉大なるメディスン・マンにがみがみと拒絶されました（後になってその理由がわかりました）。

そのとき私は協力的で愛すべき男性とともにいたので、私が会いたいと感じる人とは誰とでも会うことができました。私の頭の中の言葉が（声なき言葉が）ブンブン、カンカン言いながらこの認識を思い出させ、これこそ私が探し求めていたクリスマス・プレゼントであり、すぐに行動するべきだということを伝えてきました。

私はトムの電話番号を手にとり彼のオフィスに電話をかけ、いまだに恥ずかしくなるようなメッセージを留守番電話に残しました。私は確かこのようなことを言ったと思います。「あなたが私を知らないことは知っていますが、もう何年も前から私たちは会うべきだと多くの人から言われています。同じことをあなたも言われているかどうかわかりませんが……とにかく、私はある特別な男性に驚くようなプレゼントを見つけなければならないのですが、あなたがそのクリスマス・プレゼントになってくれませんか？」

数分後彼から折り返し電話があり、私たちは「プレゼントの配達」をカナダ国境付近の彼の家で行うことを約束しました。

二日後、私たちはプレゼントの配達を受けるためにトムの家へ向かいました。私はそのときトム・ケニオンが何をする人なのか知りませんでした。彼がトーニングをすることなどまったく知らなかったのです。私はただ自分のガイダンスに従いました。それは私がそれまで何年も避けてきたことでした。

私たちはそれまでに家の中で見た最も大きい動物に、ドアのところで迎えられました。彼の名前はマーリンでした。彼は私と目を合わせるのに頭を持ち上げる必要すらなく、私を頭のてっぺんからつま先まで入念に調べました。彼の頭は私の胸に楽に届きました。彼はミニチュア・ホースより大きく、ブラッドハウンドとグレートデンのミックス犬でした。

マーリンは私たちを中へ招き入れ、その後すぐにトムに会いました。トムは私たちをソファーに座らせ、クリスタルボウルの包みを開き、大天使たちを呼び始めました。私は目を閉じていましたが、彼が歌い始めたときに思わず目を見開きました。私は自分が耳にしていることを、目で確かめずにはいられなかったのです！この天空の音楽は、目の前に座っている人物もしくはどのような人間からも発せられるはずのない音楽でした。それは神の声でした。私がそれまでにCDでも、コンサートでも、夢の中でさえも、一度も聞いたことのない声でした。誰もそのような音を出せるはずがありませんでした。私の目からは涙があふれ出し、体は震え始めました。このような感謝の念をそれまでに一度も感じたことがありませんでした。このような声が実際に地球に存在し、私が幸運にもその声と同じ部屋にいられることを心から感謝しました。そのような声は人里離れた宮殿に閉じ込められているか、オペラホールの中で守衛に護られ隠されています。誰もこのような声の持ち主に近づくことなどできるはずがないのに、私がそこにいました。

友人からこのトーンを奪いたくなかったので、私は彼から離れてソファーに座りました。これは彼への贈り物で、私のものではなかったのです。私はただこの部屋にいられるだけで幸せに思いました。大天使を呼び込んだ後、トムは私の友人をトキの目の中に連れていき、そこから他の次元へと、トーンと音だけで導きました。ときにはワシになったりときには鯨になったり、それらすべてはトム・ケニオンから発せられているのでした。私たち二人はまったく生まれ変わったかのようでした。

それからハトホルが現れ、まるで古くからの親友のように私の友人と話をしました。トムをとおして伝えられるサウンドと情報とガイダンスが終了し、トム自身が一瞬戻ってきて、「ハトホル女神があなたと話したがっていますよ、ジュディ」と言いました。

私は唖然としてしまいました。私への注目をまったく予想していなかったからです。これは私から友人へのプレゼントだったのです。私は部屋に入ってきた強烈な何かを感じ、真っすぐに座りなおしました。そのとき彼女が私に言ったことを、私も同席した人も、誰一人として一切覚えていません。いつか機会があれば、そのことをハトホルに質問してみたいと思っていますが、それは愛に満ちて恵み深い、非常に個人的な内容だったことを理解しています。あまりに個人的すぎて、誰も覚えていないのです。彼女は私の最近の暗黒との戦いについて言及し、私がまだ生きていることを祝福してくれました。

私たちが帰ろうとすると、トムがドアを出るところで私を呼びとめ、「言っておきますが、私はこういうことはしないのです」と言いました。

「どういうことですか？」と私は尋ねました。

「私の家でプライベートに人とは会わないのです」彼は事務的に言いました。

「それならばなぜ私たちを今日ここに招いたのですか？」と私は当然聞き返しました。

「ハトホルたちがあなたをこさせるように言ったのです」

彼はドアを閉め、私はとても奇妙な、高揚した気分でその場に立ちつくしました。私はハトホルたちを、古代エジプトの時代に非常に活発で有益であった多次元的存在、音と愛のマスターとして知っていましたが、それまでに彼らを体験したことは一度もありませんでした。

小さな島の私の家に戻っても、私は何かにとりつかれたかのようでした。頭の中からあの音が離れませんでした。私はどこか奥深くに、何かつながりがあるように感じていました。私の友人は人生でこのような影響を受けたのは初めてのことで、私は誰ももらったことのない最もすばらしいクリスマス・プレゼントを贈った自分を誇りに思いました。そしてつながりの感覚は私の中で大きくなっていきました。私はトム・ケニオンの言葉にとりつかれました。「ハトホルたちがあなたをこさせるように言ったのです」

そこで約一週間後、私はふたたび電話をかけました。

「もしハトホルたちが一度私たちにくるように言ったのならば、もう一度きてもいいと言うでしょうか？」

トムは笑いながらもちろんそう言うだろうと言い、私は次のセッションの予約をして、ふたたび彼の家を訪れました。セッション中に私はエジプトとの関係についての情報を受け、セッションが終わるころには私たちが古い友人同士であったことが明らかになりました。なぜ私の以前のパートナーが、私をトム・ケニオンに会わせることを拒んできたのかも、理解できました。私を滅ぼそうとする暗闇の中を自分がどのように綱渡りをし、一歩でも踏み誤れば命にかかわる状態だったかということを確認しました。

この要約された人生物語の中で、私は論理的な人間でないと思われるかもしれません。私は自分の論理的側面をまだ書いていませんが、実はまったくの現実主義者なのです。私はほとんど欠点と言ってもいいほどに論理的です。そして明らかな欠点は寛容であることと極めて楽天的だったことで、この性質を今敏速に乗り越えています。私は演繹《えんえき》的推理者で、風の中の私の偉大なる師はいつも私に、「マスター、説明してください」と言いました（私は彼が献身的な隷属姿勢を求めるのではなく、私たちをマスターと呼ぶのが大好きでした。自分以外の何かをマスターと呼ぶ限り、私たち自身が神であることを理解できないと彼はいつも言っていました）。

邪悪なものとは、見るからに邪悪とわかる姿をするほど愚かではないということに、私は気づき始めました。

それはしばしば光のように見せかけ、識別するのが非常に難しいのです。ちょっと考えてみればよくわかることでした。もし本当に悪魔がいるとして、その悪魔が賢いとしたら、彼はどこに隠れるでしょうか？　おそらく教会や教会のような場所、霊性の中に隠れるでしょう。

そして私はずっと昔から、ローマ教会や政府の支配的地位にいるのは悪魔そのものであることを理解していながら、自分自身の内にある新しい霊性の神聖な領域、世界の希望が存在すると確信していた場所に目を向けることはありませんでした。

そしてその後、私は暗黒とは愚かなのではなく、ただ邪悪なものであるということに気づきました。暗黒はもちろん、私たちの言葉を使って私たちのあいだに浸透し、世界の意識を征服する目的で私たちの意志を打ち砕こうとします。暗黒は罪と罪の意識との無知によって私たちの意識の向上を妨げることができなくなったので、気づかれずに密かに取り入り、私たちの真っただ中に入り込み、そばに立ち、仲間のように装い、私たちを混乱へと陥れ、私たちの個人的キリスト意識をふたたび打ちのめすようになったのです。

ここで私が言う邪悪の意味を明確にしておくべきでしょう。私は邪悪という言葉を、地上へのキリスト意識の顕現を妨げるものという意味で使っています。悟りを阻止しようとするものすべてを意味します。

私の友人はその夜、一晩中私を見つめ続けていました。私が眠りにつくとき、彼は私のベッドの隅に座り、涙を流しながら私を見つめていました。どうして泣いているのか尋ねると、「君があのような恐ろしい体験をし、もう少しで命を落とすところだったことを想像すると心が張り裂けそうだ」と言いました。私が目覚めたときにも彼はまだそこに座っていて「君が僕のそばにいる限り、もう二度と危険な目には遭わせない」と誓ったのです。

私は初めてパム・ケニオンに会ったときのことをよく憶えています。それはハトホルたちとの宿命的な経験の数週間後でした。彼女はハートからあふれ出す輝きで部屋中を照らしました。彼女のほほ笑みは透きとおるように魅力的で、彼女の表情は純粋な女神そのものでした。彼女は私が今までに出会った中で、最も美しい人でした。パムとトムは私の大切な親友になり、二人が私たちの島のすぐ隣に引越してきたときには、人生は至福に満ちあふれ、私たちの輪が完成したように思えました。

その後私の友人はヨーロッパに数週間戻り、私も合流するつもりでした。彼は最初の一週間、毎日数回電話をかけてきました。しかしその後、彼のヨーロッパでの仕事仲間が会社の資金を横領していたことが判明しました。そしてこの仕事仲間は会社の銀行口座をすべて空にして逃げてしまいました。私の白馬の騎士と私は、この危機のあいだも一日に何度か電話で話をしました。彼にお金はいくら残っているのかと質問し、彼がポケットに二〇ドルあるだけで、それは家に帰るためのガソリンを買うのにも十分ではなく、車を駐車場においてバスで帰るところだと答えたとき、私は初めてその状況の深刻さを知りました。

それから突然電話がかかってこなくなりました。私の心の光はふたたび消えてしまいました。成功に満ちた力のある男性が、自分の所有するすべてを任せた男に裏切られたのです。この男はアメリカで新たなビジネスを始めようと、資金を盗んで逃げたのでした。ですから彼にとっての損失は、財政面と感情面の両方でした。非常に多くの人々がこの出来事に傷つき、私の友人は彼が所有していたすべてを失ったばかりでなく、絶望的に彼を見つめる彼の仲間の従業員全員に対する責任を感じていました。

白馬の騎士から受けた最後の電話を憶えています。彼の声は緊張していて、背後にかすかな男性のすすり泣きが聞こえていました。そのことについて彼に尋ねると、彼は会社の役員で住宅ローンが支払えず困り果てているけれど、彼に渡せるお金がないとのことでした。

それから電話が一切鳴らなくなりました。私は毎晩コードレスの電話を抱いて眠り、ほとんど一時間おきに起きて電話を確認しました。六週間が過ぎ、私は心配で気が狂いそうでした。私の最悪の事態に彼は私を救ってくれました。私は彼にも同じようにしなければなりませんでしたが、彼がどこにいるのかもわからなかったのです。会社の電話番号はすべて不通になっていました。絶望のうちに、やっとの思いで彼と連絡をとることができる唯一の人物に電話をしました。その人に私の友人を探し出して、彼が私を助けてくれたように私も彼を助けるためにヨーロッパにいくことを伝えてくれるように頼みました。私はただ、彼が一人ではないということを知ってほしかったのです。何があっても、私たち二人なら何とかなるということを伝えてもらいました。

そのメッセージに対して友人から返事がありましたが、私が期待した答えではありませんでした。彼からのファックスには、もうこれ以上みんなの面倒は見きれないということが書かれていました。彼はあまりにも長いあいだ、あまりにも多くの人々の世話をしてきたが、今は彼自身のケアが必要だと言いました。彼はしばらく時間をとって一人で考えたいと言いました。私を心から愛していて、それは言葉では言い表せないほどであり、いつの日か私のもとに戻ることがあるだろうと言いました。ヨーロッパにはこないでほしいとも書いてありました。彼はいつか私のもとに戻るけれども、たどり着けるまでには長い長い時間が必要だと言いました。

この喪失感に私は言葉もありませんでした。私はファックス用紙を握り締めたまま、床に座り込みました。それは昼間の出来事でしたが、私の心は完全に夜の闇に閉ざされてしまいました。

私の中の太陽が沈み、ふたたび夜が明けるまでに長い時間を要しました。

私がそのファックスを読み終えるまもなく、バージニアのルビーの近所に住む敬虔なキリスト教徒で、常に周囲の人にキリストの名において正しい行いをあれこれと忠告してきた人物から電話がありました。ルビーがこれ以上一人で暮らすのは無理であること、そして私がルビーを何とかしなければ、社会福祉事業所に彼女を預けてしまうことを告げられました。ルビーがあまりにも手に負えない状態で、これ以上彼女の面倒を見きれないと言うのでした。

エイドリアンと私はバージニアへと飛び、ルビーのわずかな荷物を荷造りして私たちの小さな島の家に連れてきました。私は計り知れない内面的な強さと生存意欲を持っていますが、もうギリギリの限界に達していることを自分でもわかっていました。私のハートは氷原の上をあてもなくさまよっていました。

私は虐待を生き延び、深く愛する人を失い、さらには九五歳になる私の子供時代の苦しみの原因を世話しなければならなかったのです。

ルビーが到着してすぐに、私はある友人の家で泣き崩れていました。夕方五時ごろ家に戻ると、私が一八歳のときとまったく同じように、ルビーが窓のそばに座っているではありませんか。私は身震いし、深いため息をついて家に入りました。

「いったいどこにいっていたんだい、お嬢さん？　よくもこんな遅くに帰ってくるもんだ！」彼女は私の鼻の近くに骨ばった指を突き立てて言い、わざとらしく咳払いをしながら頭を振りました。

「いい娘たちはこんなに遅くに出かけないもんだ。人にどう思われることか。それともお前は人にどう思われようと気にもとめないのかね！」

まさにこれこそが、他人にどう思われるかばかり気にしてしまう私の全人生の源なのです！

何かが深刻に間違っていました。

風の中の教師の言葉が私の耳に響いていました。「マスター、あなたのまわりを見てごらんなさい」彼はよくこう言いました。「あなたのまわりのすべての人をよく見てごらんなさい。誰一人としてあなたの前に歩み出て、あなたの代わりに銃弾を受けてくれる人はいません。誰一人としてあなたのために死のうとする人はいないのです。もし彼らがあなたのために死なないのならば、なぜあなたは彼らのために生きるのですか？」

私はビクトリア女王がふたたび私のそばにいることをひどく嫌いました。そして外見や表面的な印象、ましてや私が彼のためにしたことからではなく、ただありのままの私を愛してくれたたった一人の人を求めて私の心は痛みました。

エリコの壁（訳注：聖書で堅固なもののたとえ）は崩れ落ちました。私の壁は足もとから粉々に砕け散りました。これ以上、何者も私を支えることはできませんでした。もう何もなかったのです。私はついに虐待者に対する怒りを感じ始めました。私の人生におけるすべての虐待者に対しての怒りです。四〇年かかって、やっと私は自分の怒りを見つけ出しました。そしてそれは私の大きな味方になりました。

次に私は友人の失踪の悲しみを学びました。

それは私が誰かに本当に愛されていると感じた、初めての経験でした。

一万年分の涙が激流となって一斉にあふれ出しました。痛みを止めるすべは何もありませんでした。私はこれまでいつも感情の堤防を抑えてきましたが、この洪水を鎮めることは不可能でした。慰めになるものは何ひとつありませんでした。私にはイーグルの叫びは聞こえず、ブラック・フィッシュの目覚めも私の目には映りませんでした。ホワイト・オウルさえ私を慰めにきてくれましたが、私にはその愛に満ちた羽ばたきを感じることができませんでした。

私はほぼ二年近く、死を願いながら苦悩のうちに歩みました。この強烈な苦しみを言い表すのに十分な言葉はありません。紙の上に叩きつけたとき、この苦悩の深さを適切に表現できる言葉など、どの辞書にも載っていないのです。何時間も泣き続けるとどうなるか知っていますか？　涙があるポイントに達すると、ゲーゲー吐いて痛みに窒息しそうになるのです。

オスカー・ワイルドの偉大なる詩の一節が、私のマインド内に限りなく繰り返されていました。

「男とはみな愛するものを殺すものだ、みなの者、よく聞くがいい。臆病者は言葉で、優しい男は剣で」（『レディング―牢獄の唄』より）

臆病者と優しい男は同じように私を殺しました。

私は死なせてくれるよう神に懇願しました。私は死を求めました。何よりも死にたかったのです。自ら死ぬ勇気はありませんでした。けれども私は死にたいと思いました。私は空想の中で、自らの命を絶つ勇気を持つことを夢見ていました。

私は娘たちとトムとパム以外のすべての人を、私の人生から切り捨てました。トムとパムは私を、まるで傷ついた小鳥のように彼らの内なる聖地に招き入れ、愛に満ちた友情で私を包んでくれました。他に三人の友人が私とともにいてくれました。娘たちは私にしがみついていました。エイドリアンは私がいつか生きる希望をふたたび持つようになることを約束しました。そのときの私には信じられない考えでした。

そしてジェニファーは私に、「ママ、次の人がどれほどすばらしいか想像してみて。彼はきっと最高の人よ」と言いました。彼女が正気だとは思えませんでした。

「私はもう、決して男を三メートル以内に近づけないわ」私はジェニファーに向かってどなりました。「もう二度とない！　馬鹿なことを言わないで！」

私には一人の時間が必要でした。私はすでに数多くの感情的な課題に取り組んできたつもりでした。それは一度の人生には十分すぎるほどで、これ以上私にはどうすることもできませんでした。痛みと怒りのあいだに挟まれて、私の死への想いはどんどん強まっていったのです。

私との約束を守った人はこれまでに一人もいません。何年にもわたる数多くの約束。そしてそこからある夢が生まれました。もし誰も私との約束を守らないなら、私が私自身との約束を守らなければなりません。私はいつか、娘たちをヨーロッパへと、スピリットの旅に連れていこうと心に決めていました。絶望的な時期に、人は極端な行動をとるものです。

私はありったけのお金をかき集め、母の世話をしてくれる人を雇い、インターネットでレンタカーを予約して、ジェニファーとエイドリアンとともにアムステルダムに飛び立ちました。それは私たち家族が一緒に過ごす最後の夏でした。ジェニファーは秋には一人でインドにいくことになっており、エイドリアンにとっては高校生活最後の夏でした。高校は一カ月くらい休んでも仕方ないと私は判断しました。公立高校でエイドリアンが一カ月のうちに学ぶことは、女神の聖地をたどるヨーロッパの旅で学ぶこととは比べ物にもなりません。

私たちはアムステルダムに到着し、ある友人の友達に迎えられました。ロンは私たちを彼の家に招き、ヨーロッパ時間に慣れるためには早く眠ってはいけないとアドバイスをしてくれました。エイドリアンはすぐに眠ってしまいましたが、ジェニファーと私は互いにつねり合いながら起きていました。ロンは彼のおすすめのドキュメンタリー・ビデオを見せてくれました。それは想像以上に興味深いものでした。

それはシオンのある小修道院と、ソニエールという名の一人の聖職者が発見した宝物についての話でした。私の名前の物語でもありました。彼はこのミステリーにいくつかのヒントを残しました。「宝物はダゴベルトとシオンのものである」と書かれた羊皮紙文書です。

私が生まれたアパラチアの小さな小屋と、私の誕生名であるザイオン（もともとはシオン）が一瞬思い浮かびました。そして生まれて一年も経たずに養子に出された私に与えられた名前は、同等に大げさなポープ（ローマ法法にちなむ）というものでした。私は育ての親が死んだら、自分の名前を誕生名に戻そうといつも考えていました。彼女は九五歳でしたがまだ元気で、私は二つの名前のあいだに挟まれていました。彼女がこの世とあの世の境で、痴呆と正気とのあいだに挟まれていたのと同じように。

そのドキュメンタリー映画は、私が心の中で理解し、多くの人々と分かち合ってきた真実の物語を解き明かしました。しかしそれまで私は、自分以外の誰かがこのような物語を語るということを知りませんでした。私は真実を論理的に推理しました。小さなことをつなげて女性の心で理解しました。女性の心はいつも真実を知っています。少なくとも彼女にとっての真実を。しかしこのドキュメンタリーの中には、私が長いあいだ知っていて一人きりのように感じていたあることの証拠とされるものがあったのです。そこにはレンヌ・ル・シャトーという地名があげられており、私はその場所を見つけることを誓いました。私が知っていたのはそのレンヌ・ル・シャトーという名前と、それがフランスのどこかにあるということだけでした。

翌朝私たちは出発しました。私にはこの場所を見つけ出し、自分自身のミステリーを解明するという目標ができました。私たちは猛スピードでドイツを駆け抜け、途中激しい雹《ひょう》に襲われ、へこんだ屋根には朝日が輝いていました。フランスまではかなりの道のりがあり、気がつくと私たちはイタリアのアンコーナにきていて、そこからギリシアへ向かうフェリーに飛び乗りました。私たちは三日月のあとを追ってデルフォイ〔訳注：ギリシアの古都市、アポロ神殿があった場所〕へと入りました。私たちには地図が読めませんでした。すべてギリシア語だったのです！　しかし夜中になって、私たちは山に登りました。そして月が沈んでからは、自分たちの心に従って行動しました。かつて自分が暮らした場所に立ちながら、その場所を思う存分散策することを許されないというのは、大変おかしなことです。私たちはピュティア〔アポロ神殿の巫女〕の泉の入り口を塞いでいる「立ち入り禁止」と書かれた札を鼻であしらいました。それはツバメにカピストラーノ〔訳注：カリフォルニア州サン・ファン・カピストラーノ。歴史的建造物にツバメが集まることで有名〕に入るなと言うようなものです。

私たちはごくごくと水を飲み、泉の後ろの壁に深く刻まれた古代の階段を登りました。それから私たちはナフプリオンの近くにあるヘラ〔ゼウスの妻でギリシア神話最高位の女神〕の泉へいき、そこでも水を飲み沐浴をしました。伝説によると、そこはヘラが毎年訪れて処女性を回復する場所だそうです。

しかしギリシアで最も忘れられない体験をしたのは、聖地と呼ばれる場所ではありませんでした。私たちは地中海沿岸のイストニア付近のキャンプ場で眠りについていました。夜中の三時ごろ、突然パムが現れて私を起こしました。彼女は私に何か言いましたが、私があまりにも寝ぼけていたので、彼女は私の体をつかみ、真っすぐに座りなおさせました。私は輝きに満ちた彼女の顔をじっと見つめました。彼女はまことに美しく光り輝き、本当にそこにいました。彼女は私に六つの単語を言いましたが、私はふたたび倒れ込んでしまいました。パムは私の肩をつかんで抱き起こし、私が目を覚まして彼女の言葉を聞くように、私の肩を揺さぶりました。彼女はある約束をさせてから、私を解放してくれました。あたりを見まわすと、私は一人きりで真夜中の地中海の浜辺に座っていました。私はすぐに娘たちを起こし、たった今起こった出来事を話して聞かせました。それがどういう意味なのか、私たちの誰にもわかりませんでした。

数日後私たちはヴェニスゆきのフェリーに乗り、イタリアを越え、レンヌ・ル・シャトーを探すため、ついにフランスに入りました。しかしそのような地名はどの地図にもありませんでした。

そこで私たちはアルルへいくことにしました。アルルの光を確かめるためです。ヴァン・ゴッホは、アルルの光が他のどの場所とも違うと断言し、ここで絵を描きました。私たちはある日の午後遅く、アルルのすぐ南にたどり着き、そこで地球上のどこでも見たことがないような夕日の輝きを体験しました。そこから先はその光をたどったと言えると思います。アルルの街自体はとてもせわしなく感じられたので、街に入る代わりに私たちは南へ向かいました。地図によると、地中海はもうすぐそこでした。海に向けてドライブしている途中、だんだんと土地が平坦になり、見渡す限りのラベンダー畑が広がりました。角を曲がるときに、私たちはもう少しで雄牛の群れを従えた、白馬に乗った男性と衝突するところでした。彼は古くて汗染みだらけのステットソン〔カウボーイ・ハット〕をかぶり、ラングラー・ジーンズをはいていました。この人は見かけ倒しではなく、本物のカウボーイでした。カウボーイの革ズボンもはいていました。私たちの車は走り続け、ラベンダー畑は過ぎ去り、周囲は小川が流れる湿地帯になりました。白馬の群れがそこらじゅうを駆けまわっていました。

道の両側には乗馬ができる馬小屋があったので、私たちも一箇所選んで立ち寄りました。馬に乗って速足で駆けていくと、角を曲がったところで何百羽というピンク・フラミンゴの群れに遭遇しました。群れは一斉に飛び立ち、羽ばたきで旋風を巻き起こして去っていきました。馬は当たり前のようにその光景を眺めていましたが、私たちは本当に驚かされました。私はいつまでもその光景に魅了されていました。

海に出たところで道が終わり、私たちはクレープよりもパエリヤが一般的で、公共の駐車場が闘牛場になっているようなスペイン風の町で宿をとり、一夜を過ごすことにしました。

私は教会が大嫌いです。いつもそうでした。私にとって教会とは偽善の館です。私はある女神にまつわる教会（ほとんどの教会がそうですが）についての記事を読んでいましたが、散歩の途中で偶然その教会にたどり着きました。そこで私たちはサント・マリー・ド・ラ・メールにあるその小さな教会に入りました。するとそこにはボートに乗った女性たちとマリアが描かれており、私がそれまで長いあいだ心に秘めていた物語が、歴史的実証を持ち始めたのです。

マグダラのマリアはここを訪れていました。

長年のあいだに、マグダラのマリアは私の守護聖人の一人になっていました。私は彼女のことを忘れ去られた花嫁、聖書の編集者によってキリストから切り離されたばかりか、辱めを受け、卑しめられ、その後のすべての女性とともに娼婦として扱われた存在として理解していました。

私が育ての親に生みの親のことを尋ねるといつも、彼女は顔をゆがめて私の生みの親の疑わしい道徳性についての推測に身震いし、その質問を無視するのでした。ですからマグダラのマリアに公然と押しつけられたレッテルを抜きにしても、一人の人間がみだらさの徴候があるというだけであまりにも簡単に忘れ去られてしまうことの損害を、私はよく知っていたように思います。

奇跡的に私たちは、マグダラのマリアがイェシュアの処刑の後、最初にフランスに上陸した地を見つけました。土地に伝わる伝説によると、彼女は何人かの歴史的重要人物とともに舟でやってきたそうです。

舟に乗っていた人々の中にはサラという女の子がいました（マグダラのマリアによると彼女の名前はかなりの喉音《こう》で、英語で表現するのは難しく、綴りはSar'hがより正しいそうです）。伝説の中で彼女は召使として描かれていますが、私は彼女がマグダラのマリアとイェシュアとのあいだの子供であることを知っていました。彼女は命を護るために身を潜めていたため、悪魔と呼ばれエジプト人と思われていました。

私たちは、サラが一年のうち一日以外はいつも安置されている地下聖堂を訪れました。そこで私たちはそのような環境で、それまでに体験したことがないほど魅了されてしまいました。実際に私が教会で神聖さを感じたのはそのときだけです。

サラはジプシーたちの守護聖人です。毎年春になるとヨーロッパ中から大勢のジプシーたちが集まり、サラの像を海へ運び、イシスの儀式に従って沐浴させ、彼女を礼讃するのです。一年中ジプシーたちは彼女の地下聖堂を訪れて、彼女に新しい衣装を持ってきては、彼女がタフタ〔光沢のある薄い平織の絹織物〕や編み物細工やスパンコールやふち飾りなどで膨れ上がるまで、優しく重ねていくのでした。彼らは小指でサラの唇にそっと触れ、木の頬に口づけをし、涙で彼女の木製の体を濡らします。そしてその日彼女は、銀のサドルをつけて鼻を鳴らしながら踊りはねる白馬に導かれ、みこしに乗って高く掲げられます。その後彼女は群集の中を、かつて母親とともに上陸した岸へと移動するのです。

その地下聖堂でサラの前に立ちつくした短時間のうちに、彼女は私に呼びかけました。私は彼女と一緒の時間を過ごしたいと思い、辛抱強く私の順番がくるのを待ち続け、彼女の近くに歩み寄り、何度も何度も彼女を崇めました。最後に勇気を振り絞って彼女の木の頬に触れると、私の目からは涙があふれ出しました。

彼女が雲を渡って海へ出る姿を、いつか必ずここに戻ってジプシーたちとともに見ることを約束し、私はやっとの思いでサラのもとを離れました。

このような高揚を体験したからには、私はどうしてもレンヌを見つけなければならないと自分に言い聞かせました。女性が三人、ヨーロッパ中を駆け巡り、キャンプ場に止めた車の中で眠り、ときにはホテルに宿をとり、歴史、血筋、そしてその血の中に流れるものを探して、理解をはるかに超えた何かに導かれて旅をする気持ちを想像するのは、きっと難しいことでしょう。ツアーガイドも地図もない旅だったのです。

しかしレンヌはなかなか姿を現さず、代わりに私たちはルルドにたどり着きました。病や麻痺や老化などで衰えた体が集められ、黒いローブを着た女性たちに導かれている担架のただ中に私たちはいました。悲しげで絶望的な人々が、同じように悲しげで絶望的な表情をした修道女たちに導かれている姿があちこちにありました。さらに数百人が、聖母マリアの形をしたプラスチック・ボトルに必死に水を汲み、蓋をして、他のお土産と同じように買い物袋に詰め込んでいるのでした。プラスチックのマリアに入った聖なる水です。

私はうんざりしてしまいました。何に対しても誰に対しても決して悪口を言わないエイドリアンが、「ここは今まで見た中で一番暗いわ。ママはここに残りたければ残ればいいけど、私を町の外れまで連れていって帰りに拾ってくれる?」と言いました。

ルルドに何とか耐え、その場所に決して見つけることのなかった光を探すのに疲れ果てた私たちは、バックミラーに映る黒い幕のかかった担架や、古い車椅子をホテルの部屋やバスへと押していく黒いローブの修道女たちを後にして、午後にその場所を去りました。その日のルルドの泉に奇跡の回復はありませんでした。

私のハートはレンヌが私たちの後ろにあり、ルルドにくる途中で非常に近づきながら、通り過ぎてしまったことを告げていました。私たちにはもう時間がありませんでした。まもなくアムステルダムに戻らなければなりませんでした。飛行機の予約があり、エイドリアンは学校に戻らなければなりませんでした。私の母の世話をしてくれている女性も家に帰らなければならず、ジェニファーは数日後には勉強のためインドに旅立つことになっていました。それにもかかわらず、私は進路を東にとり、ピレネー山脈へ向けて今きた道を戻り始めました。暗闇に覆われましたが、満月が丘の上に顔を出したり引っ込めたりしながら私に歌いかけてくれました。それから月は迫りくる力に食われ、少しずつ消え始めました。私たちはピレネー山脈のふもとのどこかで車を止め、満月の完全な月食を眺めました。

その夜はレンヌへ続いていると思われる、ある田舎道の道端に車を止めて眠りました。翌朝目覚めてストレッチをし、自分がいつのまにかハンドルの下に丸まって器用に眠ることができるようになったことに驚いたのを憶えています。私たちは露で湿った朝の冷気の中、牛やにわとりの夜明けの鳴き声で目を覚ましました。

その日一日中私たちは車を走らせ、あちこちの町でレンヌ・ル・シャトーについて聞いてまわりました。ある人の道案内に従うと、何もない場所にある一件の空き家にたどり着いたこともありました。私たちがどうやってカルカソンヌの南にある小さな町にたどり着いたかはわかりませんが、私たちはこの町に立ち寄り、近くのホテルへの道順を尋ねました。その夜、私たちにはベッドが必要でした。

「この辺で宿をとれるのは、川のそばの古い城だけだよ」。満月の月食の後には魔法が隠されていることに、私たちは気づくべきでした。

約束された感覚にしっかりとつかまれて、私たちは長い年月を経てさびれた塔の階段を登っていきました。これまでに無数の人々が、まるで古代のタンゴ・ダンサーのようにこの階段を一足ごとたどったのです。この城の起源はテンプル騎士団の時代までさかのぼります。その時代には、騎士たちと聖戦の物語が風の便りにあちこちで聞かれ、カタリ派の人々（カタリ派は最も迫害を受けた宗派のひとつで、その派の人々は最終的にカトリック教会に大虐殺された）の暖かい家庭には、神秘主義が満ちていました。

私は神秘がマインドに滑り込み、蔦《つた》を絡ませてとりつき、私をとらえて夢の時間へと連れ去るのを感じ、心に親しみを覚えるようになりました。翌朝早くに私は塔を降りて中庭へいき、高い塀に囲まれたその場所でエスプレッソとクロワッサンの朝食をとりました。南フランスの生活は最高でした。

私たちは出発の準備をし、バックミラーにしだれ柳を見ながらその町を後にしました。私は右へ曲がり、それから左へ曲がりました。なぜかはわかりません。それは私がハンドルを手放して、別の何かが運転を代わってくれたというのではありません。私はただ何となく左に曲がり、曲がりくねった丘の道をどんどん登っていきました。私の顔、腕、足全体がちくちくし始め、私は高揚しました。

山の上で私たちは小さな村にたどり着き、車を止めました。そこで唯一の道を歩いていくと小さな書店があり、そこには明らかに秘儀の本が並んでいました。私がこれまでに訪れた中で最も小さな村に、オカルトを扱う書店があることに大変驚かされました。

私たちの足どりは速まりました。丘を越えるとそこに、レンヌ・ル・シャトーの小さな教会がありました。きしむ扉をくぐり、私たちは悪魔の前を通り過ぎて教会の中に入りました。一メートルほどの背丈で、ひづめと角とむき出した牙を持つ姿で、聖水を掲げた木製の悪魔（または宗教的無知によってそう呼ばれる存在）の像が立っていました。

パネルにはマグダラのマリアが頭蓋骨を足もとに置いて描かれていました。最後の晩餐の絵には、彼女はイェシュアの弟子の一人としてテーブルの下に座り、彼の足首に頬を寄せ、髪の毛で彼の足を包んだ状態で描かれていました。教会の天井は古代エジプト人の墓のように青で塗られ、星が散りばめられていました。私のハートと同じように足が震え出す前に、私はすばやく座席につきました。

教会の後ろにはソニエール司祭の家と、彼が建てたマグダラの塔が、ピレネーを望む場所に建っていました。私たちが見たドキュメンタリーはソニエールの有名な発見のミステリーについてでしたが、それは私にとっての重大事ではありませんでした。私は彼が何を見つけ、それをどこに隠したかなどまったく興味がありませんでした。墓場を掘り起こそうなどというつもりはまったくありませんでした。私の発掘への衝動は別の場所にありました。私は神秘の奥にある真実を知りたかったのです。私は錬金術的な真実がほしかったのです。そしてそれは、マグダラのマリアとイェシュアとのタントラ的な関係に関連することを私は知っていました。

カトリック教会が全住民を滅ぼし、この地方全体に大破壊をもたらしてまでも守らなければならなかった重要な秘密とは、いったい何だったのでしょうか?

それはイェシュアが禁欲主義者ではなかったことです。そしてマグダラのマリアが娼婦ではなく、イェシュアの妻であり、イシス神殿の中で最も高尚なイニシエートの一人であり、神殿でイェシュアとの性的関係のための十分な準備を整えた人物であったということです。二人には娘がいて、彼女の血筋は神の国を信じる者または教会のようにそれを畏れる者にとって、文字どおり神の国の正当な継承者であったということです。

ヨーロッパで達した極みにもかかわらず、そこでのビジョンや訪問にもかかわらず、結局私たちは家に帰らなければなりませんでした。深く感動し、ほんの一瞬喪失感から解放されましたが、自分の人生からは逃れられず、私たちは家に戻ったのです。

パートナーとの関係が私のライフワークではないと私は自分に言い聞かせました。私はこの役目を誰か他の人に引き継ぐべきでした。私には無理だったのです。私は子供時代からのアドバイザーと和解し、自分の夢のすべてに別れを告げて、ある夜トムとパムと一緒にホピ族の地域をドライブしているときに自分がするべきことに気づきました。

トムとパムの愛は、私が知るどのような関係より最も深く最も純粋でした。私はそのような愛の近くにいられることに喜びを感じました。私が二人により近づくほど、その愛は鮮明に感じられ、私はわくわくしました。それは本物でした。うわべだけの愛ではありませんでした。二人は初めて出会った瞬間から互いに愛し合っていました。このうえない愛の深みは、年月を経て互いの欠点を経験しても、少しも損なわれることがありませんでした。彼らは霊的にも感情的にも、すべてのレベルにおいて互いを最高に尊重し合っていました。

「この恋愛関係の仕事に取り組むべきなのは、私ではないかもしれないわ」私は後部座席から、真っ暗で何も見えないにもかかわらず身振り手振りを加えて感情的に話しました。

「私はあなたたち二人のように愛し合うカップルをこれまでに見たことがない。だからあなた方にこの仕事を引き継ぐことを光栄に思う。そうすれば私は探求をやめてリラックスできる。もう二度と恋愛はしないわ。あなた方二人に任せます」

私のこの言葉に込められた深い意味を二人が理解したかどうかはわかりませんが、私は後部座席から身を乗り出して、ただこう宣言しました。私は二人に、彼らほど互いに愛し合っているカップルはどこにもいないと言いました。そして私がパートナーとの日々の生活で、完全なる調和と平等と真実のうちに互いに愛し合って生きることをとおして、地球上の男性エネルギーと女性エネルギーのバランスをとるためにこの世に生まれてきたと常に言われ続けてきたことなどを、ベラベラとしゃべり続けました。そして私はまるでたいまつを手渡すかのように前方に手を伸ばし、私が恋愛関係の仕事に取り組むことをやめ、その役目を今後は彼らに引き継ぐと宣言しました。そして私は自分の発言を強調するために、静かに座り込みました。

この時点ですでに私は二年間、死を求め続けていました。そして私はいつもほしいものを長期間かけて手に入れるのです。強く求めていたものを、もうほしくないと思ったときにこそ獲得できることに、やっとそのとき気づきました。ですから精神的憂鬱に代わって肉体的苦痛が襲うのは必然的でした。歩くこともままならないほどに私の関節が痛み出しました。それは大変辛いものでした。私の力は意志とともに消え去り、エネルギーが枯れた状態になりました。夜には眠れずにひたすら寝返りをうちながら、過去からの亡霊にとりつかれました。

私はユタ州に住む一人のすばらしく優秀な女性をとおして、大天使メタトロンとコンタクトをとりました。彼女は医学的直観力にも優れた人物でした。私は何度か彼女のリーディングを受け、それらのリーディングとトムをとおしたハトホルからの情報だけが、そのときの私を癒し慰めてくれる唯一の手段でした。

メタトロンはこのとき私に対して厳しく意見しました。私は皮膚結核の初期で、すばやく対処しなければ死の願いが叶えられてしまうと言われました。そして彼は私に抗酸化剤の処方をしてくれました。私はすぐにトムに電話をし、ハトホルたちと話したいと頼みました。私には裏づけ、または別の意見が必要だったのです。

彼らが降りてきたとき、私はそれまで他の人に会っていたという自分の不誠実さを打ち明けました。彼らは私の告白に笑い転げた後、メタトロンに言われたことを話していないにもかかわらず私の問題を指摘し、もし私が生きることを選択するならば、その問題を癒す方法に着手すると言いました。それから彼らは、私が解放し癒す必要のある音を与えてくれました。その音は録音され、私は家に持ち帰って何度も繰り返しそれを聞きました。

私は抗酸化剤の処方と同じように、私を癒してくれたトムのハトホル・サウンドを評価しています。

このとき音による個人的なヒーリングを体験しましたが、私はまだ教師としてのトムを理解していませんでした。言うまでもなく、私は「教師」というものにわだかまりがあり、彼の人間としての欠点のなさを長いあいだ観察したうえで、やっとのことで彼が教えることを聞いてみようと決心しました。音が私の人生にもたらした衝撃はすばらしいものであり、近くでワークショップがあるときには、ささやかな感謝を示す意味で、受付やその他の手伝いをしながらワークショップに参加するようになりました。

初日が終わるころには、私の友人であるトムは世界一すばらしい声の持ち主というだけでなく、広範囲にわたるさまざまなテーマについて最も博学な人物であるということを知りました。

彼はチベット仏教、道教、ヒンズー教、エジプト錬金術、キリスト教の奥義などを含めた、主要な内なる錬金術系統の奥に秘められたニュアンスや趣旨を理解していました。そしてそのときのテーマが何であれ、彼はユーモアと謙虚さを持って教え、それは非常にわかりやすいと同時に意識を変容させるものでした。彼はそれぞれの系統がどのように意識を向上させるかをまとめ上げていました。

彼は事実上、それぞれの道において神聖とされるものの奥に秘められた意味を理解していました。彼は教義の蔦を絡ませることなく、その神秘を理解したのです。彼はこれらの内なる錬金術系統の中心部をひとつひとつ調べ上げ、教義をつけ加えることのないよう慎重に意識の科学と物理学の両方を教えました。

私にとって初めての週末ワークショップが終わるころには、トム・ケニオンは私の中で尊敬に値する「教師」になっていました。私は変わりました――音と情報の両方によって深く変化したのです。

私は彼の生き方を目の当たりにしていました。彼の日々の行動に非の打ちどころがないことを、彼らの家に出入りして十分理解していました。私は彼の名誉を知っていました。彼がどれほど自分の妻を愛し、女性性に奉仕し、母性を常に尊重しているかを理解していました。偉大なる教師を見つけた今、私は彼のワークを世界に広げる手助けをしたいと思うようになりました。

彼の人生について調べていくうちに、彼こそが、音と周波数が脳におよぼす影響を科学的に認められるよう働きかけた先駆者の一人であり、音の意識への作用を研究するために一九八三年、アコースティック・ブレイン・リサーチ研究所を設立した人物であることを知りました。彼はこの研究に一〇年を費やし、脳の状態に音がもたらす変化と効果について証明したのです。

彼は心理療法と音の融合を表す、サイコ・アコースティック（音響心理学）という言葉を生み出しました。この研究がワークショップにもたらした影響は実に明確で、大変すばらしいものでした。左脳は正確な情報を心理療法士であり科学者のトムから入手し、右脳は「サウンド・メディテーション」をとおして神秘家のトムから必要なものを得ました。言葉にならない情報が、「サウンド・メディテーション」のあいだにトムの声をとおし、音のコードとなって伝達されました。「言葉を使った教え」と「音を使ったトーニング」との両方のコンビネーションはすばらしい体験をもたらしました。

私はこのワークが今後数十年間の地球にとって大変重要になることを直感しました。トムのこのワークを世界に広めるために、私はどのように手助けすることができるか、私たちは話し合いを始めました。私の報道関係と執筆業の日々が、ふたたび役に立つチャンスが訪れたのです！

しかし一方で、トムとパムが住んでいた水辺の美しい貸家が売りに出されることになり、彼らは西南部に移り住むことになりました。私たちは非常に近しい間柄で、私はこれ以上の喪失に耐えられそうになかったので、私の人生にも変化が必要なときであると自分に言い聞かせ、彼らについていくことに決めました。私たち三銃士は、貸家を失うというような平凡な理由で引き裂かれるべきではなく、私たちのあいだに生まれた友情関係は、一度の人生にそうめったにあることではないのです。私はガレージ・セールを開き、お気に入りのものを売り、古い用件を片づけるために東海岸へと向かいました。母の世話は私の力ではおよばない状態になっていたので、最終的に施設に預けることにしました。娘たちは二人とも家を離れて大学にいっていたので、私はどこにでも引越すことが可能でした。

数年前パムは乳がんを患いましたが、彼女は見事に克服しました。彼女は生きることを選んだのです。私には重要な仕事があり、一日中死にたいと願って過ごすことはなくなりました。私もまた、生きることを選択したのです。そして私の人生はまるで春を迎えたように感じられました。トムの仕事には、私のビジネス経験が大いに必要とされる場面が数多くありました。私は彼の仕事が促進するよう手助けをしました。私はハトホルたちに要請された、ニュー・メキシコ州の「サウンド・ヒーリング・テンプル」の建設のための資金集めに深く携わりました。やるべき事は山ほどあり、トムのワークを世界中に広めることこそが、私の才能を十分に発揮して取り組むことのできる最も重要な仕事であると純粋に感じました。彼のワークは音であり、音と音楽はすべての境界線を越えて広がります。音は言葉の限界を超えます。そして彼は本物でした。彼は偽善者ではなく、女性性と母性を愛し尊重していました。そして彼は妻を深く愛し、崇めました。そしてこのことこそが、それまでの人生で男性の女性に対する虐待や無視ばかりを体験してきた私にとって特に重要だったのです。

そのうえ私たち三人は親友同士でした。私たちはともにすばらしい時を過ごしました。私たちはキッチンを自由に動きまわり、快適に旅をすることもできました。くだらないテレビ番組を見て、一緒に大笑いをしました。パムと私は、互いに自分の子供たちに対して犯した過ちについて語り合い、ともに泣きました。自分たちの子供時代のアルバムを見て、私たちがどれほど美しかったかそれまで気づかなかったことに涙しました。自分たちを太って醜いと思い込んで生きてきたことを、ともに泣きました。私は彼女の幼いころの写真を見て、そこに私がそれまでに出会った中で最も美しい女性を見ました。彼女は私についてもそれは同じように真実だと誓いました。私たちは抱きしめ合い、心の最も奥深くにある秘密を打ち明け合いました。彼女は出産直後に女の子を養子に出していました。私も同じように女の子を養子に出しました。

あるときからパムの肩が痛み始めました。引越しの前に島の医師に診てもらったところ、おそらく前回の手術時の回旋腱板《かいせんけんばん》（肩の動きをコントロールする筋肉）の損傷による痛みだろうと診断されました。痛みが消えるまでには時間がかかるが心配することはないと言われました。そこでパムは痛みをそのままにしていましたが、状態はどんどん悪化しました。クリスマスの直前に、私が東海岸で古い用件を処理しているところに、トムから電話がありました。パムの痛みが激しくなり、緊急治療室へ運んだとのことでした。

緊急治療室で島で行われなかった骨のスキャンをし、それによって癌が骨にまで転移していたことがわかりました。トムはパムが癌の第四ステージにあることを知らされました。逆症療法《アロパシー》医学は彼女にとって、死亡証明書以外の何ものでもありませんでした。それは衝撃的なニュースでしたが、パム自身は克服できると宣言しました。私が二人と合流する前に、彼らは島へ戻る準備を始めていました。パムが家に戻りたがっていたのです。

その後二人から電話があり、希望が持てる新たな治療を受けるために、メキシコにある特別なクリニックにパムと一緒にいってくれないかと頼まれました。数年前の最初の診断からトムは一人でパムの世話をしていましたが、医療費がかさみ、支払いのために彼はアメリカにとどまって仕事をしなければならなかったのです。一カ月はメキシコに滞在することになり、エイドリアンは夏休みで家に戻ったばかりで私を必要としていました。しかし私は数年前、真夜中のギリシアの浜辺でパムと約束を交わしており、私が彼女と一緒にいかなければならないことはわかっていました。そんなわけでパムと私は、インシュリンによる昏睡状態で体を死に近い状態に置き、酸素の浸透を最大限にすることで癌細胞を殺すという治療を受けるため、ティファナのクリニックで一カ月を過ごしました。これはまだ実験的段階の治療法で、米国医師会による死の独占市場である北アメリカではとうてい受けられない治療でした。

その一カ月のあいだに、私は最もすばらしく、絶望的で誠実な人々がきては去るのを目にしました。私は奇跡を目撃し、そして人々の死を目の当たりにしました。何週間も準備をした後に、パムが昏睡状態に入るとき、誘導の過程で彼女は次元間をさまよい、恐るべき苦しみを味わいました。次元間の移動は肉体的にも感情的にも極度に疲労するもので、最初の昏睡状態の後、パムはもう二度としないと断言しました。

昏睡状態への導入と意識の回復のプロセスは、両方とも極端な変化をもたらしました。導入時の旅立ちの感覚はあまりにも過酷で、パニック状態を引き起こしました。そして意識を戻すためのビタミン剤によって体はひどく痙攣《けいれん》し、汗をかきました。

二度目の昏睡状態に入る予定の朝、パムは治療を受けることを拒否しました。この治療法が彼女の唯一の希望であるとみなが考えていました。残された方法は、他には何ひとつなかったのです。彼女はもう何週間も、機能を回復するためのあらゆる治療プログラムに取り組んできましたが、すでに癌の第四ステージにありました。北アメリカでは彼女に望みはなく、この治療は少なくとも彼女に希望をもたらし、彼女がそのプロセスに耐えられる限り、回復を信じることができたのです。

私はどうしていいかわかりませんでした。メキシコのティファナに親友と二人きりで、私の責任はとてつもなく大きなものに感じられました。そこでその朝、私はそのとき唯一思い浮かんだアイデアに飛びつきました。私は導入プロセスのあいだ、彼女の次元間の移動を導き、昏睡状態に入りふたたび出てくるのを私の声でガイドすると申し出ました。意識が彼女から去るときに彼女がたどる道を照らし、意識が戻るときには必ずそばにいて彼女に歌をうたうことを約束しました。彼女はこのアイデアを気に入ってくれました。

私は後に友人となるクリニックの責任者と話しをし、彼はこれを承認してくれました。私は彼らの医療計画案を書きなおし、実質的にそこで働き始めました。彼は患者の助けになると思われることは何でも取り入れ、プロセスをより楽にする可能性を提示しました。私は患者の持つどのような信条をも尊重するよう、彼を説得しました。本質的に患者たちは、毎回の昏睡状態で死のプロセスを何度も何度も繰り返しているのです。ですからもし私がパムを安心させるために、彼女が尊重する神々を崇める歌をうたうなら、それが彼女にとっての安全なプラットホームになるかもしれません。

そこで翌朝私はメキシコに持ってきていたシャーマンの道具を用意しました。ワシとタカの羽と、チベットのガラガラと、他にもチベットのシンプルな楽器がいくつかありました。メキシコにいきたいと言うので一緒に連れてきていた石もありました。その朝私が彼女の車椅子を押していくと、私の友人となった医師が私をその場に迎え入れてくれました。医師たちはベッドの片方を使い、もう片方を私に使わせてくれました。私たちはシーツの上にお互いの道具を広げました。片方には注射器、チューブ、聴診器が、もう片方にはワシやタカの羽や楽器などが並べられました。私は彼らが示してくれた敬意に、深く感動しました。

彼らは注射器と、昏睡状態へ導入するための薬と、意識を取り戻すための薬のビンを取り出しました。私はパムがたどる音楽の道を敷くために、トムがやるのを何度も見てきたとおりにティンシャ〔チベッタン・ベル〕

とガラガラを用意しました。

医師たちがインシュリンを注射し、私はパムにお別れのキスをして、インシュリンが彼女の体に浸み込むあいだ、彼女の手を握っていました。インシュリンが回り始めると彼女の旅は始まりました。最初の体験では、彼女は次元間をさまよいながら、自分自身の闇と子供時代の怪物に出会い、深いパニック状態に陥りました。私は大天使たちに呼びかけ、彼女が崇拝する神々にまつわるチャントを歌いました。彼女が敬愛するターラ菩薩のチャントを、彼女が至福に満ちたほほ笑みを浮かべて深い昏睡状態に入るまで歌い続けました。最初のときに痙攣を起こしたりうめいたりしたのとは、明らかに違っていました。

私はパムが昏睡状態にあるあいだ、最初のときと同じように彼女の横に座り、手を握り続けていました。しばらくして、医師たちが彼女を耐えうる限り長く臨死状態にした後で、彼女の意識を呼び戻す注射をする合図を私にしました。私は羽と楽器を手にとり、彼女を呼び戻しました。ターラのチャントとその他の私が知っているチャントを彼女のために歌いました。彼女の意識の回復は平安そのもので、痙攣やパニックを起こすこともなく、ほほ笑みながら戻ってきました。

私は歓喜しました。パムは自らを苦しめていた数多くの未解決な問題を、ゆくゆくは解決するのに役立つと思われる記憶とともに戻ってきました。それらは彼女が容認性の層を幾重にも重ねて世間の目から覆い隠していた幼児期の虐待の記憶でした。結局のところ、彼女は人々を喜ばせなければならなかったのです！ 米国医師会に承認されない私のつつましやかな意見では、これらこそが彼女を蝕み、癌を生み出している原因なのでした。その後私たちがそのクリニックを去るまで、このプロセスは毎日続けられました。そのころのＣＡＴスキャン〔Ｘ線体軸断層撮影〕によると、骨の癌は驚くべきことに六〇パーセント縮小していました。

しかし六〇パーセントの縮小ということは、四〇パーセントの癌がまだパムの体には残っているということを意味し、クリニックでは彼女に治療を続けるようすすめました。しかしパムには休息が必要でした。そこで私たちは、メキシコにいるあいだにトムがパムの要望どおりに引越しをした家に帰りました。

いったん戻ってみるとパムが治療を続ける必要があるのは明らかでしたが、今回私は彼女と一緒にメキシコにいくことができませんでした。夏は終わりに近づき、エイドリアンが大学に戻る日が迫っていたので、私の代わりにパムの息子が彼女と一緒にメキシコへいくことになりました。医療費はどんどんかさみ、トムは仕事をしなければなりませんでした。パムはトムが選んだシアトルにある最初の引越し先が気に入らず、彼女が二度目にメキシコへいっているあいだに、彼女の望みどおり、一年前に後にした美しい海辺の家へと戻りました。

私は自分の人生を振り返っていました。エイドリアンはもう大学に戻ろうとしていました。私はティファナのクリニックでの仕事が大好きで、そこで私は本当に必要とされていました。ティファナで過ごした日々のあいだに、私は自分自身の面白い才能を発見しました。私は危機に直面している人々とつき合うのがうまいのです。私は生と死の境目を愛していました。シャーマニズムに魅了されたのも当然のことでした。私は次元間を旅する人々を案内するのが大変得意だったのです。

私はクリニックのスタッフと、フルタイムで働く計画を話し合っていました。私はメキシコの癌クリニックの北米人シャーマンということになります！　私がメキシコで仕事をするかもしれないという噂は、小さな島に瞬く間に広がりました。そしてある朝、私がメキシコでの生活について夢見ていると、トムから電話がありました。

「ところで、メキシコにいくかもしれないって聞いたけど」

「ええ、今考えているところ」

「ということは、僕のワークを世界に広げる手伝いは、もうできないってことだね」

私たちはパムの世話に忙しく、数年前に取り掛かっていたことを、私はすっかり忘れてしまっていました。トムと私はほぼ一年間、ビジネスについて話し合うことがありませんでした。彼の仕事は滞り、私が取り組もうとしていた仕事は明らかに具体化していませんでした。

私はダイニングに座って海を見つめ、この電話が本当に意味していることに気づきました。彼は私に、彼らの前から立ち去るのかどうかを聞いていたのです。私がどれだけ彼のワークを信頼しているのか、そして私がどれだけ二人と一緒にいたいと思っているのかを質問しているのでした。そして私はギリシアの浜辺でのパムとの約束を思い出し、気がつくと、メキシコにいくつもりはないとトムに話していました。それが私たちが話したことのすべてです。それ以上は何も語りませんでした。

私はこの決断を、一瞬たりとも後悔したことはありません。

その後私たちはクリニックから電話を受け、パムのお尻に小さなひび割れができ、その部分にまったく体重をかけられないということを聞きました。医師たちは彼女が治療を続けるよう強くすすめていましたが、パムは家に帰りたがっていました。パムは海やワシを眺め、フェリーがピュージェット湾の深い海を往復するのを眺めることができる、島の家に戻りたがっていたのでした。

トムと私はシアトルでパムを出迎えました。彼女に会うのは一カ月ぶりでしたが、私たちは飛行機から降りてきた彼女を見て、非常にショックを受けました。彼女は歩くことができず、体重がかなり減っていました。

到着便がすでに着いた後でオルカ島のフェリー埠頭は閉まっていました。島にたどり着く手段がなくなってしまったのです。私は乗降傾斜路《ランプ》なしで下船できる個人所有の平底の荷船を見つけ、まるでフィリピンに戻るマッカーサーのように、パムを家に連れて帰りました。その船は岸に着くとゆっくりと船首を下げ、私たちは車で走り去りました。

私はこの後の数カ月に起こったことを一〇〇〇ページ書いたとしても、その物語を十分に伝えきれません。人生のあちらこちらで出会う小さな体験や親交をとおして、私たちは誰かを知っているつもりになります。一杯のコーヒーに、涙。やがて私たちはその人を本当に知ることになりますが、それは今後の数カ月で、私とパムが互いを知り合ったほどではないと思います。

私がパム・ケニオンに出会ってから五年になり、私は彼女を知っているつもりでした。そしてトム・ケニオンがどのような人物であるかも、知っているつもりでした。しかし私が知っていると思っていた二人は、この数カ月のうちに私の血になりました。彼らは二人とも私の血の中に流れていました。私はトムがパムを生かすためにできることすべてをやる姿を見ました。彼は昼も夜も彼女に仕えました。パムのためにジュースを作り、ジュースが気持ち悪いと言えば穀類を調理し、穀類がおいしくなければカレー味の野菜料理を作り、それもおいしくないと言われれば、今度は彼女にスープを作ってあげるのでした。彼は雑誌や医学書を読みあさり、パムの助けになりそうなものはすべて買いました。リビングルームはさまざまなセラピーやサプリメントの箱であふれかえっていました。

それから数カ月のあいだに私たちは、通常では体験しがたい親密さで互いに接しました。私は車椅子の人の入浴方法を学びました。パムに体重を一切かけずに洋服を着せる方法をみんなで考えました。パムをベッドの上で移動させる方法を学んでいるときには、互いの上に転んだりもしました。私たちは枕で快適な支えを作り、冗談を言って泣いたり笑ったり、心の奥深くの秘密を打ち明け合ったりしました。そしてここでは述べませんが、彼女はある飛躍的進化を遂げました。彼女は骨にまで達した、彼女自身の中の最も深くて暗い悪魔を思い出したのです。

私は毎朝七時に彼らの家にいき、真夜中ごろになって帰宅しました。トムはほとんど眠ることなく、夜中に一人でパムの面倒を見ました。夜にこそパムは、いつも子供時代の深い痛みを再体験し、苦しんでいたからです。彼は決して眠らず、彼の顔色がベージュからグレーに変わるのを見て、私はパムが生きることは確信していましたが、トムのほうが倒れてしまわないか心配になりました。

私たちは何人かの介護人を雇い、それぞれ休憩をとれるようにしました。トムがワークショップに出かけているあいだは、パムの近しい友人が手伝ってくれました。パムが愛した一人ひとりが、彼女との時間を大切に過ごしました。島のすばらしい住人たちが彼女のもとを訪れ、彼女に歌をうたい、メッセージを届け、彼女の状態をチェックし、髪をとかしてくれました。友人の医師が往診をしてくれました。

振り返ってみると、彼女は鎮痛剤なしで二年間も骨の癌とともに生き続けました。死の数週間前まで薬を飲まなかったのです。トムが愛とユーモアたっぷりに入念に施す音とエネルギーのワークで痛みを和らげていました。

ある朝早く私が彼らの家にいくと、パムがこれまでに見たこともないような大きなほほ笑みを浮かべて座っていました。パムは明るく上機嫌で、お腹を空かせていました。これはもう長いあいだ、私たちが見たことのない彼女の様子です。彼女は流動食を一缶飲み干し、もっとほしいと言いました。

その朝多くの友人たちが立ち寄り、パムは一人ひとりに、彼らの暗闇をも照らすようなほほ笑みであいさつをしました。しかし、その朝は何かが違っていました。私がそれまでに彼女の中に見たことのない、肯定的で自信に満ちた力がありました。彼女は自分がほしいものを、どのようにほしいのかはっきりと私たちに言いました。その朝、彼女はまわりの人々が何を求めているのかを、まったく気にしていませんでした。彼女自身がほしいものを知っていたのです。

トムはカリフォルニアでワークショップを教えていて、その日の夕方戻る予定でした。私はこの新しいパワフルなパムを彼に会わせるのが待ちきれませんでした。

私は彼女をお風呂に入れ、髪を洗い、そのあまりの滑稽さに大笑いしました。彼女が車椅子に座り、私がバスタブの角に座って彼女の頭にお湯をかけていたのですが、私のほうが彼女よりもびしょ濡れだったのです。

娘のジェニファーが訪ねてきました。彼女がそのとき何をしたかったのか、今では憶えていませんが、私は彼女に反対し、私が思い描く彼女の将来のビジョン（もちろん彼女のとは異なります）をすすめ、いつもの親らしい説教をしました。

ジェニファーが去ったと同時に、他のみんなもどこかへ消えてしまいました。パムの成長した子供たちは街に戻り、私とパムは家に二人きりになりました。

「娘たちを手放さなければならないわ、ジュディ。彼女たち自身に決断させなければ」パムは首をかしげ、目を細めて私に言いました。

「ええ、わかってるの。でも彼女は母親としての私に頼っているのよ。母親って娘の意見に反対するものでしょ」

私はこの話を笑ってすませるつもりで言いました。しかし部屋の空気はいつもと違っていました。それは私がかつて体験したのと同じ、湿った感覚でした。光が変貌しました。それは湿った意味深い様子でした。

パムは話をそらしませんでした。「私は真剣に言ってるのよ。手放さなくてはいけない。彼女たちには彼女たち自身の人生があるの。ジェニファーを手放しなさい。エイドリアンを手放しなさい。彼女たちを手放しなさい」

私はこの話題をすり抜けようと思いました。「あなたにそんなこと言われたくないわ。一七歳の息子から二週間も目を離さなかったのは、どこの誰だったかしら?」私はクスクス笑いながら彼女に言いました。

彼女の目は私を雲のようにとらえ、私を持ち上げ宙に浮かべました。

「あれは昨日のこと。今日の私は違う」

空気の密度が変わりました。空気中の「光」が目に見えました。

「娘たちのための計画表を捨てなさい。彼女たちには彼女たち自身の計画表があるのだから。彼女たちの計画表を認めてあげなければ」

彼女は話し続けました。

「みんなが計画表を持っているわ」彼女は窓の外の水辺の輝きを見つめていました。「私の介護人でさえ計画表を持っているのよ。彼らはみな、自分こそが私の気分を良くしたり、痛みを取り除いたりする人でありたいの。ヒーラーたちはみな、自分こそが私を癒すヒーラーでありたいと思っている。彼らの計画表に間違いなどないけれど、それは〈彼らの〉計画表であって私のではないの」

私たちはパムの人生の重要な課題と直面していました。彼女はこれまでの人生を、他人の計画表どおりに生きてきたのです。

「私の介護人は、私が窓の外に見るものにまで、計画表を持っているの」彼女は笑いながら言いました。

「昨日《きのう》、私は窓の外を眺め、水を見つめていたの。すると私の介護人が『パム、何を見ているの？』と聞いたのよ。だから私は『海の輝きを見ているの』と答えたわ。そうしたら介護人は『パム、水の輝きの中には何が見える？　神？』と言ったのよ」

パムは苦笑いをして、唇をゆがめました。

そしてパムは言いました。「いいえ、私には神など見えない。私には自由が見えるわ」

沈黙がナイフのように空気を切り裂きました。私たちは、最後の星が永遠へと近づいていく結合点にいました。次の質問が何かわかっていましたが、私にはそれを質問する勇気があるかどうかわかりませんでした。私たちの誰もが、パムが死ぬかもしれないなどと思ってはいませんでした。彼女は少しずつ回復していました。これはただのヒーリングの危機であり、彼女はお尻の傷が治りしだいメキシコに戻って治療を終え、すべてがもとどおりになるはずでした。

しかしこの会話は、まるで遺言のような神秘的な広がりをおび始め、私はそのように考えたくはありませんでした。

けれど、もしこれが本当に彼女との最後の会話となって私がこの質問をしなければ、この先私はどうやって生きていけるでしょうか？

「私はあなたに対する計画表を持っている？」私は唇を噛み締めました。

「あなたがアルバカーキへいく前は持っていたわ」

「それはどんな計画表だったの？」

「あなたは私に生きてほしかった」彼女は部屋中を輝かせる満面の笑みを浮かべました。私が出会った人々の中で、あのように部屋中を照らすことができるのはパムだけです。

私は震える手で彼女の額にかかる髪の毛をそっとかき上げると、まるで浮きが表面にポンと浮かぶように、涙が急にこみ上げてきました。

「あなたと一緒に世界中の美しい浜辺で踊りたいの」

「踊りましょう」彼女は言いました。

「マインドとハートの中で?」

「そう、マインドとハートの中で」

「それでアルバカーキの後はどうなったの?」

私はつい最近、ハトホルたちの指示に従って建設中のトーン・ヒーリング・テンプルにシャフトを埋めるため、アルバカーキへいってきたばかりでした。そしてそれは私にとって、非常に神秘的な体験でした。

「あなたは今、私が自分の計画表どおりに生きることを許そうとしている」、にっこりと笑って彼女はこう言いました。

「私があと二〇分生きようが、二〇年生きようが関係ないの。大切なのはそのプロセスなのよ」

私はどこか未知の領域に運び去られたように感じました。私たちの周囲を漂う分子のあいだには、はっきりとした輝きがありました。空気は湿気をおび、これまでに見たことがないように光が反射しました。それは湿って見え、パムは文字どおり光り輝いていました。

「動物たちを手放しなさい、ジュディ。コアラにいい家を見つけてあげるのよ。旅立つのには自由でなければならないわ」

そして彼女は目を閉じました。私は彼女に少し休みたいかと聞くと、彼女は「そうしたいけれど、子供時代の記憶に胸を詰まらせて目覚めるのが恐い」と言いました。私は彼女が眠るあいだずっとそばにいることを約束し、彼女は眠りにつきました。私はパムとの会話をノートに書きとめました。介護人が今後、パムに彼らの計画表を押しつけないように、注意書きも記しました。

パムの呼吸が乱れ始めました。私はノートを落とし、彼女のそばに立ちました。私の手を彼女の腕の上に置きました。彼女は息を吸っているようでしたが、吐きはしませんでした。彼女はただ息を止めるばかりでした。「息をして、パム」私が言うと、彼女は息を吐きました。

彼女の呼吸を見守りながら、私はトムの「三つのグナ」の教えを思い出しました。それぞれのグナの役割を理解するために、彼は呼吸を例にして説明したのでした。

ラージャは私の記憶によれば、行動を起こすもの。サットヴァは維持者で、息を吸い続けるポイント、ほぼ呼吸と呼吸の中間です。それは私たちのほとんどが居心地がよすぎて離れがたく、息をころして生きる場所です。そしてその次がタマスで、行為を終わらせます。息を吐いて、また吸うように。誰も破壊について考えたがりませんが、破壊なしには、息を吐き出さない限りは、そこには創造の余地がないとトムが言っていました。

私はパムの呼吸を聞きながら、三つのグナのことを考えていました。彼女は完全に光り輝いて見えました。彼女の肌はきらめく美しさに燃えるようで、眠っているのに、それまでに見たことがないほど力強く見えました。彼女の呼吸は規則正しくなりました。しかしその後呼吸はゆっくりと、浅くなっていきました。

なぜだかわかりませんが私は彼女の横に立ち、彼女の腕をとってターラのチャントを歌い始めました。もしこれが死というものであるならば、それは力強く、神秘的で、非常に安らかで、私にできることは彼女のために歌うことだけでした。私は彼女の歌、ターラのチャントを長いあいだ歌っていたように感じましたが、実際にはたった数分のことでした。それから私はトムのことを思い、シアトル近郊のどこかにいる彼に、終わりが近づいていることをどうやって伝えようかと考えました。私はトムの意識に呼びかける願いを込めたチャントを歌いました。けれどもそれは一度だけ歌って、ターラのチャントに戻りました。何が起きようとも、今は確かにパムの時間でした。

パムが「二〇分生きようが二〇年生きようが関係ない」と言ってからちょうど二〇分後、私がパムのチャントを歌っているときに、彼女の呼吸が停止しました――彼女のプロセスが完結したのです。彼女は水の輝きのように自由でした。

その後のことは、葬儀会社や警察の介入などで何もかもがぼやけています。私はたった今、パムと一緒に体験した神秘的な場面について叫びたかったのです。彼女の死がどれほど穏やかで、安らかで、このうえなくすばらしいものであったか、彼女が最期にどれほど力強かったかを、みんなに知ってもらいたかったのです。しかし全員が忙しく動きまわっていました。その夜遅くに疲れ果ててヒステリックになりながら、ようやく空っぽの家に帰り着きました。私は窓のそばに座り、泣きました。それがその後の数日間について、私が憶えているすべてです――空っぽの家の窓辺に座り、泣いていました。

私たちは長くて困難な彼女の人生の終わりへの道のりを、死の神秘性と予期せぬことの襲来に、ともに泣いたり笑ったりしながら歩んできました。かつて軽視された人生、プロセスは、最後には大変尊いものになりました。パムは最終的に力を手に入れましたが、それは彼女の命を救うには少し遅すぎたようです。

私はパムをあちこちに感じました。彼女を私の内に感じました。私は何日間も自分がパムであるように感じていました。

人々があちこちから集まってきました。私は自分で自分をどうしていいのかわかりませんでした。ここ数カ月、私には毎日するべきことがありました。朝早く起きてトムとパムの家にいき、パムの世話をしました。彼女なしに私は目的を失い、迷い、トムが引き込まれていった新しい人生には、私の居場所がありませんでした。私は誰からも必要とされませんでした。

ある朝私が窓辺に座って泣いていると、トムから電話がありました。

私が泣いているのに気づき、どうしたのかと尋ねるトムに「自分が誰だかもうわからないの。どうしていいかわからない。今まではするべきことをちゃんと知っていた。毎朝起きて、あなたたちの家にいった。けれど今は何をしていいかわからない」と言ったことを憶えています。すべてに希望を失った挫折感と疲労の嘆きの数々を、私は息もつかずにトムに語りました。

するとトムは冷静にこう言いました。「やることはあるよ。パムが死ぬ前にやろうとしていたことが。僕の仕事を世界に広める手助けをするんだ」

そこで私は、パムが病気になる前に自分がやろうとしていたことを思い出しました。生きるための何かが私にはあったのです！

この後の数カ月について、私は何冊も本を書けます。それらは計画表についてのレッスンの教科書です。妻を失ったばかりの男性に何が降りかかるか、きっと驚かれることでしょう。彼らはトムを助けるために、あちこちから現れました。私たちが彼らを必要としていたときに、彼らはいったいどこにいたのだろうと思いました。しかしその最初の数カ月間、トムが残りの人生で何をどうすべきかを正確に知っていたすべての人々の騒がしい声に対して、私の声は非常に小さく感じられました。全員がトムのための計画表を用意していました。彼がどこに引越すべきか、どこで過ごすべきか、彼を癒すものは何か、彼の悲しみがどのようであるべきか、どのサプリメントが必要か、彼が誰と一緒にいるべきか、そして彼がいかに私と一緒にいるべきではないかを、みなが知っていました。私は人々がトムをさまざまな計画表で取り囲むのを見ていました。彼はあまりに深い悲しみに引き裂かれ、愛する妻を失ったことの痛み以外は何も感じられなくなっていました。

このような人々の騒々しいパレードがきては去る中、私は東海岸に戻る計画を立て始めました。私は親友を一人失ったばかりなのに、このままだともう一人の親友も失ってしまいそうでした。そうなることをただ眺めているのはあまりにも辛かったのです。トムは彼のまわりに起きていることにまったく気づいていませんでした。あちこち引っ張りまわされ、ひどい悲しみに襲われて、ただもう何も見えなくなっていたのです。それはまるで流砂でした。彼は自分自身を救おうとする力さえ出せずに、近くに差し伸べられるどの小枝にでもしがみついていました。

引越しの計画が進むにつれて、私の悲しみはどんどん深くなっていきました。パムを失った悲しみに加えて、今度は「パムとトム」を失おうとしていたのです。私は絶望の淵にのみ込まれました。そして私は、トムのまわりで起きていたすべてのプロセスの中で、喪失を感じました。彼は妻を失ったばかりで、私は家族ではありませんでした。この混乱の中で、私は居場所を見失ってしまいました。

こうして私はふたたびどん底に落ちました。先がまったく見えない状況でした。ここまでくるとあとはもう、神に祈るしかありませんでした。

メッセージや光が現れて、私にどうするべきかを教えてくれることはありませんでした。私はただあきらめました。私は身をゆだね、母性のもとへ歩み寄りました。メタトロンは私にいつも言っていました。私には完全に無視し続けているある特別な力があり、それは「呼び起こす」力だと。そこで不可能だと思いながらも、私は跪いて助けを求めました。私が頼んだのはそれだけです。するとただちに、神秘的な出来事が私のまわりに起こり始めました。毎晩眠るときにはイシスが現れました。彼女は古代の女性たちの輪から歩み出ました。全員がフードのついたローブを身にまとっていたので、彼女たちの顔を見ることはできませんでした。

イシスは私の手をとり、霧の渦巻く中、次元間と思われるところを導いていきました。この「飛行」で私たちはさまざまな神殿にたどり着きました。私たちが訪れたそれぞれの神殿では、巫女《みこ》たちのグループが私の前に歩み出て、私の手を握りました。イシスが待つあいだ、彼女たちは私を次から次へとオイルのプールに浸からせました。この沐浴の儀式は、神殿から神殿へ、プールからプールへと毎晩続きました。私はいつも夜明けごろ戻りました。ゆっくりと私の肌がやわらかくなり、私の心拍数が上がったように感じました。呼吸を意識するようになり、より深く、よりよく聞きとれるようになりました。そして私は、自分の心臓の鼓動さえも聞きとれるようになったのです。

ある夜、彼女たちはいつものように私に沐浴させ、長い布でミイラのように私を包みました。それから彼女たちは、巨大な水晶のポイントでできた大きなベッドの上に、それぞれのチャクラの位置にさまざまな種類の石を敷いて、私を寝かせました。私のマインドが「水晶の先端の上に寝るのは痛い」と考えたことを記憶しています。私を包んでいる布のせいか、または注意深く置かれた方法からか、私は痛みをまったく感じませんでした。この特別なプロセスはいく晩か続きました。彼女らは私の体に当たる水晶のポイントの位置を変え、石の種類もその夜ごとに変えていきました。ある夜にはローズクオーツが私の背中のハートの位置に置かれました。

またある夜にはルビーが私の喉のチャクラを下から直接指していました。ある夜にはブルーサファイアが背中から私のハートに突き刺さっていました。

ある晩私がベッドに横たわっていると、濃い霧が床をなめつくすように立ち込め、その霧に巨大なコブラが乗っているようでした。どういうわけか私は恐怖を感じませんでした。いまだにそのことは不思議に思います。蛇はシーツの下を這って片足からもう片足へと移動し、輪を描いてメビウスの帯のように、私の足のまわりをぐるぐると這いまわりました。それから蛇は私の上に這い上がり、私の体をしっかりとコントロールしたまま、フードを広げました。

私は毎晩のイシスとその仲間たちの訪問について、誰にも話しませんでした。

私はトムから電話があると、いつもと違う振舞いをすることに気づきました。電話のコードをひねってみたり、彼と話すときに空間をじっと見つめていたりする自分がいました。あるときなど、私は理由もなく顔を赤らめてクスクス笑いをしていました。

トムの人生についてあれこれと指図する人々が、私は嫌になってしまいました。彼らのそばにいるといらいらしました。私はこの人たちを信用していませんでした。私には彼らの計画表がよく見えて、そのうち私にも計画表が作られるのではないかと恐れ始めました。私は偏見や個人的な計画表を持たずに、彼の友人であり続けることに苦しみました。私のまわりに渦巻く感情にとって、島を離れて東海岸へ戻ることが、そのとき唯一の解決策に思えました。傷つく前に逃げ出すことを私は学んでいたのです。

私は東海岸に何度も電話をかけました。かつての友人に連絡をし、差し迫った帰還に備えていたのです。

ある日私は、近くの島へヒーラーに会いにいくトムをフェリー乗り場まで車で見送りました。私たちは車の中で、フェリーが港に着くのを待っていました。その日はこのあたりでは珍しいほどの大雨で、それがその場の空気に荘厳さを加えていました。激しい雨とまるで竜の呼吸のように地面を覆う濃い霧に隠されて、幻のようなフェリーが船着場に入るのを、私たちはただじっと座って眺めていました。

そこには沈黙だけが流れていました。そのときトムが私のほうに手を伸ばし、私のハートに手を当てて、「真実を誓います」と言いました。

私のハートはこれに応えて震え、私は彼のハートに手を当てて、「真実を誓います」と言いました。

それは私が交わした中で、最もすばらしい約束です。それはすべての面で私たちを支えてきました。それは頑丈なコードのように、しっかりと私たちをつなぎました。とても彼には話せないと思うことがあるとき、私はこの約束を思い出して彼に話します。ごまかしてしまいたいと思うことがあるとき、それをただやり過ごしてしまっては、彼に対して完全に正直でいられなくなることに気づきます。

それから何カ月も経って、二人の旧友は日光をあびて少しでも悲しみを和らげるために、南西部へと旅をしました。旅から帰ったとき、トムが私に家に帰らないでほしいと言いました。そこで私は彼の家で彼のピアノのそばに座り、彼は私に歌を作りました。

あなたのそばにいるとき、僕は陶酔する
そんなことが気にならないことに、いまだに驚いている
あなたの隣にいるとき、僕は虚空へと転がり落ちる
それはいつも、あなたを見つめるときに起こる

この感覚はいったい何だろう
天上から降り注ぐこの恵みはいったい何だろう
わからない、けれど愛する人とともに歌いたい気分だ
これが恋に落ちるということか

そして私は彼に詩を贈りました。「あなたの歌を味わうように、あなたを味わいたい」

私たち二人のストーリーをこれ以上は書けませんし、書くつもりもありません。それは言葉にするにはあまりに貴重で、神秘的で、力強いからです。

今私たちは、子供時代の夢を現実に生きています。今日まで誰にも話したことがなかった予言を生きています。かつて、ある霊能力者が渋滞をすり抜けて私のもとに駆け寄り、「私のライフワークに関するメッセージ」を伝えてくれました。それは聖なる関係に関するものでした。

ある夜ワシントンDCの一軒のレストランで、部屋の向こう側から誰かが私を見つめているのを感じました。私は彼がナプキンに何かメモしているのを横目で見て、そのメモがテーブルからテーブルへと渡されていくのを見ていました。それは私へ向けられたものであることを知っていました。そしてそこに何と書かれているのかも知っていました――「声なき言葉」が五歳の私に、梨の木の枝で言ったのと同じことです。そして私は望みを捨ててしまっていました。

ときどき私は、自分を年老いた老婆、すべてを見つくした古代の女性のように感じることがあります。そして思い出のすべては、私から分離した人生物語のページのように思えます。遠くから眺めても、誰か他の人の

人生のように思えるのです。私は自分自身のライフ・ストーリーに免疫を感じます。結局それはもうひとつの物語にすぎないのです。私はそのすべてを聞きました。それらはみな同じであり、みな違うのです。

私は一晩中危険から逃げまわった後、車に乗って安全に家に帰れると思った矢先、ふたたび苦痛のもとを目の前にして首に冷たい刃物を押しあてられるのがどんな心地であるかを経験しています。私は叫び声を聞き、それが自分の声であることに気づきました。出産の恐怖にあえぎ、かわいい娘たちが私を必要としているときには何日も眠らないこともありました。

そして私は何度も何度も愛を選び続けてきました。

私は一人の男性の姿で現れた暗黒面との長く厳しい戦いに敗れました。

私は良き友とディナーを楽しみ、最高の赤ワインと私の魂を分け合い、その見返りに裏切りを受けました。ときに裏切りとは、親友のように見えるものです。それは恋人のようにも見えます。もし始めからわかっていれば、それは裏切りとは呼ばれないでしょう。

エクスタシーの長い夜、私は喜びに叫び声をあげ、他の誰かの腕の中で世界の絶頂へと達しました。このような夜を、決して後悔することはありません。それは神、女神に最も近づいた瞬間でした。

私は子供たちに対する夢を持ち、子供たち自身にそれぞれの夢があることを忘れていました。ジェニファーとエイドリアンに対する愛と尊敬は日々成長し続けています。彼女たちは私に、強さと正直さを教えてくれます。そして私が手放した子供は私を見つけ出し、その愛しい存在は私の心の隙間を見つけ出してそっと埋めてくれました。私は彼女を育てる勇気がなかったことを本当にすまなく思っています。私の臆病さのせいだけで、彼女を手放してしまいました。彼女は肉体的にも霊的にもこのうえなく美しい人です。名前はローラといい、私は彼女を愛しています。

そして私は親友が死を迎えるとき、彼女の腕を握り、彼女に自由について教えてもらいました。それは天気のよい日の水の輝きのようであり、ダイアモンドの海に飛び込んで自分もそのうちのひとかけらになるようなものです。

私は絶望の中で愛し、求め、誰かが自分を傷つけるのを許しました。ドアに背中を押しつけられて呼吸をすることももがくこともできず、恐怖の網にかかって、殴打《おうだ》や流血から逃れることができませんでした。私は祈り、苦しみ、懇願し、意図し、希望し、所有し、飢え、信じ、知りました。そして私は何よりも死を願ったことがありました。天気のよい日の水の輝きに自由を見出すために。

そしてついに生きる希望を見失ったときに、天使が私に言いました。「次の人がどんな人か想像してみなさい。あなたが生きている限り、望みはあります。あなたがどこからきたのかを思い出しなさい」

私は青色をした愛の液体の中を、存在たちが泳いでいる場所を記憶しています。世界中で最も美しい妖精のお姫様がピンクのスリッパをはいて、ジャックとともにその場所でいつまでも幸せに暮らしました。そこでは馬たちが飛びまわり、私も飛ぶことができました。

私は信じることをやめました。しかし知ることは決してやめませんでした。

そして私のまわりにいたすべての人が死に（死ぬにはいろいろな方法があります）、遠くの隅でもう一つの死がよだれをたらして待ち構えているとき、私の親友が私のハートに手を当てて、「真実を誓います」と私に言いました。私も彼に真実を誓いました。

すべての偉大なる詩人たちが知っているように、真実とは美です。

存在が愛の液体の中を泳いでいない世界には、「いつまでも幸せに暮らしました」というハッピーエンドはありません。しかしそこにはやるべきことがあり、私は神の気づきへの最もダイナミックな近道を、私が考えたとおりの場所に見つけました。私は女神を、全時間と空間の母を見つけました。彼女はこの「時の終わりの始まりに」戻ってきています。そしてあなたが本当にこれらの言葉を聞くならば、それで十分なのです。

数年前、私はワークショップの一番後ろの席に座ってビデオカメラで撮影をしていました。トムが全員にパートナーを見つけ、彼または彼女のライフ・ストーリーを五分間話すように言いました。無駄話はなしです。五分間のうちに浮かんできたものは何でも、あなたのライフ・ストーリーなのです。

私にはパートナーがいませんでしたので、私は撮影をやめてみんなからできるだけ離れて座りました。彼らの個人的な物語を盗み聞きしていると思われたくなかったのです。実際に私は壁に隠れようとしました。一番後ろで非常に目立ち、孤独に感じていたのです。しかし私がいくら隠れようとしても、まわりで話されているストーリーが耳に入ってきました。私は向きを変え、手の中に頭をうずめて会話が聞こえないようにしましたが、それでもなお、会話はどんどん聞こえてきました。論理的にこのようなことはありえません。私は部屋の反対側の隅の会話を、まるで耳もとで交わされているかのようにはっきりと聞きとることができ、頭をより深く膝の中に埋めました。

私はその部屋のすべての会話を聞きました。

「父は私を誰にも抱かせませんでした。私は何カ月もそこに寝かされたままでした。私に食事をさせ、着替えさせましたが、誰一人として私を抱くことを許されなかったのです……三歳のときに私は病気になり、医者が彼らに私を病院に連れていくよう命令しました……私はもう少しで死ぬところでした……それから彼女は私を叩き、その後も叩き続けました……そして彼は私を押さえつけ私の上に乗りました。ひどい臭いでした。彼は私の父親でした……そして彼女は私が六歳のときに死に、それ以来私は誰からも愛されていません……私は父を失いました。彼は私を愛してくれた唯一の人で、それから私は一人ぼっち……私の家族は火事ですべてを失い、フードバンクから施される恐ろしくまずい缶詰の食料だけで暮らしました……私の犬が死んだとき、私の人生が終わりました……私は今でも母が恋しいです……私はたくさんお金を稼ぎましたが幸せではありませんでした……私はお腹が空いて寒くて……私はいつもここに何かをしにきたはずだと思っていましたが、それが何なのかわかりません……そして彼は彼女のために私を捨てました……そして彼女は彼のために私を捨てました……」

私は中指で耳の穴を塞ぎました。私がすべてのストーリーを聞いていることをみなに知られないかと恐れました。そして宇宙の音波が分かれました。まるで巨大な貝殻の中を移動する空気のような、打ち寄せる波のようなシューッという音がして、音の入り口を開き、私はすべてを聞きました。部屋にいる全員の声と、時の始まりからのすべての物語の声を聞きました。それらは私のまわりの見えないトンネルに渦巻いていました。誕生、愛、希望、裏切り、疑惑、怒り、哀れみ、判断、喪失、喜び、笑い、涙、汗、激務、何百万ものストーリーが私の中ではじけました。私はすべてを聞いたのです。そしてそれらはすべて同じです。私たちはみな、同じ物語を持っているのです。詳細は異なりますが、面白いことに、すべては同じストーリーなのです。私たちは宇宙レベルで神聖さをつなげるひとつの偉大なる存在というだけではありません。私たちはみな、同じストーリーのひとつの章をそれぞれ担当しているのです。私は胸がいっぱいになり、その部屋にいた全員と、時の始まりから存在するすべての人を包み込みました。

本当は、私はいまだに愛を信じる小さな女の子です。愛し合う二人のあいだに、宇宙の秘密が解き明かされることを知っていました。そして自分のもう半分であるパートナーを見つけ出し、日々の生活の中で、寝室でもトイレでもキッチンでも、常に完全に平等に真実を守り続けるならば、神の探求がいっそう進むということも知っていました。そしてもしパートナーがいないのなら、自分自身に完全に正直でいる必要があることを、私は常に信じていました。

それは二〇年生きようと、二〇分生きようと関係ないのです。日々のプロセスこそが重要なのです。あなたは自分の時間をどう過ごしていますか？　今日、今この瞬間が最後の時間だとしたら？　愛する人とベッドであと一〇分眠りたいですか、それとも早起きしてジョギングをしたいですか？　ドアを出るときほほ笑みますか、それともただ背中を向けて歩き去りますか？　あなたにとっての神とは誰ですか？　あなたを罪深い者と呼び、恐ろしくて嫉妬深いものですか？　愛しい人よ、それは神ではありません。それは父権性の話です。それは宗教、政治、あるいは未開のエイリアンです。それは奴隷支配の声です。私たちはそのような狡猾な罠に、長いあいだとらわれ続けてきました。追放とあざけり、無知の努力の結合をとおして――嘘をとおして。

私の物語は難しい真実を含みません。人生のパートナーにめぐり会い、悟りに達することができるような錬金術のプロセスも含みません。どれほど洗練されて見えようとも、私たちがハートの中心から本当に求めているものは同じなのです。愛してくれる人、愛させてくれる人。

それが私たちの内に秘めた可能性です。

「あなた方もご承知のとおり、もう時間がありません。私は女神自身の許可を得て――実際に女神自身から頼まれて――これまで最も厳重に守られてきた秘密のいくつかをあなた方に明かします。あなた方の向上が間に合うよう願って……。

ですから私は長いあいだ失われていた秘密のひとつを明かします。それは、スピリット（男性原理）が物質への旅を経てそれ自身に戻るためには、物質そのものの知性（女性原理）の助けが必要だということです。

しかし太陽光に満たされた男性原理の視点から見ると、女性原理は暗く湿って危険な深い淵を内に秘めています。太陽原理は月の暗闇に恐怖を感じています。しかし太陽と月、男性性と女性性との、釣合ったエネルギーのバランスがとれた結合があってこそ、真の悟りが達成されるのです」――マグダラのマリア

私たちが他人の計画表に囲まれる中で、二人の新しい愛をそっと開き始めたばかりのある晩、トムと私は危機に直面しました。私たちはある島の防波堤沿いを歩いていました。それはついていない一日で、海の怪物はトムを狙っていました。サイレンが鳴り響き、その不協和音で波の音が聞こえないほどでした。それは彼を海の中へと誘い込み、彼に覆いかぶさり、彼は光に目がくらんでいました。光のように見えるというだけで、それが本当に光であるとは限りません。私は自分の苦い経験から、このことを学びました。

そして彼は私のもとから立ち去りました。椰子の木が夜の空気に優しく揺れる中、トムは私を置き去りにしていってしまいました。私は夜の闇の中に一人立ちつくしました。あたりを見まわすと、焚き火のまわりに男たちが群がり、酒を飲んでパーティーをしていました。私は暗闇の中を一人で歩いて家に帰るのが恐いと認めたくありませんでした。そして私のプライドはひどく傷つけられました。蜘蛛に噛まれて無感覚になり、光と

闇の区別もつかなくなっている誰かに、見知らぬ島の防波堤で私は一人、置き去りにされたのです。

私は大丈夫。助けなんか必要ないわ！　誰も必要としない！　一人には慣れているもの。というより、一人でいることに熟達している。一人でいるのが大好きだし、一人きりでも十分やっていける。私はパートナーとの関係の完璧なあり方を知りません。それこそが私が学ぶべきことです。そこで私は恥を忍んで彼を呼び戻しました。彼は私の声が聞こえないほど遠くにいってはいなかったのです。そして彼は戻ってくることを**選択**しました。両方の歩み寄りが必要でした。私は彼を呼び戻すことを**選択**し、彼は戻ることを**選択**したのです。毎瞬のあらゆる状況において、ごく些細なことから最も崇高なことまで、すべては私たちの選択によるのです。

これから先私たちは、これまで人類に突きつけられたことのないような選択に直面することでしょう。自由を選んでください。愛を選んでください。そしてもし、あなたの人生に完全で完璧で公平な真実をもたらす道があるとしたら、すべてのレベルにおいて、どうかその道に取り組んでください。真実はあなたを本当の意味で自由にします。そして自由なしには何もないのです。

そして最愛の人へ、私はあなたを敬愛します。マグダラのマリアのイェシュアへの愛に私が涙したように、女性性の暗く湿った危険な淵に入り、聖杯の中で私とともに生きる決意をしてくれたあなたへの愛が、これを読む人の目にも涙をもたらしますように。あなたの誠実さとあなたの栄誉は何よりも輝き、あなたの歌は永遠に響き渡るでしょう。私をイニシエートと恋する女性の両方でいさせてくれることに感謝します。私にとってあなたはいつも、バスの後ろに乗っていた私が決して忘れることのできないあの顔、成長してギターを弾き、歌をうたうことを知っていたあの少年です。私のソウルメイトだと知っていた人です。あなたは私の心を歌います。あなたの声こそが神の声です。

追記

マグダラのマリア以降の日記

この日記は、私たちが《マグダラの書》を受けとった次の年から本が出版されるまでのあいだに書かれたものです。《マグダラの書》と真実の誓いが、私たちの人生にもたらした出来事とそのプロセスを適切に表しています。警告します！　きれいごとばかりではすまされません。けれどもそれが真実なのです。これは《マグダラの書》にできる限り忠実に生きる過程で私たちに起こったことです。

美しいアウディッシュの小島に戻り、マリアが《マグダラの書》の伝達の終わりに近づいていたころ、私はひどく苦しいプロセスをくぐり抜けました。そして聖なる関係のプロセスが常に至福に満ちたものでは決してないことを示すために、私たちの体験をここで紹介することが重要だと感じました。

初めに男性と女性がひとつになり、二人の愛から子供が生まれます。聖なる関係においては、三番目のエネルギーが常に誕生し、いつも何かが創造されています。そして誕生とは困難なものです。しかしそこには報いがあります。子供であろうとエネルギーであろうと、新たな命が創り出されるのです。私たちの場合には、私たちのワークが世界に誕生していきます。愛とはそういうものです。それは人生と同じプロセスです。そしてパムが言ったように、大切なのはプロセスなのです。

ところでトムは、私が物語を書き終えるまで何を書いているのか知りませんでした。そこで私はこの物語を彼に読んで聞かせました。私が最初の部分の「バスの後ろに少年の顔を見た場面」を読んでいると、トムは首をかしげて私の朗読をさえぎり、彼がとても幼いころ、確か八歳か九歳のころに、家族でバスに乗ってルート1沿いにバージニアを旅していたとき、彼は一台の車の中に小さな女の子を見たと言いました。そしてその車とバスは並行して走り、彼と女の子は車が離れるまで互いにじっと見つめ合い、彼は決して彼女を忘れなかったと言ったのです。これは奇跡的大穴ですが、私は信じることにします。

■飛翔への障害

最初の日記：二〇〇〇年一二月　アウディッシュ島にて

嵐が五日間、いや七日間続きました。私の内面の嵐は一四日間かそれ以上続きました。妄想の中では、私自身のグラグラと煮え立つ、湿って腐りかけた絶望の淵が、外の嵐を引き起こしているのではないかと思えるほどでした。

私の心の中のように、嵐は猛威をふるって小さな島を打ちのめしました。ハリケーンや大嵐は恐ろしいものですが、それらには始まり、中間、そして終わりがあります。今回の嵐は突然吹き込み、渦を巻き、とどまり、私がこの日記を書いている今も、激しく吹き荒れています。

初めのうちは夜にひどく荒れたので、日中は何とかなりました。中盤になると、嵐は常に吹き荒れ、石灰岩の家の中で風のうめき声から逃れられる場所はありませんでした。私たちはドアの下にタオルを入れ、石灰岩に木や金属がこすれて、まるで黒板を爪でひっかくような音がするのを防ぎました。しかしそれでも風は入り込み、寝室を渦巻いてバスルームに流れ込み、浴槽の排水溝に反響し、言い表しようがないわめき声のような音を出しました。私たちは風が入り込みにくい、階下にある予備の寝室に移りました。マルサルフォーンでは嵐が猛威をふるって防波堤を越え、道路には巨大な石が飛んできて海沿いの家々の石灰岩の壁にぶち当たりました。道は車がとおれないほど汚れてしまいました。海沿いのわき道では波がものすごい高さまで達し、波頭がターコイズ色になって岩場に打ちつけ、砕けた岩を海の中へと引きずり込んでいました。私はターコイズに輝く波をそれまでに見たことがなく、あの色や嵐や波に砕ける岩の音を決して忘れないと思います。

私の内面では、私は《マグダラの書》自体とその発表に疑念を抱き始めていました。私たちはみな小さな傷を持っていて、セメントで固めたり、補修したり、きれいな色を塗ったり、マットを敷いたりして、少しでも完璧でないものを何とか隠そうとします。

あるシンプルな出来事が起こり、それは本当に罪のない、たわいないことだったにもかかわらず、私の奥深くまで掘り下げて感情的な傷を見つけ出し、私がそれまでに信じていたこと、知っていると思っていたことのすべてを崩し始めました。その割合はどんどん拡大し、ついには毎日の全瞬間が、このごく小さな傷に関する何らかの試練や苦悩となりました。私はこの個人的な出来事の詳細を述べるためではなく、このプロセスがどのように進行するかを示すために、ここにこれを記します。何も好きこのんで自分自身を根底から引き剥がしているのではありません。

あなたは何を恐れていますか？　イニシエートの道を選ぶとき、それがあなたの前に現れます。

私は裏切りと放棄を恐れていました。私を愛してくれる人々に囲まれて、世界で最も安全な場所に暮らしていたにもかかわらず、私の恐れはなおも私につきまといました。

嵐を恐れていたのではありません。荒れ狂う嵐の中に、反映を見たのです。もちろん私が嵐を創り出したと言っているのでは決してありません。私はただ、静けさに反映するその激しさを認めていたのです。そして嵐には、私の内なる嵐と同じように、その時期があるということを知っています。この嵐を引き起こした原因は何だったのでしょうか？　気圧の変化でしょうか？　私の周囲の圧力を変化させた原因をつきとめられたなら、私自身の内なる嵐が喜んで去り、ふたたびパートナーとの関係の至福に満ちた状態に戻れるでしょうか？

つい最近起こったこの出来事は些細なことではありましたが、私の耳に痛いほど響くメッセージを運んできました。それはなぜでしょう？　マグダラのマリアから、「女性の〈床〉が頑丈で安全であることがいかに大事か」という情報がもたらされたばかりでした。「女性が愛されていて安全であると知ることの重要性」について彼女は話したのです。そして私はその情報に非常な喜びを覚えました。そのメッセージが疲れきった多くの女性たちの耳に、どれほど優しくクリアーに聞こえるかを私は知っていたからです。完全に咲きほこるためには、私たちは安全でなければならないのです。風に吹かれ、岩に打ちつけられたポピーは、野原に他のポピーたちと伸び伸びと咲きほこるポピーとは異なります。丈夫な茎に支えられ、安全に太陽の光を受け、ちょうどいい量の水と日光と暗闇の中で育ったポピーは、その環境の中で彼女がなりうるすべてを出しきって咲いています。いったい私たちのうちの何人が、すべてを出しきれるほど十分に安全で愛に満ちた環境にいるでしょうか？

私は子供のころ、「将来、人間に可能な限りのすべての経験をし、その経験から話す言葉は非常に価値のあるものになるだろう」と告げられました。それは五歳の子供が梨の木の枝の上で聞くには、少し奇妙な話です。そして私はその言葉を決して忘れませんでした。

ですから私が虐待のストレス下での苦しみについて話すとき、私は自分の恐怖体験から話をします。私は五年間もひどく虐待的な男性と暮らしました。虐待は初めのうちは非常にゆっくりと現れました。さもなければ私は、決してそのような恐ろしい状況に陥ることはなかったと思います。そして初めのうちはほとんどが言葉の暴力でした。その後彼は、意図的に私を友人たちから切り離し始めました。当時そのことに対して私は怒りを感じませんでした。そしてある日突然、議論や喧嘩に付随してではなく、まったく予測していないときに機嫌の悪さから彼は私に殴りかかりました。私はそれが起こったことをほとんど信じられずにいました。それは屈辱的で、自信を喪失させ、麻痺させ、私はほとんど気が狂いそうになりました。それは恥辱をはるかに超えています。恥辱という言葉は、虐待が生み出す恥と落胆を言い表すにはあまりにも軽すぎるのです。

私は殴られる前の自分の行動とすべての側面を研究しました。何を言ったのか？　何をしたのか？　私は何もしていませんでした。夢だったのだろうか？　そして私はこのことを恥じるあまり、虐待を受けていたことを誰にも話せませんでした。私のように進化した人間がこのような行為を許すはずがありませんし、ありがたい宗教のおかげで私はそれを自分の責任だと思い込んでいたのです。結局私たちは、罪と恥を持って生まれた、罪深く邪悪な生き物なのです。

しかしその恐ろしい関係は、私が生きているうちに何とか終わりを迎えました。これらの出来事を乗り越えるために、私は長い年月とたくさんの努力を費やしました。

そして今現在、これまでに聞いたこともないような（もちろん体験したこともない）、最もすばらしく、力強く、愛に満ち、尊敬に満ち、充実したパートナー関係にありながら、私は何でもないことに恐れ、嫉妬し、無力感を覚え、すべての不安が私の頭の中に住みついて私を悩ませているのです。ほんの些細な出来事のために。

それはほとんど何も起こらなかったと言えるようなことです。誰かに何かをされたわけでもありません。トムとある人のあいだで単純なメールのやりとりがあり、私がその意味を推定したのです。私は煮詰め、分析し、組み立てなおし、切り刻み、頭の中をさまざまな声で満たして私なりの報告書を作りあげました。

私は傷つきました。おそらく致命的に傷つきました。

「でも私には何とかできる。私はイニシエートなんだから。私は夢の人生を送っているんだ」。私は自分に言い聞かせました。

そこで私は自分の中の小さな傷に、目に見えないほど小さなマットを敷いて覆い隠そうとしました。

その後、マグダラのマリアからこのような言葉が告げられました。

「理解するべき次のレベルは、女性イニシエートの感情的チューニングに関してです。女性イニシエートの受容性は、彼女の感情の状態に左右されるからです。これは彼女の性質の一部であり、これらの技法を成功させるためには回避できない部分です」

これだけでは十分でないというように、彼女は続けました。

「女性イニシエートにとって根本的に必要なことは、安心と愛、または少なくとも感謝のある、信頼できる感覚です。これらがそろっていれば、彼女の中の何かが解き放たれ、錬金術が起こるのです。

錬金術は〈男性イニシエートのカー〉と〈女性イニシエートのカー〉の結合によって生まれます。セックスをすることで互いのカー・ボディーが連結し、これによって女性の〈磁気の床〉が開かれるのです」

彼女が話し続けるうちに、私は凍りついてしまいました。

「これは変わった言葉です。イシス神殿で使われた言葉からきています。床は人が立つための基礎です。何かを安全に設置したいとき、私たちはそれを床の上に置きます。ですから床は、ある種の俗語《スラング》として神殿の中で使われていました。必要とされる非常に基本的な部分という意味です。私が〈女性の磁気の床〉と言うとき、それは起こらなければならない基礎的な部分ということを意味しています」

そよ風が強風に変わり、波が激しく打ちつけ、私の心の小さなマットは吹き飛ばされてしまいました。私の臆病風よりも偉大な何かが、私の小さな傷を調べるために、私の床板を引き剥がしました。私がいきたい場所には、弱さ、傷、恐れはありません。長年の秘密が、明晰さと力強さとともに与えられた、この短くシンプルな文章の中にあることを私は知りました。私が「秘密」と言うとき、この本を読む女性の誰もがこれを知っていたと言うでしょう。しかしあまりに長いあいだ辱められ、黙らされてきた私たちは、もうずっと前にこれらの内なる知恵を信じることをやめてしまったのです。

マグダラのマリアは、最愛の人イェシュアとともに過ごす魂の居場所から、イシスとメタトロンによって引っ張り出され、彼女の物語を話すように言われました。そして私は彼女を歓迎するために、私の傷を覆い隠していたマットを外したのです。私には約束が二つだけあります。ひとつはトムとの真実を誓うもの、そしてもうひとつは私の未解決の問題をすべて見つめるというものです。私はもう二〇年間も、それらに呼びかけ続けています。ただ、こんなにたくさんの未解決な問題があるとは思ってもみませんでした。

■フェミニストの出現

二回目の日記：二〇〇〇年一二月　アウディッシュ島にて

《マグダラの書》は二〇〇〇年の感謝祭からクリスマスまでの期間に授けられました。マグダラのマリアが最初に訪れたのは、スイスのチューリッヒの古い地区にある、小さなホテルでのある夜のことでした。彼女からの伝達は、私たちが地中海を渡り、シチリア島を旅し、マルタの小さな島アウディッシュ（ゴゾ島）に住みつくまでのあいだ続きました。マリアは彼女の文章を自ら一語一語編集し、前の日記に書いた現実の嵐が過ぎた直後、二〇〇〇年のクリスマスの直前に完結しました。

彼女はトムをとおして話すとき、それまでどのような人間にもスピリットにも見たことのないような力強さと明晰さで、一言ずつ慎重に選びながら話しました。彼女は話すあいだ、怒りも悲しみも、その他のどのような感情をも示しませんでしたが、ある一点においては違っていました。彼女がイェシュアに対する愛について語るとき、彼女のハートは震えました。そしてよく訓練されたイニシエートとしての役目を果たすことが、彼女にとってどれほど辛いことだったかを聞くたびに私は涙しました。イニシエートであると同時に、彼女は一人の男性を愛する一人の女性であり、恋する女性のための訓練などどこにもないのです。

そして彼はある使命を持つ一人の男でした！

私たちはこのような人をどれだけ知っているでしょうか？

本当に彼のやるべき仕事は、彼女への愛よりも重要だったのでしょうか？

私たちはこのような人をどれだけ知っているでしょうか？

しかも書きなおされた物語の中で、彼はキリスト、救い主、神のひとり子として知られ、彼女は一人の娼婦として知られています。彼を満たしたのは彼女であるにもかかわらず？

私たちはこのような人をどれだけ知っているでしょうか？

そして彼女は限りないエネルギーの器として、彼に使命を果たすための力を与えました。それなのに彼はその使命を果たすと、彼女を置き去りにしたのでしょうか？

そして私のこの小さな傷は中枢まで裂け、クリスマスを迎えるころには、その断層線は地表にまで盛り上がり、誰が見てもはっきりとわかるほどになっていました。

■ふん、くだらない

三回目の日記：二〇〇〇年一二月　アウディッシュ島にて

一二月の風は木々がまばらに生えたアウディッシュに唸り続け、寒さは空気中だけに限られたものではありませんでした。私はメールの些細な出来事に、いまだにとらわれていました。それはシンプルで罪のないトムへのメールで、一人の古い友人からでした――しかしそれはトムに計画表を押しつける友人の一人で、彼に友情以上の感情を持っている人だったのです。この人は以前私を傷つけ、もう少しで私とトムの関係を引き裂くところでした。もともとの体験で大変な苦痛を味わったのに、この人物がなぜいまだに私たちの人生にかかわっているのか理解できませんでした。

聖なる関係は——私がやりたい方法、そう生きなければならないと信じる方法は——人生の中で進行している最も重要なプロセスでなければなりません。理由はいらないのです。もし私が神で、私のパートナーも神であるなら、私たち以外のどのような神も——どのような経験も、信仰も、存在も、何であっても——私たちの愛以上に偉大なる権威を要求できるはずがありません。昼も夜もどんなときにも、それは人生の中心であり、人生で最も重要な側面でなければなりません。完全なる真実を守らなければなりません。塵ひとつ敷物の下に隠せないのです。どんなに浅く小さな傷でも、それを覆い隠すマットはありません。そして最も価値のある、最も神聖な体験としてとらえられない限り、聖なる関係は他のすべての恋愛関係の傾向へと堕落し、倒れてしまいます。これが私のハートに抱いた真実です。それは今までに私が出会った男性の誰一人として扱うことのできなかった、または敬意を表し続けられなかった真実です。そして私はここで、ふたたび真実の問題に戻っていました。私は自分が嫉妬深くしなびた女、思いやりのないバンシー〔家族に死者が出ることを知らせる女の幽霊〕のように感じました。自分がそのように見えると思ったのです。実際にそんなふうではなかったと思いますが、私は自分の直感を疑うほどに自尊心を深く傷つけられました。もし私の思いすごしだとしても、トムが本当に私を愛していたなら、彼はそれでもなおこの人と連絡を取り合うでしょうか？　この人物とのかかわり合いに私が傷ついていることをトムがもし知っているとしたら、なぜ彼はその関係を続けるのでしょうか？

おそらく私は去るべきなのです。

私には誰かと一緒に生活するなんて無理。私の価値は高すぎる。私は要求しすぎる。私はゆとりを与えない。

与えられるゆとりがない。別の宇宙の恋愛関係の理想を抱えた、容赦なく求め続ける女の要求に耐えられる人などこの地球上には誰もいない。おまけに私の思考と言葉を制限していたかつての「支配者」がどこにも見当らない。南部女性の秘訣を失い、思ったことを口に出さずにいられない。女神よ、私を助けて！

やはり私は去るべきです。アウディッシュはオデュッセウスが七年間、セイレーン、カリュプソーによってとらわれた場所だと言われています。私はここにとらわれています。どこへもいくところがありません。ここは畑とカトリック教会が点在する、最も親切で正直な人々が住む小さな島で、どこにも逃げ場がありません。私は自らの混乱の渦にとらわれています。

私はここを去るしかありません。苦しみを乗り越えた後のトムに、こんなことは必要ないのです。彼には口やかましい女などではなく、平安が必要なのです。私は口やかましい女です。けれども私は正しいのです。正しくて口やかましい女です。ああ。

正しくありたいか？ それとも幸せでありたいか？ けれども幸せの代償とは、いったい何なのでしょうか？

私たちは散歩に出かけました――長い散歩です。それは真実の時でした。

アウディッシュの農家は、それぞれ半エーカーから一エーカーほどの小さな土地を所有していました。農地はすべて、奇妙な形の石のフェンスで囲まれていました。何世代にもわたってその土地を耕し、地中から掘り起こされる小さな石を石壁に積み重ねてきたのです。ですから石壁によってジグザグしている地形はまるで、パッチワークのようです。

私は見たところまったく静かで受動的で、簡単な湯沸しポットのようです。しかしあのメールのような何かが起きたとき、かつての私は湯気が立つまでに何年もかかるほど非常にゆっくりと沸騰し始めました。今の私は即座に沸騰し、それから沸騰し続けます。少しでもおかしなことがあると、それについてくどくどと愚痴を言います。そのつもりはないのですが、どうしようもないのです。私は他次元のことはわかりませんが、この地上でのエネルギーの変化を決して見逃しません、決して見逃しません。長年政治にかかわったせいだと思います。私のまわりでエネルギー的に起こっていることも、決して見逃しません。そして私は、自分がメールに疑念を抱いてからの、トムと私のあいだの空気の変化にも気づいていました。彼は暗く湿って危険な女性性の淵から離れようとしていました。白状すると彼女の存在がかなり大きくなっていました。私は彼から完全なる約束と完全なる真実を必要とし、彼も私に同じように求めていました。

私たちはそれらすべてについて話し合いを始めました。

私は死んでしまうかと思いました。私は自分がメールに嫉妬していることを白状しなければならなかったのです。私は侮辱されたように感じました。たった一通のメールによって傷つけられ、見捨てられたように感じました。私は本当に死ぬかと思いました。自分自身をさらけ出して、他人に自分の恐れ、嫉妬、欠点、弱点を話さなければならないのです——相手はそんなことに耐えられるはずがないのです。自分の中身があまりにも醜く、あまりにも束縛的なので、それを受け入れられる人など誰もいないことを知っています。さらにその中身は、まるで腐った魚のような悪臭まで放ちます。ありのままの真実を愛せる人など、誰もいないのです。

私はトムを束縛することを恐れていました。そしてどんな理由であれ、トム・ケニオンがふたたび誰にも制限されることが許せなかったのです。パムが死んだときにも、私はトムを制限しようとした大勢の人々のようであることを拒絶しました。

しかしトムは、私のように計画表を理解しません。彼は神やスピリットや他次元からの存在を認め、まるでレストランでウェイトレスに話しかけるかのように、それらの存在と話をします。私は計画表や政治を理解し、私の予言的能力は私の周囲の人間に限られています。私は彼らが口に出さないことを聞き、彼らが誰にもわからないと思うことを理解します。私は彼らの本当の動機を理解し、この誰にもありがたがられない奇妙な能力にとらわれ、苦しめられるのです。私はあのメールに書かれた言葉の奥に込められたメッセージを理解しました……トムが書いたメールではなく、彼が受けとったメールです。

私たちはその日、何時間も歩き続けました。畑や塀のあいだを通り過ぎ、地中海の目もくらむような高さにある石灰岩の岩棚の崖までたどり着きました。トムが一人で生活したらどれほど楽だろうかと考えていることを私は知っていました。私も一人で生活したらどれほど楽だろうと考えていました。これは過酷な試練でした！

しかし愛は非常に激しく、彼は私の心を奪います！

私たちはすべてについて何度も何度も何度も話しました。散歩と会話に疲れ果て、私たちは家に戻ることにしました。ことによるとそれは、私たちの別れの時だったかもしれません。

そのとき、私は足もとに何かを見つけました。それはほとんど砂に埋もれた、カーブした陶器の破片でした。表面にはペトログリフのようなデザインが描かれてありました。トムと私は二人ともその場に立ち止まり、その宝物を見つめました。私は石を使ってそれを掘り出しました。私たちはこの島全体に何百とある女神神殿からの古代のシンボルを発見したのです。そしてそれは、おそらく私たちが行き詰まっている〝今この瞬間〟へのメッセージです――愛するか、離れるか。

砂を払い落として、その破片が古代の護符や陶器の破片ではなく、誰かがもう何年も前に捨てたクラッチペダルのカバーだとわかったとき、私たちは腰が抜けるほど大笑いをしました。私たちの古代の護符は、誰かの古いクラッチペダル・カバーだったのです！

私たちはこれを大いなるサインと理解し、中立の立場をとることにしました。私たちはそれぞれ自らの真実を打ち明けました。私たちはその長い一日の光の中に、ただ立ち止まりました。私たちは家に帰り、互いに抱きしめ合いました。真実は、まったくの真実は、トム・ケニオンのように私のハートをとらえる人が、彼の他には誰もいないということです。そしていつか、彼は計画表を理解し、私は他次元について知るでしょう。しかしもし他次元を認識できないとしても私はかまいません。私にはその真実を教えてくれるトムがいるからです。そしてもし彼が、決して他人から押しつけられる計画表を認識できなくても大丈夫です。私がいるからです。彼が私の才能を理解し、私に耳を傾ける限り、そして私が彼を理解し彼に耳を傾ける限り、私たちのあいだには全体的視野が広がるのです。マグダラのマリアは正しいのです——最低でも理解が必要です。

■心に浮かぶこと

四回目の日記：二〇〇一年七月　ギリシア キクラデス諸島 パロス島にて

《マグダラの書》を世界に公表することを熟慮しながら、私は多くのことにとりつかれていました。このような情報を出版する責任が重くのしかかり、今夜は特に平安な眠りを奪われ、私は小さなキッチン・テーブルに座ってパソコンを手にしながら、キクラデスの蚊と戦っていました。蚊は小さいながらその捕食本能が不気味で危険です。プーンと音を立てずに静かにしているときなど最悪です。小さくても非常に存在感のある生物のひとつです。

私たちが感情の真実と情熱の力に気づき、女性原理の復活を歓迎している今、マグダラのマリアの意識は地球上にあります。あなたは旅の途中でマグダラのマリアを代弁していると自称したり、あるいは彼女自身であるとさえ主張する多くの人々に出会うかもしれません。

これらの異なるマグダラのマリアは、みな異なるストーリーを話します。

私が尊敬する何人かのチャネラーは、マグダラのマリアとイェシュアはパートナー同士ではありましたが、子供は授からなかったと言っています。またある人は、彼らにはたくさんの子供たちがいたと言います。他にもイェシュアは十字架の上で死に、彼の死後マグダラのマリアが一人で教えを広めたという説もあります。また別の説では、イェシュアは十字架で処刑されて死んだのではなく、マグダラのマリアと何年も幸せに暮らし、処刑は彼が自由を得るための嘘であったと言われています。

彼がマサダでローマ軍の包囲の中で死んだと言う人もいます。彼のお墓はインドにあるという人もいます。最近の説では、彼が南フランスのピレネー山脈に埋葬されたとするものもあります。マグダラのマリアのチャネリングの物語の中には、彼女は自分のミステリー・スクールを南フランスで教え、その地に埋葬されているというものがあります。他には彼女がイギリスに安住の地を見つけたというものもあります。イエス・キリストという人物は存在せず、それは当時のさまざまな教師たちを集め合わせ、ローマ政府下の群集を鎮めるために作り出された新しい宗教のための存在であるという説もあります。

これらの矛盾は私にとって気になりませんが、もしみなが同じ物語を語っていたなら、ずっとシンプルだろうとは思います。しかしある重大な点において、それらの物語は共通しています。イェシュアとマグダラのマリアはパートナーで、教会が意図的に、悪意を持ってマグダラのマリアに娼婦の汚名をきせ、その烙印によって女性性のすべてを排除し、父権制を推し進め、情熱を否定し、そうすることでマグダラのマリアが言うように、誰も情熱のうちに秘められた偉大なる真実を偶然見つけないようにしたという点です。

この《マグダラの書》の中で私にとって大切なことは、彼女の言葉に込められた力と、最愛の人イェシュアへの超越した愛の明白さです。

それに加えて、彼女が伝授する実習は急激なシフトを生みます。それは間違いありません。《マグダラの書》が口述され、彼女を直接体験し、その力強くて公平な存在感を体感し、彼女の物語の大部分を涙しながら聞いた高揚感から自分を引き離してみると、何カ月も過ぎた現在、私は自らが悪魔の代弁者となって、この文章とその適切性を疑うことができます。

彼女は一語一語を計算された正確さで選びました。自らの物語を語り、誤解を解くために彼女はここにきていました。彼女のやるべきことは、教会がでっち上げた嘘、誤った情報を訂正することでした。イェシュアが使った言語は限られた小数の人にしか理解できないものだったので、文脈から取り出されたとき、彼が本当に意味したことと正反対に理解されてしまうことがありました。

師とともに座って、パンやワインを楽しむ行為を彼が好んだという話が、いつのまにか彼の肉を食べ、血を飲むという儀式に変わってしまいました。それなのに教会はなぜ、他の人々を異教徒（未開人）と呼ぶのでしょうか？

私たちが同じような過ちを犯さないためにはどうすればいいのでしょうか？　時を経て、真の意味を誤解されないための言葉をどうやって選べばよいのでしょうか？　人々はこれを理解して、聖なる関係の神聖さを選択するでしょうか？　それとも人々は、これをセックスのマニュアル本としてとらえるでしょうか？

そして女性性の光の中での彼女の役割についてはどうでしょうか？　彼女は一人の男性に力を与えた、ただの女性でしょうか？　この場合、彼女の貢献がなければ何もできない一人の男性に、事実上彼女は力を与えたのでしょうか？

もしあなたがこの本をセックス・マニュアル、あるいは一人の男性に自らの力を与えた一人の女性の物語だと思うのならば、あなたはこの物語のポイントを理解しておらず、その可能性を達成することはできません。

これはマグダラのマリアが言うところの聖なる関係の物語であり、神聖な婚姻の安全性と献身の中に起こりうる、内なる錬金術の物語なのです。

長い年月を経ても意味をなすように、私たちは可能な限り注意深く言葉を選んできました。特定の学校や形而上学の中で使われる単語や俗語は使用せず、せめて私たちが生きているあいだぐらいは誤解をされないように気をつけました。これより先私たちにできることは、真実と啓蒙を意図することだけです。

■思　案

五回目の日記：二〇〇一年一二月　オルカ島にて

《マグダラの書》が私たちに授けられてから一年が経ちます。彼女は二カ月でこの物語を伝えました。二カ月のあいだに、彼女は個人的な物語と、イシス神殿のイニシエートとして伝えたい物語を話しました。洗練された言葉で完結にまとめられた文章の中で、彼女は聞く準備ができた者に教えられること、分かち合えることのすべてを述べました。彼女は私たちに、イシス神殿の最も深遠な秘密のいくつかと、私たちから奪われたエクスタシーの秘密を授けてくれました。私がこの物語を受け入れ、つけ加えるように言われたものをつけ加えるのに一年かかりました。そして私はこの仕事に深く謙虚な気持ちを感じています。私はこれまでさまざまな機会に、一人で、あるいは他の人々とともに彼女のエネルギーに触れました。そして私は、彼女の美、愛、才能、力への賞賛と深い感謝で畏敬の念に満たされ、これからも常に満たされ続けるでしょう。

私たち人類がこの先どうなるのか私にはわかりません。私たちは人生に必要なすべてを備えてこの世に生まれてきます。美と才能を持って生まれてくるのです。私たちは生まれながらの神であり、神で完全に満たされた存在です。私たちは神です。私たちの外側に神はいません。それは私が、隣人と比べてよりすぐれているというのではありません。その隣人もまた神なのです。これこそが魔法です。私たちはみな神です。私たちは神聖です。あたりを見渡せば十分な土地があり、働き者の人々がいて、地球上の全員に十分な食物を供給することが可能です。私たちはすべての人、すべての動物、すべての生き物の世話をするのに十分な恵みを受けています。私たちは大人になったら、物事を変化させると宣言します。私たちは変えるつもりでいます。そしてそれから、何かが起こります。

私は幸運でした。自分の実際の体験とは異なる何かを周囲の人間から聞かされる以外は、基本的に一般的な影響のすべてから離れた非常に変わった環境で私は育ちました。私にあれこれ言う人間はいましたが、私はその埋め合わせをする誰よりも深い性質を持っていました。そして私は私たち全員が生まれついたとされる「罪」について、理解することができませんでした。まわりの人が何と言おうと、私はそこに美を見ました。人々の愛の可能性に美を見出し、そのような美が邪悪であるなどとは想像すらできませんでした。

その後私は世間に出て、傷つきました。私の与える性質が、私のまわりの数多くの受け取る性質に出会ったのでした。

そして成長過程で私が見てきた痛み、偽善、偏狭、判断のすべては、イエス・キリストへの信仰によって引き起こされたものでした。この存在に向けられる人々の愛の中に、私は美を体験しませんでした。それから私自身の霊性が成長し、彼が地上に現れた多くの偉大なるマスターのうちの一人であること、しかし実際にはこの偉大なるマスターの名のもとに、政府がひとつの宗教を創り出したということを理解するに至りました。マグダラのマリアが「マスターがそのような者を助けることをひどく驚いていた」というフレーズを使ったのは、何と皮肉なことでしょう。私のキリスト教信仰の経験はこのようなものですから、この《マグダラの書》が「私のような者」のところにきたのは何という皮肉でしょうか。

■飛翔への障害の再来
最後の日記：二〇〇一年一二月三一日　オルカ島にて

この本がちょうど編集の最終段階に入ったころ、トムと私はもうひとつの「飛翔への障害」に突き当たりました。そしてそれが大きな変化とすばらしい理解を最終的に与えてくれたことから、私たちはこれをここで分かち合う義務があると判断しました。聖なる関係を実践するとき、美しい薔薇の下にはとげがあることに注意しなければなりません。そしてそれは毎日取り組むことであることも理解しなければなりません。私たちは錬金術の炉の中に生きています。マグダラのマリアが聖なる関係と言う言葉の本当の意味を、理解すればするほど、そしてそのパートナーとの関係を生きれば生きるほど、私はそのプロセスに畏敬の念を抱き、このプロセスのカタコンベ〔初期キリスト教徒の迫害避難所。地下墓所〕に勇気を持って入る人々を尊敬します。

あるとてもシンプルなことが起こりました。今回もそれはたいしたことではありませんでした。けれどもそれは大問題となりました。これはアウディッシュで私たちの旅の引き金を引いたシンプルで些細な出来事とよく似ていました。私の内なる嵐が外の嵐を吹き飛ばしてしまったときのことです。しかし聖なる関係において、一方のパートナーがもう一方のパートナーを傷つける何かをしたとき、それが意図的であろうとなかろうとそのことを尊重しなければなりません。その試練の「光」を見出さなければ、それはやがて衰退または変革をとおして、愛の扉を暗くしてしまいます。安全ネットが消えてなくなるとき、錬金術もまた消えてなくなるのです。

トムはある人物を彼の人生に招き入れました。その人物は私が彼にとって危険だと感じる人でしたが、トムは私に何の相談もなく決めてしまいました。そのような出会いに私が見出す危険な可能性について、彼に警告することすらできませんでした。私には周囲の人や道ですれ違うだけの人のたくらみを見破るという、呪われた特技があるのです。

私には計画表が見えます。彼には神々が見えます。私は彼のビジョンを恵まれた才能として理解し、自分の特技を重荷に感じます。

彼が私にこの人物のことを話したとき、私ははらわたがよじれる思いでした。私の胃はひっくり返り、心臓は喉から飛び出しました。私はベッドを整え、着替え、私の感情のスーツケースを荷造りして去りました。私は自分の子供時代へと四〇年ほど引き戻されました。そして最初、私は何も言いませんでした。自分の感情を押さえ込もうと必死に努力しました。しかし私のハートは大騒ぎをし、今にも爆発してしまいそうでした。

この「飛翔への障害」についての議論が、すぐには尊重されないことを私は知っていました。すでにアウディッシュで体験ずみでした。ですから私はひどく重たいハートでそこに座り、彼のシンプルで罪のない、しかし私にとっては苦痛に満ちた行為によって、私の中に起きていることを彼に話し始めました。

トムはただ、私が危険の可能性を感じるある人物を、私たちの関係の中に招き入れました。それは罪のない行為で、誰もその人物を危険だとは思いませんでした。それはまったくの善意でした。しかし私は、この人物を私たちの人生に招き入れることは、言わば他の存在が入り込むための入り口を潜在的に開くことだと理解していました。マグダラのマリアはこれらの他の存在やエネルギーを、実際に悪魔と呼びました。

これはどういう意味でしょう？　私はただの嫉妬深い女なのでしょうか？　私の直感はあまりにも敏感で、人々の不意の危険性までも感じとっていたのでしょうか？　またはあまりに支配的で、私の承認がない限り誰一人として私たちの人生に招き入れることを許せないのでしょうか？

この問題に関する私の最初の申し入れに対する反応は予想どおりだったので、私は感情の荷造りを始め、ハートの扉から出ていこうとしました。トムはいつも彼がするようにしました——彼は麻痺します。こうしていつもは互いに引きつけ合う磁石がひっくり返りました。磁石を逆にしたときにどんな反応が起こるか、そしてそれを力ずくで合わせようとするときどうなるか見たことがあるでしょう？　それらは激しく反発します。人生の最高のパートナーに反発しているとき、そして反発されているとき、心から話をするのは非常に難しいことです。

私はこの行為によって引き起こされたと自分が思うことや、彼が特にこの小屋の扉を開けてこの馬を放してしまう前に相談してくれなかったことに私がどれほど屈辱を感じているかについて、彼とじっくり話し合いました。これは今では私のマントラのようになっています。

彼は私の反応に非常に驚いていました。当然のことです！　私はおそらく最初のうち、狂った女のようだったと思います。（言っておきますが、私は自分が正しいと思っていました。つまり自分が狂っていないことはわかっていました。しかし彼が私のことを少しバカだと思いはしないかと恐れていました。私は自分が正しいことを知っていました。少なくとも私にとっては正しいことを。しかし私はまた、もうひとつの偉大なる真実を学びました……正しくありたいのか、幸せでありたいのか？）

完全な真実を誓うということが、精神的にどれほど命を脅かすようなものであるか、私は言い表すことができません。最初に話し始めるとき、もう本当に死ぬかと思います。そして完全なる真実、きれいでかわいらしい真実ではなく、すべての下にある真実、私たちがまわりのすべての人から隠そうとする真実には、何か非常に恐ろしいものがあるのです。

そしてここで言っておきますが、真実を話さずにすべてを手放してしまうのは本当に簡単なことです。鍋をかき混ぜることなしに、ただリラックスして手放してしまうこともできました。私がその問題を表面に押し出さなければ、私たちは順調だったのです。しかしそのままでは、私たちはやがて現在の世界中のすべてのカップルと同じように、一緒にいても一緒ではなく、真実を互いに拒否し合うような関係になってしまうことを、私は知っていました。誰かを心から愛しているから、その人を傷つけるようなことは決して言わないという考え方があります。ここで本当に傷つけるとはどういうことか言っておきましょう——それは相手に真実を話さないことです。それこそが病気を生み出し、殺し、成長を妨げ、幻滅させるものなのです。

そのような小さなことが、些細ないらだちや悩みが、聖なる関係にある人々のあいだで真実として分かち合われない場合、それらは打ち破ることができないレンガの壁を築いていきます。真実を分かち合わなければ、ある朝目覚めて、自分が見知らぬ人、ルームメイトと生活していることに気づくことになります。私の物語をもう一度読んでください。私はそこをとおってきました。そしてそれは聖なる関係への道ではありません。

私たちが助けなしに自ら答えを見つけ出したと言えたらどんなにいいでしょうか。本当のことを言うと私たちは助けを求めました。私は恐れに満ちた嫉妬深い女としての自分のイメージにとりつかれ、気が狂いそうでした。私はこのセクションのすべてを書いて自分の恐れを確認したはずなのに、それらがまた出現したのです。私はそれらのことはもうすでに乗り越えたつもりでいました。

実際には、私は自分の基礎にもうひとつの小さな傷を持っていて、それが私の安全とトムの安全を脅かしていたのです。

そこで私は自分の考えをトムに話し、「私たちの磁石はひっくり返り」、非常に強力な力で反発し合い、私たちはそれぞれ自分の殻に閉じこもりました。私は傷つきました。彼は不愉快に思いました。

私たちは何もかもすべて閉じ、ガイダンスを求めました。パートナーとの関係をとおした変容の可能性は、私たちの人生にとって最も神聖で尊重されるべき側面です。私たちはそれぞれこの道を選び、聖なる関係を選択し続けることに同意していました。そして私たちは行き詰まり、助けが必要でした。

私たちがこのようなガイダンスにアクセスできるというのは、想像を絶するような幸運だと思います。そしてこのようなアクセスはすべての人に可能ではないので、私たちが教えられたことを紹介したいと思います。

私たちが「誰」であるかというのは、私たちの幼年時代と無数の人生経験によって作り上げられることを説明されました。私たちがそれぞれパートナーとの関係の中に持ち込む刀は、猛烈な痛みとものすごい精錬によって鍛え上げられます。私たちはそのような体験によって作り上げられるのです。刀を打ちなおし、自分を変え、マグダラのマリアが言う「飛翔への障害」を乗り越えて不純物を焼き払うためには、少なくとも私たちが鍛え上げられたときと同等の熱が必要です。

私は燃焼したいのですが、ときどきその熱を恐れることがあります。しかし私たちが何も間違ったことをしていないこと、そして実際にはこれがこの錬金術のプロセスであり、そのプロセスにおける私たちの進行状況を示すものであることを聞いて本当に助けられました。

トムと私は、自分たちに与えられた個人的なガイダンスが、いくつかの疑問に対する答えになることを願い、ここで分かち合うことを決めました。

「答えは錬金術プロセスの背景にあります。あなたは嫉妬深い女の顔を見せているのですか、それとも危険を察知する女性の顔ですか？」

「それはあなた方二人のあいだのプロセスです。あなたが体験していることの真実を話さなければなりませんし、トムも彼の中に生じる真実を話さなければなりません——葛藤あるいはハーモニーを。それらは二つの顔です。そしてこの融合が不純物を焼き払うプロセスです。ですからあなた方二人は錬金術のプロセスにあり、すべてを正確に行っているのです」

「私たちはそれが非常に困難な状況で、その熱から逃れるための答えをあなたが探していることを理解しています。しかし熱は必要なのです！　あなた方の中にはそれぞれ、ネガティブもしくは力量がないと考える心理的なパターンがあり、それらはポジティブな側面と混合しているのです。

嫉妬深い女性は危険を感知する人物と結びついています。なぜなら鋼鉄を作るときには、異なる種類の金属を混ぜ合わせて合金を作るからです。そしてあなたを作り上げたのはあなたの幼年時代です。あなたはあなたのアイデンティティの刀を手にとり、錬金術の炉の中に突き刺しています。これが自らの選択で入り込んだ錬金術のプロセスであることを理解する以外に、このプロセスを楽にする答えはありません。刀が溶け始めるとき、あなたは自分のアイデンティティを失うように感じます」

「答えはあなた方二人が、その瞬間の自分の外面についての真実を話すことです」

「炉が熱せられると磁石が裏返りますが、それはそのあまりに強力な熱が磁石の構造を変えてしまうからです。磁石はあなた方それぞれの極性化によって生み出されます。互いの極性に引きつけられて、そこにカップルが誕生します。そこにはあなた方をひとつに引きつける磁力があります。熱が上がるとき、磁石は逆になり、普段二人を引きつけ合うのと同じ強さで反発し合います。これは一時的なことです。乗り越えてください。他のことを考えてはいけません。あなたには自分が危険な領域にいて逃げる必要があるという証拠や手掛かりを探しているところがあります。このようなときに逃げ場はありません、真実があるのみです」

「聖なる関係の道にあるとき、あなたは錬金術のプロセスにあるということを理解してください。そしてあなたはイメージを追い求め、そのイメージに合わないときは恐れを感じます。あなたは錬金術のプロセスにあるのです。熱がどんどん上昇してあなたがその熱に耐えられないとき、熱がそれほど強くない別の場所にいってください。立ち止まり、世界を一時停止させてください。そのようなときに互いに触れ合うなど決してしたくないとしても、手を取り合ってください。そしてどのような面が現れているかについて、正直に話してください。真実を話すことは、何かを引き裂くことではないことを理解してください」

「あなた方のあいだに何ものをも入り込ませないでください。何ものにも束縛されない流動的な環境に生活しなければなりません。熱が上がりすぎたときに、すべて中断して真実のプロセスに取り組めるようにするためです。あなた方は神秘に入れるように、自由に動ける環境で生活しなければなりません」

「女性の性質が何か彼女にとって貴重なものを見つけたとき、彼女は猛烈な守護者になります。そして彼女はそれを何があっても守ろうとします。嫉妬は人生経験の中で自然に現れる側面です。嫉妬が問題なのではありません。問題は必要な真実を話さないことにあります。危険を冒すということは、真実を話し、あなたが望むものをパートナーが与えないという可能性と向き合うということです」

「恋愛関係はまるでポーカーゲームのようです。誰もがいいカードを持っているかのようにはったりをかけます。あなたが聖なる関係に取り組むときには、互いに見せ合うためにすべてのカードがテーブルの上に広げられます。どのようなカードが出ようとも、それはただテーブルの上に置かれます。すべてのカードを見つめる二人の明晰さが、変容を可能にするからです」

要約しましょう。

常に真実を守りましょう。

それは危険な状態になります。

あきらめないでください。クラッチペダル・カバーを買ってあなたの祭壇に飾ってください。焼けた石炭の上を、手を取り合って歩いてください。そして約束します――あなたは「死んでしまう」と思うでしょうが、決して死んだりはしません。

■出産を終えて――追　記

これはマグダラのマリアが聖なる関係と呼ぶ、神聖な婚姻の安全と献身のうちに起こりうる内なる錬金術の物語です。

私たちは光の時代に生きていません。私たちはマグダラのマリアが言うように「時の終わりの始まり」にあります。もう時間がないため、より多くの人々が目覚め、必要な変化を起こすことを願って、これらの秘密が明かされました。

私は浜辺を歩く一人の若い男性の話を思い出します。彼は遠くの砂浜に無数の小さな点のようなものと、一人の年老いた女性の姿を見つけます。彼女は屈み込み、波打ち際まで歩いていき、海の中に何か投げ込んで、また歩いて戻り、ふたたび屈み、何かを拾い、そして海に投げていました。

その場に近づくと、浜辺にはすばやい引き潮に取り残された無数のヒトデが打ち上げられていました。浜で死にかけているヒトデを、この年老いた女性はひとつずつ拾っては海へと歩いていき、海に投げ入れ、そしてまた次のヒトデを拾っているのでした。

彼は彼女の仕事の不可能性に驚いてこう言いました。「いったいなぜそんなことをしているのですか？　なぜそんなことにかまうのですか？　そんなことをしても意味がありませんよ！」

すると女性はヒトデをもうひとつ海に投げ入れながら、風に向かってこう叫びました。「このヒトデにとっては意味があるわ」

マグダラのマリアは最後のメッセージの中でこう言いました。「私の物語を理解するのはほんの一握りの人だけでしょう。けれどもそれで十分です」

「ある女性の物語」を書くにあたって、多くの人が私を批判することはわかっています。嫉妬する人もいるでしょう。私の悪口を言う人もいるでしょう。多くの人が判断するでしょう。私はマグダラのマリアの要望を尊重し、私の物語をここに加えます。私は尻込みをしたりためらったりすることなく、私の恐れを越えて彼女を敬愛し、彼女の知恵を信頼するようになったからです。

あなたの神聖な婚姻が、パートナーとのあいだにもあなた自身のうちにも、バランスのとれた、公平な、そして恍惚とした献身に満ちあふれたものでありますように。

一人の女性が彼女の真実を書くとき何が起こるでしょう？
世界が切り開かれます。

——ミュリエル・ルーカイザー——

補遺

マグダラのマリアが《マグダラの書》の口述を終えたとき、私たちは彼女に数多くの質問をしました。この本を出版した後で聞かれると予測される質問があったからです。質問のいくつかは個人的なものでしたが、機会があれば聞きたいと思っていました。彼女は質問のいくつかには答えてくれましたが、ほとんどの場合彼女の答えは、「マグダラのマリアはノーコメントと言って」というものでした。

私たちが体験したこの存在の個性をよりよく知ってもらうために、ここにこれらの質問を紹介します。彼女の境界線ははっきりしていました。彼女の個人的なことと、現在の地球に必要な情報とを何の苦労もなく線引きし、叙述しました。彼女の物語をくだらない会話や的外れの雑学へと引き下げるような質問には、まったく答えませんでした。

対話形式で書くよりも、私たちが質問をし、彼女が答えたことをそのままここに記しました。

質問　あなたとイェシュアは結婚していたのですか？

マグダラのマリア

イェシュアと私はラビの伝統に従って結婚しました。福音書には、イェシュアがある結婚式で水をワインに変えたと書かれています。そこに書き忘れられたのは、その結婚式が私たちの結婚式。だったということです。それはよく知られていました。

ときおり重なり合う二つの道があります。ひとつはイニシエーション、もうひとつは結婚です。イニシエーションとは、理解や能力の高次レベルに入ることです。イニシエーションは個人個人に授けられます。

聖なる関係に足を踏み入れる人は、相互の意思をとおして入ります。他人の承認は必要ありません。それが文化的な方法です。聖なる関係の核心へと入る人は、彼らが神秘へと入る結果としてイニシエーションを通過します。重要なのはイニシエーションの行為ではなく、聖なる関係のプロセスです。

質問　子宮の摘出手術を受けた、あるいは閉経した女性にとって、イシスの性魔術《セックス・マジック》はどう変化しますか？

マグダラのマリア

これらいずれかの状況にある成熟した女性の性的分泌物は、もちろん繁殖力のある女性とは異なります。ですからこの場合、男性の精液と女性の性的分泌物との相互作用のエネルギー的効果は異なります。しかしながら反応は起こりますし、より重要なことにはイシスの性魔術のその他すべての側面が有効だということです。愛撫や休息は、二人のイニシエートが精妙な体に取り入れることができる磁場を作り出します。若いころのようにセックスの行為そのものはダイナミックではないかもしれませんが、それは効果的です。

質問　精管切除をした男性にとって、性魔術はどう変化しますか？

マグダラのマリア

イシス神殿での私の時代に、精管切除の可能性は考慮されませんでした。イシスの性魔術の視点から、この問題の真実は男性が磁場を作り出すために、愛撫や休息に頼らなければならないということです。この質問の意味は、性魔術が精管切除を受けた男性にも有効ですか？　ということだと思います。はい、有効です。しかしひとつ考慮すべきことがあります。彼の精液の磁場が彼のパートナーの性的分泌物との相互作用を避けるので、同じような磁場の強さを構築するためには、彼は普通よりもたくさんパートナーを愛撫しなければなりません。

質問　《マグダラの書》の中で、男性が抱える母親との問題が、彼とパートナーの錬金術に影響するとありますが、それは女性にも言えることでしょうか？　女性の父親との関係は錬金術に影響をおよぼしますか？

マグダラのマリア

ある程度までは影響します。娘と父親との体験は、必然的に一人の女性としての彼女とパートナーとの相互関係に影響します。ですからこの範囲までは、影響は似ています。しかし男性イニシエートに関して私が言いたいのは、男性が女性との関係において体験する異常なまでのもろさです。父親は子宮を持ちませんので、娘は父親の中に宿ったということは決してありません。彼女の体は彼の要素から形作られたのではないのです。

一方息子はというと、母親の子宮に宿り、成長過程で彼女に包まれて成長します。そして彼がいったん生まれ出ると、彼は分離のプロセスを開始します。彼の成長がある段階に達し、男性として母親とのあいだに未解決の問題がある場合、休息するのが難しくなります——休息することは、彼が子宮の中にいたときのように、女性エネルギーにふたたび包み込まれることを意味するからです。そしてこれは女性とは異なる境遇で、父親と娘の関係とは別の問題です。

質問　他の主要な錬金術において性交時に男性が射精しないように教えていることに、何かコメントはありますか?

マグダラのマリア

「そして彼女は笑った」と言ってください。

あなたも知っているとおり、私の先入観はイシス神殿の巫女《みこ》としてのものです。私が訓練を受けた錬金術は女性を基本としていて、あなたが言うような他の錬金術の系統とは非常に異なる見解を持っています。

ひとつには、私たちは全時間と空間の創造者である「イシス」と呼ばれる存在が、すべての女性の性質の内に抱かれていると考えます。それは彼女たち自身の一部です。イチジクの種が実の中に隠れているのと同じことです。また私たちは、錬金術が男性原理と女性原理という二つの逆のものの結びつきに基づいていることも理解しています。しかしこの錬金術の方法では、女性が錬金術の鍵を握っていると理解されます。男性はその鍵を回すために必要で、男性イニシエートと女性イニシエートの中に具現する対極が互いにひとつになることで、錬金術が起こるのです。私たちの見解からすると、男性の射精を抑えることは、単に一般的に抑制する傾向がある男性の振舞いのひとつだと思います。

男性の生命力が彼の精液のエネルギーと関連していて、無駄な射精が彼の生命力に影響をおよぼすことは真実です。しかし最愛の人の中に彼が射精するとき、彼は彼女のエネルギーの中に休息し、彼女の内なる性質への扉が開かれ、その磁力によって養われ、慈しまれ、生命力が二人を満たします。これは現在地球上に存在する他の系統とは異なる錬金術の道です。

質問　あなたはフランスかイギリスでミステリー・スクールを教えましたか？

マグダラのマリア

私たちが最初にサント・マリー・ド・ラメールにたどり着いたときから、私が最優先したのはサラの安全です。ですから私たちはドルイド僧たちと北を目指し、グラストンベリーとトールへいきました。サラが一二歳のとき、私たちはこの葦原に戻り、イシスの洗礼の儀式をしました。そのころにはサラは危険にさらされてはいなかったので、私たちのイギリスへ戻る旅はゆったりとしたものでした。私はいくつかの学習サークルを作りました。サラが結婚した後、フランスとイギリスの一部を定期的に訪れ、イシス神殿の神秘を教えました。

質問 マグダラとは称号ですか？

マグダラのマリア

それは霊的承認の称号です。マグダラの儀式というものがあります。それは秘密にされています。

質問 ホルスの錬金術で使われているように、爬虫類のイメージを使用する理由は何ですか？

マグダラのマリア

これらの蛇のイメージは、ジェドを上昇するセケムの蛇のような構造を伝えるために使われています。ホルスの錬金術によって放出されたエネルギーがジェドに沿って上昇すると、それらは本質的に蛇のようです。言い換えれば波打ちます。それらが頭に入ると、脳半球のまわりに広がります。それはフードを広げたコブラのようです。ですから蛇の姿は、精妙な体（カー）を動く、より深い意識の構造と性質を示すための象徴的要素であり隠喩です。

質問　福音書には、イェシュアがあなたから七つの悪霊を追い払ったと書かれていますが、それはどういうことですか？

マグダラのマリア

イェシュアは浄化の儀式をしました。あなた方がネガティブと呼ぶようなものを、私の七つのチャクラから浄化したのです。「七つの悪霊」とは、単に私たちのフィールドの中にそのときどきに持っているネガティブなエネルギーのことです。私たちがともに実施するより深い錬金術の準備として、彼はこのようなエネルギーを私のフィールドから取り除いたのです。

私もまた、彼の七つのチャクラを浄化しました。私はこの同じプロセスを彼に施しました。

その重要事項は次のとおりです。

悟りの力または霊的な性質が増大すると、その人は自分自身のものでないエネルギーを引きつける磁石のようになります。ある人が感情的に落ち込んだ状態にあると、ネガティブな力またはエネルギー（イェシュアの時代には悪霊と呼ばれていました）とつながるというのは本当のことです。特に薬物の使用で興奮していたり意識の変容状態にあるときはそうです。その人の感情的な調子（波動の状態）が低いと、ネガティブ・エネルギーや、ときには破壊的なエネルギーに扉を開いてしまうことがあります。

しかし逆説的に、ある人が意識の高い状態へ移行した場合にも似たようなことが起こります。それはその人が、そのようなネガティブ・エネルギーを引きつける磁石になってしまうからです。そして誰にでも不注意はありますし、ときには私たちがかかわりたくないものが集まった場所などもあり、そのようなときにこれらのエネルギーが、言わばとりつくのです。

これは私たちが気づいていないネガティブ・エネルギーを取り除くための七つのチャクラの浄化のプロセスです。イシス神殿に遡る古代の実習です。これは秘密のマントラ、祈り、意思の力で光をチャクラに導き入れることで達成されました。それは複雑なプロセスで誰にでもできるものではありません。よって、その方法を大衆に伝えることは害となります、歪曲が起こるからです。私が彼を浄化し、彼が私を浄化するために使った方法には熟達したレベルが必要なのです。

そしてふたたび私は、この福音書の記述の偏った操作的観点を確認します。イェシュアもまたこの浄化のために私のもとへきたことは、一切報告されていないのです。彼らはそのことを知っていたのに。

質問　「宇宙の母《コズミック・マザー》の帰還」とは何を意味しているのですか?

マグダラのマリア

女性性の尊重への集合意識のシフトです。それは、地球それ自体の集合的で包括的な理解として表れます。ですから地球を略奪する代わりに、地球上に共同創造が生まれます。そして女性――女性として具現化した魂――が、男性原理と平等に真価を認められる立場に上昇します。

そしてあなた方にもわかるように、この地球がそこに達するまでにはまだまだ長い道のりがあります。

質問　このことが起こるまでに長い時間がかかるという意味ですか?

いいえ、それは人類の意識が現在、集合的にいる場所からは大きな飛躍だという意味です。ですから私たちは浄化の必要性を見出し、理解することができるのです。一人ひとりが内なる男性と女性のバランスをとり、さらに進んで外面的にも肉体を与えられた男性と女性としての関係においてそれらを尊重することによって、浄化の必要性は減少します。

私たちはマグダラのマリアに彼女がその後生まれ変わったかどうか尋ねると、彼女は生まれ変わってはいないと答えました。

マグダラのマリアは私たちとの会話の中で、「新たな地球と協調する者」という表現を何度か使いました。「新たな地球と協調する者」の条件は何かと尋ねると、彼女はためらいなくこう答えました。

「罪なし。恥なし。後悔なし」

用語集

錬金術：Alchemy
ひとつのものを別のものへと変化させる芸術科学。内なる錬金術（エジプト系のような）は意識エネルギーと具現した生命力を、実践者の能力を向上させながら拡大意識へと変容させる。

アムムト：Ammit
ジェドまたはチャクラの聖なる経路に関係する神話的存在。一部ワニ、一部ライオン、一部カバであるアムムトは、ジェドの描写によく見られる。第三チャクラ（権力）と第四チャクラ（愛）のあいだに、その爬虫類の鼻を押し込んで描かれる。

アヌビス：Anubis
死者の国にまつわるエジプトの神（一部ジャッカル、一部人間）。エジプト神話ではアヌビスが冥界でオシリスの守護をし、それによって地下世界に結びつけられたとされる。

アセンション：Ascension
生命力（セケム）をジェドをとおして高次脳中枢へと上昇させるプロセス。その結果、意識の力（シッディ）を活性化し、存在の霊的領域へのアクセスを可能にする。この言葉はまた、光とエネルギーの高次領域へとカー・ボディーを上昇させる場合にも使われる。

バー：BA
神聖な魂

黒い蛇：Black Serpent

背骨を上昇する月の経路を説明するためにマグダラのマリアが用いた言葉（イダ参照）。黒い蛇は創造の女性性の神秘を表し、全創造の源である虚空と結びつけられる。

チャクラ：Chakra

精妙な体のエネルギーの渦。車輪のように回転することから、この単語は「車輪」を意味する。チャクラの存在は科学的にも報告され、光と音の両方を発する。

中心柱：Central Column

背骨基底部から頭頂まで背骨の前をとおる、精妙なエネルギーの経路（プラーナ管参照）。

中心支柱：Central Pillar

中心柱またはプラーナ管に同じ。

ジェド：Djed

チャクラの聖なる経路。背骨基底部から頭頂（クラウン・チャクラ）へと続く。エジプト錬金術のアセンション過程の中心経路。

栄光のスピリット体：Glorious Spiritual Body

サフ参照

黄金の衣装：Golden Raiment

サフ参照

金の蛇：Gold Serpent

背骨を上昇する太陽の経路を説明するためにマグダラのマリアが用いた言葉（ピンガラ参照）。太陽の経路は創造の男性的側面を表し、光と結びつけられる。

ホルス：Horus

イシスとオシリスの息子。象徴的に、ホルスはスピリット（オシリス）と物質（イシス）の統合を表す。彼の物語は、彼の旅がジェドを上昇して私たちが拡大意識状態に到達する過程と同じであることから、ある意味寓話的である。

イダ：Ida

背骨の左側を上昇する精妙な経路を意味するヨガ用語。月またはチャンドラ回路とも呼ばれ、第一チャクラから頭の中へと入り、左の鼻の先へと続く（黒い蛇参照）。

イシス：Isis

ホルスの母で、エジプト神殿の神々の中で最も有名な女神の一人。彼女は宇宙の母《コズミック・マザー》であると考えられ、彼女の崇拝はほとんどの古代世界に広がっている。

具現者：Incarnate

イシス・エネルギーを具現する訓練を受けたイシス崇拝の巫女《みこ》たち。

イニシエート：Initiate

ひとつの意識レベルから次の意識レベルへの入り口をくぐり抜ける者。一般的には、イニシエートは神聖科学の訓練を受け、その神聖科学に関する霊的系統へのアクセスを許される。

イニシエーション：Initiation

ひとつの意識レベルから次の意識レベルへと進むプロセス。あるマスターレベルに達したことの指標。霊的存在から直接与えられる場合と、肉体を持つ人物から与えられる場合がある。

カー：Ka

エジプト錬金術で精妙なエネルギー体を表す。カーは肉体のエネルギー的複製で、エーテリック・ダブルやスピリチュアル・ツインと呼ばれることもある。エジプト錬金術の焦点のほとんどは、カー・ボディーを変化させることにある。

カート：Khat

血と肉からなる密度を持つ肉体。

クンダリーニ・ヨガ：Kundalini yoga
クンダリーニ・シャクティ（背骨を上昇するセケムによく似たエネルギーの形）の動きに精神を集中するようなヨガの形態。クンダリーニ・シャクティが背骨を上昇すると、それぞれのチャクラが活性化され、ヨガ行者はそれらの意識状態をマスターできる。

マアト：Maat
死者の国にまつわるエジプトの神。マアトは一方に羽根を乗せた秤を持つ。秤のもう一方にはスピリットの天国への入場を求める死者の心臓が置かれる。もし恥や後悔で心臓が羽根より重ければ、その人は冥界をさまよわなければならない。心臓が羽根のように軽ければ、その人はスピリットの領域への入場を許される。

ネチェル：Neter
精妙な力。エジプト錬金術の古典では二六のネチェルが存在するが、この言葉はエネルギーまたは力を持つものなら何でも当てはめられる。したがってこの言葉はヨガのシャクティやエネルギーの概念とも関連している。

松果体：Pineal gland
頭の中心に位置する。西洋医学ではその機能は完全に解明されていないが、秘儀的に言うと、それは高次意識状態への鍵を握っているとされる。

ピンガラ：Pingala
背骨の右側を上昇する精妙な経路を意味するヨガ用語。太陽回路またはスーリヤ回路とも呼ばれ、第一チャクラから頭へと入り、右の鼻の先へと続く（金の蛇参照）。

プラーナ管：Pranic tube
体の磁場内の力の中心線。私たちの体も含めたすべての二極性は、N極とS極がある。これらの二極が、地球と同じように軸のまわりに生じる。肉体の場合、この軸は会陰からクラウン・チャクラへとつながり、背骨の前に位置する（ジェド、中心柱、中心支柱参照）。

飛翔への障害：Obstacles to Flight

霊的悟りへの心理的妨害を表現するためにマグダラのマリアが用いた言葉。彼女の錬金術の伝統において、ジェドを上昇する意識のアセンションを起こすために、飛翔への障害を取り除くことが錬金術師のひとつの役目である。

ラー：RA

エジプトの太陽神。錬金術的理解によると、火であるものはすべてラーの力である。カー・ボディーの中には火の性質を持つ太陽神経叢として知られるチャクラがある。エジプト錬金術ではカーで錬金術反応を起こすためのエネルギー源として、ラーがよく用いられる。

赤い蛇のしずく：Red Serpentine Drops

その人の生物学的母親に関係する、クラウン・チャクラから発生する微細エネルギー。これらのしずくは、《マグダラの書》にあるように黒い蛇と金の蛇を使って錬金術的瞑想から生じさせる。興味深いことに、この実習はチベットの赤と白のしずくと呼ばれるものを使うヴァジラヤーナ・ヨガの実習とさまざまな点で似ている。チベットの実習では、しずくは至福を生じさせるために用いられ、それから修行者は至福のうちに空《くう》の本質を見つめる。しかしホルスの錬金術では目的が異なる。しずくが混じり合うことで至福が生じると、カー・ボディーを強化するために至福をカーへと送り込む。マグダラのマリアによれば、意識のエクスタシー状態はカーを強化する。

サマディ：Samadhi

瞑想をとおして達するヨガの恍惚状態。サマディの最中は意識が五感から内面世界へと移される。軽い内省状態から深遠な意識状態の変化まで、サマディは幅広い。サマディの最も深い状態では、時間の感覚がなくなる。この世の感覚がない。意識は意識それ自身に気づき、深い真我の認識状態からは自然に至福が湧き上がる。

サフ：Sahu

不死のエネルギー体。黄金の衣装、栄光のスピリット体などと呼ばれる。

セケム：Sekhem

生命力。「直立させるもの」の意。エジプト錬金術のプロセスで、その人のセケム、すなわち生命力が拡大した意識へと変化させるために強化される。セケムの力がジェドを上昇し、悟りへのチャクラのはしごを登る力を生み出す。この非常に強力な生命力は意識の力（シッディ）を生じさせるための錬金術的プロセスにも用いられる。

セト：Set

ホルスの父、オシリスの弟でありオシリスを殺した。オシリス神話でホルスが克服しなければならない存在。

性魔術：Sex Magic

魔術の中でセックスが利用されるのは、数え切れない文化と霊的系統において何千年もさかのぼる長い歴史がある。イシスの性魔術《セックス・マジック》は一般的な魔術とは異なった見方がされる。魔法の力を使って外部の世界に影響しようとするのではなく、イシスの性魔術は意識そのものを変化させることに焦点を置いている。したがってこれは、ひとつの内なる錬金術の形態であり、具現した存在が利用できる第一の強力なエネルギーを引き入れる錬金術である。

シッディ：Siddhis

ヨガの能力。これら意識の力は広範囲の非凡な能力を表す。透視力（内なる視力）、霊聴力（内なる聴力）、超感覚（内なる知覚力）、超認識（なぜかわからないが何かを知っているというような内なる知力）が含まれる。ヒーリング能力や限られた予言の能力も含まれる。バイロケーション（同時に二箇所に存在する）、テレポーテーション（瞬間移動）、空中浮遊などの驚くべき能力も含まれる。これらの意識の力は、仏教、キリスト教、ヒンズー教、イスラム教、ユダヤ教、道教など、世界中の多くの宗教や錬金術の伝統において報告されている。加えて多くの原住民文化でシャーマンがこれらの能力を持つことが報告されている。

タントラ：Tantra

エネルギー実習を意味する言葉。この言葉は、たとえば仏教において、意識そのもののエネルギー実習を意味して使われる。しかし性的エネルギーの実習という意味でも使われる。この種のタントラは意識向上のための性的エネルギーの利用に基づき、世界中でさまざまな形態が用いられる。

ウラエウス：Uraeus

「油を注ぐもの」とも呼ばれる。セケム（生命力）がジェドをとおって脳に上昇したときに発生する。この動きが蛇のようなエネルギーの形を作り、そのため古代エジプト人はウラエウスを蛇として表現した。

白い蛇のしずく：White Serpentine Drops

その人の生物学的父親に関係する、クラウン・チャクラから発生する微細エネルギー。これらのしずくは、《マグダラの書》にあるように、黒い蛇と金の蛇を使って錬金術的瞑想から生じさせる（赤い蛇のしずく参照）。

新しい地球への道はシンプルです
罪なし
恥なし
後悔なし
かくあるように

――マグダラのマリア――

訳者あとがき

この『マグダラの書』に出逢えたことに、心から感謝しています。トム・ケニオンとジュディ・シオンが今この地球上に存在し、この本とワークショップをとおしてマグダラのメッセージを世界中に伝えていることに感謝します。トムとジュディに会い、二人の聖なる愛に包まれたとき、私はこの本の内容が真実であることを確信しました。二人をとおしてもたらされるマグダラのマリアとイェシュアの祝福は、想像をはるかに超え、その美しい音色は言葉では到底語りつくせるものではありません。私のように少しでもこの本を疑わしく思われた読者には、ぜひマグダラのマリアのワークショップに参加されることをおすすめします（もちろんすべての読者におすすめです）。

＊

この本を翻訳するにあたり、「なぜ私のようなものが？」という思いは常につきまといました。離婚直後で自己嫌悪と人間不信の暗闇に閉じこもっていた私にとって、この本との出逢いは大いなる祝福であると同時に試練でもありました。トムとジュディ、そしてマグダラのマリアのメッセージが純粋に伝わるよう祈りながら、多くの人々、さまざまな存在、そして何よりも本の中の言葉に支えられてこの日本語訳は完成しました。未熟な翻訳者である私にこのような機会を与えてくださったナチュラルスピリットの今井社長、スタッフのみなさん、編集者のNさんに心から感謝します。そして数ある書籍の中からこの本を選び、最後まで読んでくださった読者のみなさまに感謝します。ひとつひとつの出逢いに、宇宙の果てしなく深い愛に、すべてに感謝します。

地球への愛と感謝をこめて

二〇〇六年六月

鈴木里美

■著者

ジュディ・シオン　Judi Sion

ジュディ・シオンの経歴は、マスコミ関係、広告関係、政治コンサルタントなどを含む。さらに彼女は、写真家、トーク番組の司会者、新聞のコラムニストなどの経験もある。彼女の記事は数多くの雑誌や新聞に掲載されている。彼女は風の中の教師とともに7年間、あるミステリー・スクールで過ごし、著書に『Last Waltz of the Tyrants』『Financial Freedom』、『UFO's and the Nature of Reality』があり、英語、フランス語、スペイン語、ドイツ語で出版されている。ネイティブ・アメリカンへの関心が高く、ホピ族を含むいくつかのグループに弟子入りし、5年間学ぶ。彼女はUFOとスピリチュアリティーに関する講演をし、女性性の神秘について北米とヨーロッパで指導している。彼女はトム・ケニオンとともに、《マグダラの書》を世界中に広める活動をしている。

トム・ケニオン　Tom Kenyon

ミュージシャン、研究者、著者、セラピストであるトム・ケニオンは、心理学カウンセリングの修士号を持ち、この分野で17年の経験がある。1983年、アコースティック・ブレイン・リサーチ（ABR）を設立し、音と音楽が意識におよぼす影響を研究。10年間の研究の結果、創造性、洞察、霊的啓蒙を促す数々の音響心理学（音が精神に与える影響）に基づく音楽を制作。彼は脳の潜在能力を引き出すと賞賛されている『Brain State』（New Leaf Publishing）の著者であり、著書に『新・ハトホルの書』『アルクトゥルス人より地球人へ』『Mind Thieves』（ORB Communications）、共著に『グレート・シフト』（ナチュラルスピリット刊）などがある。トムは世界中で、サウンド・ヒーリング、意識と霊性の啓蒙などのトレーニングやセミナーを開催。ジュディ・シオンとともに《マグダラの書》を世界に広めている。
ウェブサイト http://tomkenyon.com/

■訳者

鈴木里美（さら）

サウンドヒーラー／ミュージシャン／翻訳家
トム・ケニオンに師事し2007年からサウンドヒーラーとしての活動を開始。現在は様々な倍音を同時に出す独自のトーニングとクリスタルボウルを使って仙台、東京、京都など全国各地でセッションやパフォーマンスを行っている。翻訳家でもあり訳書にトム・ケニオン著『マグダラの書』、ジャスムヒーン著『神々の食べ物』（いずれもナチュラルスピリット刊）などがある。
www.saramarielle.com

マグダラの書
ホルスの錬金術とイシスの性魔術

●

2006年7月22日　初版発行
2022年12月12日　第8版発行

著者／トム・ケニオン＆ジュディ・シオン
訳者／鈴木里美
オリジナルカバーデザイン／レベッカ・A・クック Rebecca A.Cook
カバーフォト／ジュディ・シオン

発行者／今井博揮
発行所／株式会社 ナチュラルスピリット
〒101-0051 東京都千代田区神田神保町3-2 高橋ビル2階
TEL 03-6450-5938 FAX 03-6450-5978
info@naturalspirit.co.jp
https://www.naturalspirit.co.jp/

印刷所／モリモト印刷株式会社

ISBN978-4-931449-87-9 C0014

●新しい時代の意識をひらく、ナチュラルスピリットの本

グレート・シフト
トム・ケニオン、リー・キャロル、パトリシア・コリ 著
マルティーヌ・ヴァレー 編
足利 隆 訳
3人のチャネラーが語る2012年とその前後に向けた大変革。高次元存在クライオン、マグダラとハトホル、シリウス高等評議会からの啓示に満ちた慈愛あふれるメッセージ。定価 本体 二四〇〇円＋税

プレアデス タントラワークブック
アモラ・クァン・イン 著
穴口恵子 監修
別府はるみ 訳
タントラは、あなたの全身に絶え間ないオルガスムの状態を与え、エネルギーのブロックは溶かされ、感情は解放されて自然に流れるという体験をもたらします。定価 本体二八七〇円＋税

聖なる愛を求めて
魂のパートナーシップ
ジョーン・ガトゥーソ 著
大内 博 訳
ソウルメイトと出会い、聖なる関係を築くには？『奇跡のコース』の教えをベースに、真の魂の関係を説く。定価 本体 二四〇〇円＋税

無条件の愛
キリスト意識を鏡として
ポール・フェリーニ 著
井辻朱美 訳
真実の愛を語り、魂を揺り起こすキリスト意識からのメッセージ。エリザベス・キューブラー・ロス博士も大絶賛の書。定価 本体 二一〇〇円＋税

フラワー・オブ・ライフ
［第1巻／第2巻］
ドランヴァロ・メルキゼデク 著
［第1巻］脇坂りん 訳
［第2巻］紫上はとる 訳
私たち自身が本当は誰なのかを思い出し、新たな意識と新人類到来のトビラを開く！ 宇宙の神秘を一挙公開。
定価 本体［第1巻三四〇〇円／第2巻三六〇〇円］＋税

イニシエーション
エリザベス・ハイチ 著
紫上はとる 訳
数千年の時を超えた約束、くり返し引かれあう魂。古代エジプトから続いていた驚くべき覚醒の旅！世界的ミリオンセラーとなった、真理探求の物語。定価 本体 二九八〇円＋税

アナスタシア
響きわたるシベリア杉 シリーズ1
ウラジーミル・メグレ 著
水木綾子 訳
岩砂晶子 監修
ロシアで百万部突破、20ヵ国で出版。多くの読者のライフスタイルを変えた世界的ベストセラー！
定価 本体 一七〇〇円＋税

愛の法則 魂の法則Ⅱ
ヴィセント・ギリェム 著
小坂真理 訳
魂の真実を伝える大好評の『魂の法則』の続編。「魂の法則」の中で最も重要な「愛の法則」の法則について解説！ 霊的存在のイザヤが、著者の質問に懇切丁寧に回答！ 定価 本体 一二〇〇円＋税

お近くの書店、インターネット書店、および小社でお求めになれます。

新・ハトホルの書

アセンションした文明からのメッセージ

シリウスの扉を超えてやってきた、
愛と音のマスター「集合意識ハトホル」。
古代エジプトから現代へ甦る！

古代エジプトやチベットなど、数々の文明で人類の進化を助けてきた、愛と感情と音のマスター「ハトホル」が、変革の時期を迎えた人類に送るメッセージ。
名著『ハトホルの書』の大改訂版では新たに、秘法「意識の超次元的トレーニング」を一挙公開！
ハトホル・サウンドの新CD付き。

CD付き

トム・ケニオン 著　紫上はとる 訳
A５版　328ページ
定価 本体2600円+税

アルクトゥルス人より地球人へ

天の川銀河を守る高次元存在たちからのメッセージ

ハトホルをこの宇宙、地球に招いたのは
アルクトゥルス人のサナート・クマラだった！

人類創造の物語と地球の未来！
かつて鞍馬山に降り立ったサナート・クマラをはじめ、イエス・キリスト、マグダラのマリアなど、８名のアルクトゥルス人による地球人類へのメッセージ。
「この本に収録されているアルクトゥルス人からのメッセージは、私がこれまで遭遇したなかでも、もっとも謎めいた、そしてもっとも意識を開く可能性を秘めた情報であると言えます。」(トム・ケニオン/序文より)
アルクトゥルスの音声コードで構成されたCD付き。

CD付き

トム・ケニオン＆ジュディ・シオン 著
紫上はとる 訳
A５版　248ページ
定価 本体2400円+税

お近くの書店、インターネット書店、および小社でお求めになれます。